涂盛高◎著

秦汉谏议研究

华夏出版社

HUAXIA PUBLISHING HOUSE

图书在版编目（CIP）数据

秦汉谏议研究／涂盛高著 . -- 北京：华夏出版社有限公司，2023.6
ISBN 978-7-5222-0271-6

I. ①秦… Ⅱ.涂… Ⅲ. ①奏议－研究－中国－秦汉时代
Ⅳ. ①K232.065

中国版本图书馆 CIP 数据核字（2022）第 003417 号

秦汉谏议研究

作　者	涂盛高	
责任编辑	王　敏	
责任印制	周　然	

出版发行	华夏出版社有限公司	
经　销	新华书店	
印　装	三河市少明印务有限公司	
版　次	2023 年 6 月北京第 1 版	
	2023 年 6 月北京第 1 次印刷	
开　本	880×1230　1/32	
印　张	9.125	
字　数	192 千字	
定　价	79.00 元	

华夏出版社有限公司 地址：北京市东直门外香河园北里 4 号　邮编：100028
网址：www.hxph.com.cn　电话：(010) 64663331（转）
若发现本版图书有印装质量问题，请与我社营销中心联系调换。

目录
Contents

绪　论

本书以秦汉时期的谏议制度与谏议活动为研究对象，系统探讨秦汉谏议在秦汉政治活动和国家治理中的作用。

一、选题目的和意义

作为秦汉政治制度之一，谏议制度不仅关涉君主与臣民等诸多主体，也涉及秦汉政治、经济等诸多领域，十分重要。

笔者查阅秦汉政治史和社会史发现，对于这样一项重要的政治制度，学界的研究成果并不多，专门研究更少。即使是专门研究秦汉谏议的文章，通常也仅就秦汉谏议的某一方面问题进行阐析，无法帮助人们了解秦汉谏议的整体情况。另外，即使其他论著对秦汉谏议有所涉及，也仅仅是在研究秦汉监察制度时顺带一提，把谏议制度放在监察制度内部进行解释和分析，内容相对简要，不成体系。谏议制度与监察制度有密切联系，但仅将谏议制度作为监察制度的子制度附在监察制度下进行考察，可能不妥当。谏议制度与监察制度有本质不同，谏议是百官吏民对君主的个人规劝或者建言献策，而监察是君主对臣下或上级对下级的监督和约束。谏议制度与监察制度在实施主体和对象、制度效力、制度途径、制度依据等方面都存在差别。谏议制度是对君主的软约束，以规劝为主；而监察制度是对百官吏民的硬约束，体现了君主专制的实质。两者应是并行的制度。

秦汉是中国古代谏议制度的形成阶段，具有承上启下的作用。秦汉谏议制度既对先秦谏议制度有继承和创新，又为后世谏议制度的发展奠定了基础。秦二世而亡，谏议制度虽初步设立，但形同虚设，且秦统治者刚愎拒谏，谏议活动基本处于停滞状态。两汉国祚绵长，历时四百余年，谏议制度相对完善，谏议活动活跃，对后世影响深远。

本书研究的秦汉谏议主要包括谏议制度和谏议活动两个方面。谏议活动是谏议制度产生的前提，有谏议活动不一定产生谏议制度，但谏议制度下一定有谏议活动进行。谏议制度是规范谏议活动的制度，包括谏官的设置、职掌、选任、谏议赏罚制度，以及谏议活动的保障和运作制度等。

谏议活动起源于原始民主时期，传说黄帝立"明台"为谏议活动之始。夏建立国家后，原始民主制被君主制替代，谏议逐步具有约束君主权力的作用。夏商西周春秋之时，因绝对君权尚未确立，统治主要靠宗法血缘关系维系，贵族对君主有很大的制约，若君主违反社会公认的准则，贵族可以指责君主或者追究君主的责任，甚至可以在一定情况下废昏立明。通过谏议活动来约束君主，在一定程度上做到了社稷重而君轻。战国时虽具备形成谏议制度的若干因素，但因本书所论谏议只是针对中央最高统治者而谏，而战国时中央政府名存实亡，所以事关战国时期谏议制度的论述甚少。秦汉时期大一统王朝开始形成，实行中央集权君主专制，在此情况下，皇权是至高无上的，"皇权是秦汉社会最高统治权力的象征。皇帝有权肯定一切，也有权否定一切。皇帝通过特殊的公文、玺印制度来行使权力。皇帝不仅决定着高级官吏的任免、行政中枢的运作，而且还要对整个官僚队伍实施监控"。① 在这种制度下，皇权影响巨大，远超过了先秦时期，几乎达到"一言以兴邦，一言以丧邦"的程度，需要官僚制度对其进行制约。谏议制度即为官僚制度反制皇权的手段之一，"官僚通过制度化的权力设置来约束皇权。秦汉各级官僚都有上谏之权……中央官僚因贴近皇帝，谏争更多。秦汉宫廷有各种大夫，掌议论。武帝太初年间又设置谏大夫（后为谏议大夫），专掌谏议，在汉代议政中发挥了很大作用"。② 作为官僚制的组成部分，谏议制度的功能是匡正得失或建言献策。谏议制度是统治阶级内部实行的民主，目的是更有效地对被统治阶级进行专制统治，归根到底是为君权服务。

秦汉谏议制度是伴随秦汉官僚制度发展而发展的，从宏观角度来讲，谏议制度研究是官僚制度研究的组成部分，其产生与秦汉官僚制的产生密切相关，形成时间也基本一致。③ 在方

---

① 卜宪群：《秦汉官僚制度》，北京：社会科学文献出版社，2002 年，第 144 页。

② 《秦汉官僚制度》，第 149 页。

③ 本书论述谏议制度相关问题多参考卜宪群先生所著《秦汉官僚制度》。因谏议制度为官僚制度的重要组成部分，其产生与发展与官僚制度是基本同步的。

法上，对秦汉谏议制度的研究既要以官僚制度的研究理论为指导，也要关注谏议制度本身，既要以官僚制度为基础，也要结合秦汉政治与社会的实际，在充分考虑这些因素的基础上探讨谏议制度与谏议活动的关联、互动、作用、影响等。

本书在前人研究的基础上，利用传世文献、历代相关研究论著研究秦汉谏议制度，以期全面展现秦汉谏议制度的形成、发展与演变，对于全面了解秦汉谏议制度及活动有重要意义，对于了解秦汉监察制度、秦汉官僚制度乃至秦汉政治与社会也有一定的价值。

何为"谏议"？许慎《说文解字》："谏，证也。"① 桂馥《说文解字义证》云："谏，犹正也，以道正人行也。"②《白虎通》记曰："谏者，间也，更也，是非相间，革更其行也。"③ 从字面意思来讲，谏是对他人之过失进行规劝，以求其改正过失，也叫"谏净"。《广雅》曰："议，谋也。"④《说文》曰："议，语也，一曰谋也。"⑤ 刘彦和曰："周爰咨谋，是谓为议，议之言宜，审事宜也。"⑥ 可见议是指向他人进言献策。本书将谏议的对象限定为君主，为秦汉时最高统治者，包括皇帝或称制太后。谏议

---

① ［清］段玉裁撰：《说文解字注》，北京：中华书局，2013 年，第 93 页。

② ［清］桂馥撰：《说文解字义证》，北京：中华书局，1987 年，第 198 页。

③ ［清］陈立撰，吴则虞点校：《白虎通疏证》卷 5《谏净·论五谏》，北京：中华书局，1994 年，第 234 页。

④ ［清］王念孙著，钟宇讯点校：《广雅疏证》，北京：中华书局，1983 年，第 198 页。

⑤ 《说文解字注》，第 92 页。

⑥ 余祖坤编：《历代文话续编》，南京：凤凰出版社，2013 年，第 1367 页。

的主体一般是百官吏民，极少情况下为非称制太后、皇后、太子。本书"言"与"谏"词意一样，既可单列，亦可并称。另外，本书中出现的"进言者""谏者""谏言者""言者""谏议者""进谏言者""谏诤者"，意思皆一样，之所以有不同的表达，其意在于防止单一名词给人单调及重复之感。谏议中所涉之事一方面为君主过失，这种过失包括君主在处理国家事务时或者个人生活中的过失；另一方面是单纯针对国家事务或者君主个人生活发表意见或看法，不涉及君主过失，纯属为向君主建言献策。综上，本书之"谏议"是指古代百官吏民对君主在国家治理及个人生活中的过失提出意见并规谏其改正，或针对国家事务或者君主个人生活向君主发表意见及看法。

二、学术史回顾

秦汉传世文献关于谏议的记载零星散乱。从制度角度论，《汉书·百官公卿表》第一次对秦至前汉时期的职官进行了系统而简要的介绍。此后不断有先贤对秦汉时期的职官制度进行总结性研究，例如《续汉书·百官志》以及卫宏《汉旧仪》、王隆《汉官解诂》、应劭《汉官仪》、蔡质《汉官典职仪式选用》、清末孙楷所辑《秦会要》一书设《职官》两卷，等等。另外，历代典制、会要，也往往会以经史注疏等形式对有关谏议制度的传统史料进行梳理、辨析。

传世文献有大量关于谏诤活动的记载。记载先秦谏议活动的文献有《尚书》《周礼》《国语》《左传》《荀子》《韩非子》

《战国策》《吕氏春秋》等，记载秦汉谏议活动的文献有《史记》《汉书》《后汉书》《汉纪》《后汉纪》《东观汉记》等。

单独研究秦汉谏议的专著目前尚未见到，相对系统地研究秦汉谏议的是晁中辰主编的《中国谏议制度史》（中华书局2015 年版），此书是目前研究谏议制度最全面的专著，论述了从先秦时期到清末谏议制度的发展、变迁。其中有一章专门论述秦汉时期的谏议制度。此章指出，秦汉为谏议制度发展的重要时期，在文官系统中出现了专职的谏官，如汉代的中常侍、给事中等。而且臣子进谏和君主纳谏也出现了新的形式，如奏对、召对、朝议、密奏、驳议等。汉代还涌现了许多谏议名篇，如晁错《论贵粟疏》、董仲舒《天人三策》等。同时，谏议思想在这一时期也有明显的发展和完善。此书主要记载古代的谏议事迹和谏议人物，探讨制度和思想的篇幅实际上非常有限。另外，此书主要论述先秦到清末的谏议制度，属于通论性质之书，有关汉代谏议的诸多问题探讨深度不够，部分问题尚未涉及。

其他研究秦汉谏议各个方面问题的专著主要有：

卜宪群《秦汉官僚制度》（社会科学文献出版社 2002 年版）是一部关于秦汉官僚制度研究的著作，此书对周、秦、汉官僚制的演变，两汉之际建制的情况，皇权与官僚制的关系，官僚类型的演变，官僚制度运作的基本形式等进行了深入的论述。由于谏议制度是秦汉官僚制度的组成部分，所以该书为本书在论述谏议制度的产生、渊源、运作、制度的变迁与考证等方面提供了参考、借鉴。

赵映诚《谏官与谏官制度》(香港新世纪出版社 1993 年版)是第一部系统论述谏官与谏官制度的专著,作者从传统文献出发,引用大量史料,阐述谏官制度的历史渊源,论述谏官设立及谏官制度的历史发展,并着重介绍历史上著名的谏官。但有关秦汉谏官之论述散见于各章,并未集中论述,且研究范畴仅限于谏官与谏官制度,对秦汉谏议的诸多其他问题并未涉及。

另外,柏恕斌等人编著的《谏议经典》(泰山出版社 2004年版)、王振州所著的《中国历代进谏与纳谏故事》(春秋出版社 1988 年版),主要是从文学的角度介绍了历史上著名的进谏人物及进谏故事。

安作璋、熊铁基《秦汉官制史稿》(齐鲁书社 2007 年版)是一部有关秦汉官制的名著,此书对有关官名的解读以及对官吏任用和选举的阐述,对研究秦汉谏官相关问题很有帮助。

吕宗力《汉代的谣言》(浙江大学出版社 2011 年版),论述了汉代的流言、讹言、妖言、谣言、谶言等,介绍了汉代的舆论,可用作研究汉代舆论与谏议关系的参考。

有关秦汉谏议研究的论文有:

袁礼华《汉谏诤略论》(《江西社会科学》1994 年第 8 期)对谏诤的范围、作用,君主素质对进谏、纳谏的影响以及谏诤的局限性加以探讨,为本书通论部分提供了参考。

孔繁敏《论中国古代谏诤的几个问题》(《北京大学学报[哲学社会科学版]》1994 年第 5 期)主要论述古代谏诤在不同时期的实际情况及经验教训,论述了臣僚的谏诤活动及君主对谏净的不同态度，进而分析了谏净的性质与作用，可以作为本书研究谏议渊源、演变及局限性的参考。

江兴国《试论中国封建王朝的谏净制度及对君权的制约机制》（《政法论坛》1996 年第 3 期）指出封建社会的自我监督机制有两个部分，一是以监督从中央到地方，从亲王贵族、宰执大臣到基层官吏为己任的御史制度；二是以劝谏皇帝为己任的谏净制度。这篇文章为本书研究谏议与监察的区别提供了参考。

王谨《中国上古谏政制度》（《山西大学学报［哲学社会科学版］》2008 年第 4 期）论述了我国上古时期的谏政制度包括人君受谏、臣下进谏、谏政机构、谏政职官、谏政技巧及一些相关的进谏惯例，为本书研究谏议渊源与演变提供了参考。

田兆阳《论言谏制度是君主专制的监控和纠错机制》（《北京行政学院学报》2000 年第 5 期），首先梳理了从氏族社会时期到清雍正时期言谏制度的历史沿革；接着论述了言谏之难以及言谏制度发挥作用受到若干因素，如君主、谏官、制度等的影响，为本书研究谏议的历史沿革以及谏议的局限性提供了参考。

张茂泽《中国古代谏净观》（《长安大学学报［社会科学版］》2015 年第 3 期），指出古代谏净观的思想基础有"太和"观念、天人之学、"和而不同"的修养论、朴素的辩证思维、"仁政"思想等，古代谏净难行的根本原因在于君主专制的桎梏。这些研究结论为本书研究谏议思想及谏议的局限性提供了借鉴。

何沐、孙佳乐《两汉时期的谏净思想》（《黑龙江史志》

2010 年第 5 期）指出言谏思想为言谏制度的重要内容，是言谏行为的理论依据。两汉盛行以灾异说、圣者贤人说、前代兴亡说来匡正君失，为本书研究谏议思想提供了借鉴。

李怡《关于中国古代谏诤制度的几点思考》（《洛阳师专学报》2000 年第 1 期）认为谏诤制度和监察制度都属于国家监督机制，两者都服务于皇权，但职能不同，谏诤制度独立于监察制度之外，为本书研究谏诤制度与监察制度的区别与关联提供了借鉴。

黄宛峰《汉代考核地方官吏的重要环节》（《南都学坛》1988 年第 3 期）指出两汉统治者尤其重视民众对地方官吏的毁誉，"举谣言"与"行风俗"的实施，体现了汉代统治者对民意及吏治的重视，为本书研究谏议与舆论的关系提供了借鉴。

赵启迪《春秋战国时期的谏诤制度》（吉林大学硕士学位论文，2008 年），认为春秋战国时期的谏诤制度是后代谏诤制度的基础和雏形。此文从谏诤制度的定义及历史渊源、谏诤者、谏诤对象、谏诤制度的特点、谏诤制度的性质及对后世的影响五个方面，对春秋战国时期的谏诤制度进行论述。本书写作对其借鉴甚多。

王媛媛《西汉谏议制度研究》（陕西师范大学硕士学位论文，2017 年），以西汉谏议制度为研究对象，分析影响西汉谏议制度的文化因素，探讨西汉谏议制度的生成机制和活动法则，最后对西汉谏议制度的得失进行历史反思，分析其局限性。其研究思路和方法为本书写作提供了借鉴。

有关秦汉谏议研究方面的博士论文目前尚未见到。

以上大体为秦汉谏议研究所涉史料和论著，可能有少部分遗漏，但大体不出此框架范围。

从目前的研究成果来看，存在如下问题：谏议制度与监察制度不分，把谏议制度放在监察制度中进行考析；对谏议制度的思想渊源阐发不够，对先秦诸子百家的谏议思想研究不多；对有关谏议制度的理论依据展开甚少；对于谏议的程序问题、保障问题、运作问题很少有深入研究；对谏议何以成风、谏议的局限性论述不多……本书针对上述问题进行了初步研究。

三、研究思路

谏议的对象为君主，传世文献中有大量的君臣对话，可以作为研究谏议的素材。本书拟以传世文献为基础，结合历代研究论著，分五章对秦汉谏议进行探讨，以期全面展现秦汉谏议的形成、发展与演变。

第一章为秦汉谏议概论。此章主要考察秦汉谏议的渊源，包括上古、夏商西周、春秋战国时期的谏议活动以及谏议思想，粗略论述秦汉时期的谏议制度和谏议活动。

第二章论述秦汉谏官及职掌。谏官制度是秦汉谏议制度的重要组成部分，谏官在整个谏议活动中占据重要地位。研究谏官的范围、选举、职掌、兼官、演变可以清楚地了解秦汉谏官制度。本章还论述了前汉谏大夫至后汉谏议大夫的转变经历了一个复杂的过程。为帮助读者更加清楚地了解秦汉专职谏官即谏（议）大夫，本章特地附列两汉谏（议）大夫表。

　　第三章论述秦汉谏议的种类、程序、技巧、依据。研究事物的分类对于认识事物有重要意义，对"谏"进行分类有助于更加清楚地了解谏议。谏议活动一般有三个程序，先是统治者求言，再是谏议者进言，最后是统治者应言。谏议者为了让君主能够纳谏，往往会采用一定的技巧。皇权制约官僚集团，官僚集团亦反制皇权，重要手段之一即借助神权来制约皇权，灾异说作为神权思想的主要学说，为官僚集团制约皇权提供了重要依据。

　　第四章论述秦汉谏议的特点。秦汉谏议成风，上至太后、皇后、太子，中至宗室、外戚、中央和地方官吏，下至乡官甚至百姓，皆可进言。谏议总脱离不了时代的语境，与当时的国家和社会情况息息相关，秦汉谏议制度也是在当时历史条件下发挥作用的。百官吏民进言时往往要采择当时的舆论，君主施政亦要关注舆论的影响。本章最后论及谏议制度与监察制度，二者在实施主体和针对对象、制度效力、制度途径、制度的依据等方面都有差异，二者是并行的制度。

　　第五章论述秦汉谏议的效果与后世发展。汉代统治者为了保障谏议者能够畅所欲言，制定了相关的引导规则。封建君主专制下的谏议是有局限性的，因君主专制的桎梏、君主个人的局限、谏议者自身的局限及谏议本身的发展不正常，导致其作用有限。从秦汉到明清，谏议制度的发展总体上渐趋倒退，到清代时，谏议制度基本被废弃。

　　本书所选论题研究的难点在于相关的传世文献虽多，但零星分散，难以整理。因研究的重点是百官吏民对君主的谏议，多从君主过失出发，而史书多有为尊者讳之意味，故能够作为直接证据的资料并不充分，需要依据大量文献进行一定的推理，进而展现秦汉谏议的真实面貌。

第一章
秦汉谏议概论

据史籍记载，谏议活动最早可以追溯到黄帝、尧、舜时期，夏商西周、春秋战国都有演变和发展。秦汉谏议制度作为秦汉政治制度的组成部分，其产生与君主专制中央集权官僚制度的形成密切相关。

第一节　先秦时期的谏议

一、上古时期的谏议

（一）上古时期的谏议方式

谏议起源于何时，史无明载。传世文献中有很多关于谏议的传说故事，据此可将谏议追溯到黄帝、尧、舜时期，以下简称为上古时代。

魏源曰:"古无谏诤之官,人人皆谏官也,不惟广受天下之言,亦所以广收天下之才。"[①] 魏源所称的"古"即上古时代。《管子·桓公问》载:"黄帝立明台之议者,上观于贤也;尧有衢室之问者,下听于人也。"[②]《三国志·魏文帝纪》曰:"轩辕有明台之议,放勋有衢室之问,皆所以广询于下。"[③] 可见,上古时黄帝"立明台"、尧设"衢室",主要目的是"观于贤""听于人",亦即采择氏族成员的意见。在此过程当中,氏族成员可以通过"明台""衢室"向氏族首领献策或指出氏族首领的过错。

此外,《全晋文》中孙楚之《反金人铭》载:"尧悬谏鼓,舜立谤木。"[④]《吕氏春秋·自知》载:"尧有欲谏之鼓,舜有诽谤之木。"[⑤] 可见,尧时除"衢室之问"外,还设有"谏鼓",氏族成员对氏族首领的过失,可以击鼓以闻;舜时立有"谤木",所谓"谤木"是指将氏族首领的过失写在木头上,让氏族首领看到。

"明台""衢室""谏鼓""谤木"都是比较原始的谏议形式,在上古黄帝、尧、舜时期就可能存在,可见谏议制度的历史源远流长。这些原始的舆论监督形式,有助于氏族首领采择

---

① [清]魏源:《魏源集》,北京:中华书局,1976 年,第 68 页。

② 姜涛:《管子新注》,济南:齐鲁书社,2009 年,第 398 页。

③ [晋]陈寿撰,[南朝宋]裴松之注:《三国志》卷 2《文帝纪》,北京:中华书局,1982 年第 2 版,第 60 页。

④ [清]严可均编:《全上古三代秦汉三国六朝文·全晋文》卷 60《孙楚·反金人铭》,北京:中华书局,1958 年,第 3607 页。

⑤ 许维遹撰,梁运华整理:《吕氏春秋集释》卷 24《不苟论》,北京:中华书局,2009 年,第 647 页。

氏族成员的意见，体现出一种原始的民主。

（二）谏鼓至西周的变迁

上古时期，谏鼓是部落成员反映意见的一种谏议形式。到禹时，谏鼓演变为"建鼓"。《鬻子》曰："教寡人以道者击鼓。"①《上海博物馆藏战国楚竹书·容成氏》第22简曰："禹乃建鼓于廷，以为民之有讼告者鼓焉。撞鼓，禹必速出，冬不敢以苍辞，夏不敢以暑辞。注：楚简多用'苍'为寒。"②可见，"谏鼓"的功能发生了变化，由"教寡人以道"的谏议，变成了讼告。当然，民讼告的目的，亦有可能是向禹言得失。

到西周，又发展出了路鼓、肺石制度，针对不同的群体。《周礼·秋官司寇·大司寇》载："凡远近茕独老幼之欲有复于上而其长弗达者，立于肺石三日，士听其辞，以告于上，而罪其长。"③宋代沈括解释为："原其义，乃伸冤击之，立其下，然后士听其辞，如今之挝'登闻鼓'也。"④可见肺石之设，主要用于告状无门的冤者向周王申诉。

《周礼·夏官司马·太仆》又载："建路鼓于大寝之门外，而掌其政，以待达穷者与遽令，闻鼓声则速逆御仆与御庶子。"

---

① 钟肇鹏撰：《鬻子校理》，北京：中华书局，2010年，第15页。

② 马承源主编：《上海博物馆藏战国楚竹书（第二册）》，上海：上海古籍出版社，2003年，第267页。

③ ［清］阮元校刻：《十三经注疏·周礼注疏》，北京：中华书局，2009年，第1880—1881页。

④ ［宋］沈括撰，金良年点校：《梦溪笔谈》，北京：中华书局，2015年，第185页。

关于此，郑司农注解言："穷谓穷冤失职，则来击此鼓，以达于王，若今时上变事击鼓矣。遽，传也。若今时驿马军书当急闻者，亦击此鼓，令闻此鼓声，则速逆御仆与御庶子也。大仆主令此二官，使速逆穷遽者。"[①] 可见，路鼓用于"穷者"申诉，或"上变事"。郑氏认为"穷者"包括"穷冤"及"失职"，穷冤指平民百姓，失职指官员和贵族。本人认为穷者不应包括"失职"，一方面，根据肺石与路鼓设置的地点来看，"肺石在外朝之阙，路鼓在内朝之门，坐肺石者士师听之，击路鼓者大仆达之"[②] 可知路鼓设在"内朝之门"，属于宫中，不大可能让平民百姓随意进出讼冤，所以平民百姓只能在"外朝之阙"通过"坐肺石"诉冤。贵族与官员作为上层，若有冤屈可以进出"内朝之门"击路鼓申诉。另一方面，两种制度能共存，而不是一种被另一种取代，就说明二者都有存在的价值，若功效一样，没必要设两种制度。

尧立谏鼓的主要目的在于听纳谏言，演变到西周，变成"路鼓""肺石"制度，百姓可以直接向"王"讼冤，谏鼓的功能由谏议变成了讼冤。[③]

---

① 《十三经注疏·周礼注疏》，第 1839 页。

② ［清］惠士奇：《礼说》卷 11。

③ 秦汉时，又演变成"诣阙讼冤"，即直接到皇帝所在的宫阙讼冤。在有些情况下，诣阙讼冤也有可能是向皇帝言得失，亦可作为谏议的形式之一。

二、夏商西周时期的谏议

（一）掌谏议职官的设置

相传舜帝时设"纳言"一职，《尚书·舜典》曰："纳言，喉舌之官，听下言纳于上，受上言宣于下。"[①] "听下言纳于上"即是纳言将下面的情况反映给舜帝，在此过程中，纳言可能会对舜帝言得失，行使一定的谏诤职能。故从某种意义上讲，纳言是谏官的雏形。"龙为纳言，是机是密。出入朕命，王之喉舌。献善宣美，而谗说是折。"[②]《史记·五帝本纪》言："舜曰：'龙，朕畏忌谗说殄伪，振惊朕众，命汝为纳言，夙夜出入朕命，惟信。'"[③] 纳言不仅行使一定的谏诤职权，还是舜帝的重要辅佐，有"出纳王命"之责。

商朝设有"司过之士"。《吕氏春秋·自知》载："故天子立辅弼，设师保，所以举过也。夫人故不能自知，人主犹其……汤有司过之士。"[④] 司过之士，顾名思义，掌人主之过，可见，"司过之士"已初具谏官的职责。

周朝设立"保氏"一职。《周礼·地官司徒·保氏》记

---

① 《十三经注疏·尚书正义》，第 277 页。
② ［清］王先谦撰，何晋点校：《尚书孔传参正》卷 2《舜典》，北京：中华书局，2011 年，第 138 页。
③ ［前汉］司马迁撰，［南朝宋］裴骃集解，［唐］司马贞索隐，［唐］张守节正义：《史记》卷 1《五帝本纪》，北京：中华书局，1982 年第 2 版，第 39 页。
④ 《吕氏春秋集释》卷 24《不苟论》，第 647 页。

载:"保氏掌谏王恶。"《周礼注疏》卷十四注曰:"谏者以礼义正之……王有恶则谏之,故云掌谏王恶。"①可见,周朝"保氏"针对王"恶"而谏之,目的是使王回归正确之道。但保氏只是兼职的谏官,除"掌谏王恶"外,还要"养国子以道",教之六艺、六仪。②除了保氏,还有"司谏""大谏"。《周礼·地官司徒·司谏》称:"司谏掌纠万民之德而劝之朋友,正其行而强之道艺,巡问而观察之,以时书其德行道艺,辨其能而可任于国事者。"③其中"正其行而强之道艺"则为正周王之行,可见司谏有谏诤职责。而且可以看出,司谏的职责不只是谏周王,还有监察、巡视、举荐人才的职责。《诗经·板》曰:"犹之未远,是用大谏。"孔颖达正义曰:"以王所图之事未能及远,恐王将有祸难,以是之故,用大谏正王。"④"正王"即匡正周王得失,亦可见大谏有谏诤职责。

西周官制相对夏、商更为完善,其他官员亦有谏诤之职责。如"太史",《左传·襄公四年》云:"昔周辛甲之为大史也,命百官,官箴王阙。"⑤"官箴王阙"即"匡正得失"。《大盂鼎铭》也记载周王"敏于朝夕纳谏,奔走王事"。⑥但"太

---

① 《十三经注疏·周礼注疏》,第 1575 页。

② 《十三经注疏·周礼注疏》,第 1575 页。

③ 《十三经注疏·周礼注疏》,第 1576 页。

④ 《十三经注疏·毛诗正义》,第 1183 页。

⑤ 《十三经注疏·春秋左传正义》,第 4196 页。

⑥ 马承源:《中国古代青铜器》,上海:上海人民出版社,1982 年,第 78 页。

史"的职责也不只谏议,还要掌治国之典。^① 又如天子"四辅"中的弼,《尚书大传》曰:"古者天子必有四邻,前曰疑,后曰丞,左曰辅,右曰弼。"^②《大戴礼记·保傅》解释"弼"曰:"匡过而谏邪者谓之弼,弼者,拂天子之过也。"^③"匡过而谏邪""拂天子之过",都说明"弼"有匡正君主得失的谏诤职责。再如师、保、傅等,《左传·襄公十四年》曰:"使师保之,勿使过度。"^④《大戴礼记·保傅》篇:"召公为太保,周公为太傅,太公为太师。"^⑤《史记·周本纪》:"太公望为师,周公旦为辅。"^⑥师、保、傅除了匡正君失外,在治国中也发挥了重要作用。

(二)谏议与朝代兴亡

夏商西周时期,谏议与国家治理密切相关。凡国家兴旺,虽原因种种,但统治者开诚纳谏是很重要的因素之一;凡国家覆灭,原因亦种种,但统治者拒谏亦为重要原因。

夏朝之兴,原因之一即在于禹善于纳谏,"教寡人以道者击鼓,教寡人以义者击钟,教寡人以事者振铎,语寡人以忧者击

---

① 太史治国之"六典","系指治典、教典、礼典、政典、刑典和事典,包括周代政治的各个方面"。《秦汉官僚制度》,第41页。

② 见《十三经注疏·孝经注疏》,第5563页。

③ [清]王聘珍撰,王文锦点校:《大戴礼记解诂》卷3《保傅第四十八》,北京:中华书局,1983年,第54页。

④ [清]洪亮吉撰,李解民点校:《春秋左传诂》,北京:中华书局,1987年,第535页。

⑤ 《大戴礼记解诂》卷3《保傅第四十八》,第54页。

⑥ 《史记》卷4《周本纪》,第120页。

磬，语寡人以讼狱者挥鼗，此之谓五声"。[①]"击鼓""击钟""振铎""击磬""挥鼗"，便是禹纳谏的五种方式。而夏朝灭亡的重要原因之一则在于拒谏。夏桀好女色，唯妇人之言是听，弃礼仪，昏乱失道，大臣关龙逄持忠进谏："君无道，必亡矣。"夏桀拒谏："日有亡乎? 日亡而我亡。"不但拒谏，而且杀谏，"不听，以为妖言而杀之"。遂导致亡国之祸，"诸侯大叛。于是汤受命而伐之，战于鸣条，桀师不战，汤遂放桀"。[②]

殷商之兴，重要原因之一在于开国之君商汤能够开诚纳谏。伊尹曰："明哉! 言能听，道乃进。君国子民，为善者皆在王官。勉哉，勉哉！"[③]伊尹的建议，商汤从之。其次在于伊尹能够纠正太甲的失德，让太甲由拒谏之主变成纳谏之主。太甲初即位，伊尹"作《伊训》，作《肆命》，作《徂后》"，进言治国之略。郑玄注曰：《肆命》者，陈政教所当为也;《徂后》者，言汤之法度也。"而太甲昏乱失道，不听伊尹之言，不遵守商汤之法，"于是伊尹放之于桐宫"。太甲在桐宫反省悔过后，"于是伊尹乃迎帝太甲而授之政"。改过之后的太甲成为明主，听从伊尹之言，严格遵守商汤之法治国，最终"诸侯咸归殷，百姓以宁"。[④]而殷商之灭，重要原因之一则是纣王刚愎拒谏。商纣宠幸妲己，荒淫失度，唯妲己之言是从，设酒池肉林，为长夜之饮，天下有怨之者，乃施以炮烙之酷刑。比干忧国而进

---

① 《鬻子校理》，第 15 页。
② [清] 王照圆著，虞思征点校：《列女传补注》卷 7《孽嬖传·夏桀末喜》，上海：华东师范大学出版社，2012 年，第 281 页。
③ 《史记》卷 3《殷本纪》，第 93 页。
④ 《史记》卷 3《殷本纪》，第 98 页。

谏："不修先王之典法，而用妇言，祸至无日。"商纣大怒，"以为妖言"，"剖心而观之"。[1]后武王伐纣，纣师倒戈，纣王最终自焚而死。

西周之兴，原因多种，其中之一亦在于开国之君武王善于纳谏。商纣杀比干、囚箕子之后，武王欲伐纣，"卜，龟兆不吉，风雨暴至。群公尽惧"，建议不要讨伐商纣，"唯太公强之劝武王，武王于是遂行"。[2]牧野之战，一战而成功。西周之灭亡，原因之一在于周幽王宠幸褒姒，"忠谏者诛，唯褒姒言是从"，导致"上下相谀，百姓乖离"。他废申后而立褒姒，废太子宜咎而立褒姒之子伯服，引起申侯不满。"申侯乃与缯西夷犬戎共攻幽王"，最终"杀幽王于骊山之下"。[3]

三、春秋战国时期的谏议

为了富国强兵，谋求发展，春秋战国时期列国国君大都励精图治，鼓励群下进言，因此谏议活动比较活跃。多国设立专职谏官，这些谏官有的冠以"谏"字之名，有的虽不以"谏"命名，但职责均是谏议。

（一）各国纷设谏官

西周有"大谏"，春秋早期齐国承周制亦设"大谏"。

---

[1]《列女传补注》卷7《孽嬖传·殷纣妲己》，第284—285页。
[2]《史记》卷32《齐太公世家》，第1479—1480页。
[3]《列女传补注》卷7《孽嬖传·周幽褒姒》，第288页。

《管子·小匡》："故使鲍叔牙为大谏。"①"臣不如东郭牙，请立以为大谏之官。"可知，鲍叔牙、东郭牙皆曾经担任大谏，大谏掌劝谏国君。管仲对大谏的职责提出过要求："犯君颜色，进谏必忠，不辟死亡，不挠富贵。"②春秋后期齐国设"司过"，《晏子春秋·内篇问上》曰："神民俱怨而山川收禄，司过荐罪。"③"司过荐罪"是为了传达神民的怨愤，以匡正国君得失，进而祈求福祉，可见亦有掌国君得失的职责。

赵国亦设"司过"，分左右。《史记·赵世家》："武灵王少，未能听政，博闻师三人，左右司过三人。"④

楚国设"箴尹"，职责亦为劝谏国君。"箴尹，主箴规之官"⑤，《吕氏春秋·勿躬篇》高诱注曰："楚有箴尹之官，亦谏臣。"⑥据史书记载，多人曾出任有劝谏国君之责的"箴尹"一职，如楚国公子追舒、鲁国逃臣宜咎等皆曾担任箴尹。《左传·襄公十五年》曰："公子追舒为箴尹。"⑦《世本》载："宜咎

---

① 《管子新注》，第 186 页。

② ［清］黎翔凤撰，梁运华整理：《管子校注》卷 8《小匡》，北京：中华书局，2004 年，第 423、428 页。

③ 张纯一撰，梁运华点校：《晏子春秋校注》卷 3《内篇问上》，北京：中华书局，2014 年，第 147 页。

④ 《史记》卷 43《赵世家》，第 1803 页。

⑤ ［日］竹添光鸿著，于景祥、柳海松整理：《左氏会笺》，沈阳：辽海出版社，2008 年，第 212 页。

⑥ 杨伯峻：《春秋左传注》，北京：中华书局，1990 年，第 683 页。

⑦ 《十三经注疏·春秋左传正义》，第 4253 页。

党庆虎庆寅，国人讨庆氏之党，宜咎出奔楚，为楚箴尹。"①"吴伐楚，入棘、栎、麻。楚箴尹宜咎城钟离。"②再如，《左传·宣公四年》："……令尹子文，其孙箴尹克黄使于齐……"③

郑国设"司直"。《诗·郑风·羔裘》曰："彼其之子，邦之司直。"颜师古注曰："言其德美，可主正直之任也。"④"主正直之任"，即在君主面前敢于坚持原则，匡正君失。在春秋战国时，"司直"亦可用来指称"直谏之臣"。如"齐景公出弋昭华之池，颜邓聚主鸟而亡之，景公怒，而欲杀之"，晏子谏阻，齐景公纳谏。史籍称晏子为"邦之司直"。魏文侯问人才于解狐，解狐举荐了仇人荆伯柳："文侯曰：'是非子之仇也？'对曰：'君问可，非问仇也。'"史籍亦称解狐为"邦之司直"。⑤

（二）春秋战国时期谏议的特点

春秋战国时期君主非常重视舆论的作用，经常主动求谏，谏议主体不限于男性，妇女亦在谏议中起到一定作用。另外，游士布衣也以谏议影响国之大计或者获取高位，显示出这一时期的时代特点。

① ［后汉］宋衷注，［清］秦嘉谟等辑：《世本八种》，北京：中华书局，2008 年，第 130 页。
② ［清］焦循著，陈居渊主编：《雕菰楼经学九种·春秋左传补疏》，南京：凤凰出版社，2015 年，第 584 页。
③ 《十三经注疏·春秋左传正义》，第 4059—4060 页。
④ ［后汉］班固撰，［唐］颜师古注：《汉书》卷 77《盖宽饶传》，第 3269 页。
⑤ ［前汉］韩婴撰，朱英华整理，朱维铮审阅：《韩诗外传》，上海：上海书店出版社，2012 年，第 103 页。

1. 君主重视舆论与主动求谏

春秋齐国设"啧室",起因在于齐桓公问管仲治理国家之法。"齐桓公问管子曰:'吾念有而勿失,得而勿忘,为之有道乎?'"管仲列举了古代圣贤的求谏之法:"黄帝立明台之议者,上观于贤也;尧有衢室之问者,下听于人也;舜有告善之旌,而主不蔽也;禹立建鼓于朝,而备讯唉;汤有总街之庭,以观人诽也;武王有灵台之复,而贤者进也。"齐桓公欲效仿古代圣贤求谏,管仲根据齐国的实际情况建议齐桓公设立"啧室",为进谏议者提供场所和机会。"人有非上之所过,谓之正士,内于啧室之议。"谏议者在"啧室"发表意见后,国家相关部门要认真考虑,对确实可行的要予以采纳。"有司执事者咸以厥事奉职而不忘为。此啧室之事也。"[①]"啧室"的设置正是齐桓公重视舆论、关注民情、主动求谏的结果。

战国时邹忌曾进谏齐威王,指出齐威王因所处的地位及拥有的权势而被国人蒙蔽,"今齐地方千里,百二十城,宫妇左右莫不私王,朝廷之臣莫不畏王,四境之内莫不有求于王。由此观之,王之蔽甚矣"。为消除蒙蔽,齐威王下令求谏:"群臣吏民,能面刺寡人之过者,受上赏;上书谏寡人者,受中赏;能谤议于市朝,闻寡人之耳者,受下赏。"令下后,百官吏民纷纷进谏,"门庭若市。数月之后,时时而间进。期年之后,虽欲言,无可进者",齐国遂大治。"燕、赵、韩、魏闻之,皆朝于齐。此所谓战胜于朝廷。"[②]齐威王求谏达到了"政修于内,交

---

① 《管子校注》卷18《桓公问》,第1048页。
② 何建章注释:《战国策注释》,北京:中华书局,1990年,第316页。

强于外"的治国效果。

郑国有乡校，郑人可以在乡校"论执政"。郑国大夫然明认为乡校论政是对执政之人的诽谤，建议子产废除乡校，"郑人游于乡校，以论执政。然明谓子产曰：'毁乡校何如？'"。子产否决了然明的建议，认为乡校本为郑人议论执政的地方，"夫人朝夕退而游焉，以议执政之善否"。执政之人可以从乡校获得治国的良好建议，"其所善者，吾则行之；其所恶者，吾则改之，是吾师也。若之何毁之？"认为对于言论要疏导，而不应该堵塞，"我闻忠善以损怨，不闻作威以防怨。岂不遽止？然犹防川，大决所犯，伤人必多，吾不克救也。不如小决使道，不如吾闻而药之也"。[①] 虽然这不是君主主动求谏，但子产对民间谏议的态度，也体现出主政者对民间谏议的重视程度。值得注意的是，郑国的谏议活动有了比较固定的场所。

2. 妇女参与谏议活动

史书所记的谏议活动，多是由男性主导的。不过，据史料记载，当时妇女在进谏国君的活动中亦发挥了重要作用。这些妇女地位千差万别，既有国君夫人，如楚庄王夫人樊姬；也有大臣之母，如楚恭王时郢大夫江乙之母；更有民间丑女如齐国钟离春，民间幼女如楚国庄侄，她们亦向国君进言。此时妇女的谏议活动对治国安邦起到了一定的作用。

樊姬为楚庄王夫人，曾谏言楚庄王好猎。"庄王即位，好狩猎。樊姬谏，不止，乃不食禽兽之肉，王改过，勤于政事。"樊姬亦对楚庄王用人发表过意见，姬曰："今虞丘子相楚十余

———————
① 《春秋左传诂》，第 628 页。

年，所荐非子弟，则族昆弟，未闻进贤退不肖，是蔽君而塞贤路。知贤不进，是不忠；不知其贤，是不智也。"楚庄王从其谏，重用孙叔敖，之后楚国大治，史称"庄王之霸，樊姬之力也"。①

楚恭王时，江乙为郢大夫，宫中失窃，令尹欲罪江乙。江乙之母进谏："昔者周武王有言曰：'百姓有过，在予一人。'上不明则下不治，相不贤则国不宁。"②建议楚王从上面找问题，而不应委过于下级，楚王从之。

齐国钟离春"为人极丑无双……行年四十，无所容入，衒嫁不雠，流弃莫执"，但她却有胆有识，敢于进谏齐宣王，直陈其治国及私生活之失："今大王之君国也……内聚奸臣，众人不附。春秋四十，壮男不立，不务众子而务众妇……一旦山陵崩弛，社稷不定，此一殆也。渐台五重，黄金白玉，琅玕笼疏，翡翠珠玑，幕络连饰，万民罢极，此二殆也。贤者匿于山林，谄谀强于左右，邪伪立于本朝，谏者不得通入，此三殆也……外不修诸侯之礼，内不秉国家之治，此四殆也。"齐宣王深感其言，改正缺失，"于是拆渐台，罢女乐，退谄谀，去雕琢，选兵马，实府库，四辟公门，招进直言，延及侧陋。卜择吉日，立太子，进慈母"。③之后齐国大安，钟离春也因直谏而被立为齐国正后。

庄侄是一个十二岁的女童。其时，"顷襄王好台榭，出入

---

① 《列女传补注》卷2《贤明传·楚庄樊姬》，第59—60页。
② 《列女传补注》卷6《辩通传·楚江乙母》，第232—233页。
③ 《列女传补注》卷6《辩通传·齐钟离春》，第260—261页。

不时，行年四十，不立太子，谏者蔽塞，屈原放逐，国既殆矣"。在这种情况下，庄侄举帜拦停倾襄王的车队，面见顷襄王，并直言王失："大鱼失水者，王离国五百里也，乐之于前，不思祸之起于后也。有龙无尾者，年既四十，无太子也。国无强辅，必且殆也。墙欲内崩而王不视者，祸乱且成而王不改也。"①顷襄王十分认可庄侄的谏议，立其为夫人，其位甚至在宠姬郑袖之右。

3.游士布衣以谏议影响国君或获取高位

春秋战国时，布衣参与议政，影响国家大计。战国时游士周游列国，因一言相合，甚至可以直取将相或者其他高位；即使言语不合，列国之君也往往以礼相待，不能罪之。若罪布衣，则国人结舌不言。若罪游士，在列国竞争之激烈氛围下，游士若因此为他国所用，往往会给本国带来战乱，所以列国之君对于游士或敬而用之，或礼而送之，绝不敢怠慢。

齐桓公时，麦丘之邦人向桓公指出："臣闻子得罪于父，可因姑娣妹谢也，父乃赦之。臣得罪于君，可使左右谢也，君乃赦之。昔者，桀得罪于汤，纣得罪于武王，此君得罪于臣也，至今未有为谢也。"说明臣得罪君，有多种方式可以化解；而君得罪臣，往往会引来臣的讨伐，导致君丧失社稷，并且无法因道歉而恢复社稷。桓公深以为然，感叹道："善哉！寡人赖宗庙之福，社稷之灵，使寡人遇叟于此。"随后"扶而载之，自御以归，荐之于庙，而断政焉"。②麦丘之邦人因言打动齐桓

---

① 《列女传补注》卷6《辩通传·楚处庄侄》，第271—272页。
② 《韩诗外传》，第107页。

公而被任命为执政。

赵简子举兵攻齐，下令军中敢谏阻者罪至死，被甲之士名曰公卢者，以家庭生活的比喻来讽谏："当桑之时，臣邻家夫与妻俱之田，见桑中女，因往追之，不能得，还反，其妻怒而去之，臣笑其旷也。"[①]简子感其言，最终罢师而归。

魏国范雎第一次与秦昭王见面，就被拜为客卿，成为秦昭王重要的谋士，昭王常与其谋兵事和国政。后范雎向昭王进谏太后、穰侯、华阳、高陵、泾阳专权跋扈之事，并指出："今自有秩以上至诸大吏，下及王左右，无非相国之人者。见王独立于朝，臣窃为王恐，万世之后，有秦国者非王子孙也。"秦昭王接受了谏言，"于是废太后，逐穰侯、高陵、华阳、泾阳君于关外……秦王乃拜范雎为相"。[②]因进谏切中秦国的根本问题，数年后，范雎被秦昭王任命为相。

四、先秦谏议思想

制度的形成需要以思想为先导。春秋战国时期百家争鸣，为秦汉时期谏议制度的初步形成奠定了坚实的思想基础。诸家劝谏思想主要有四个方面：谏诤事关国之治乱，谏诤事关国之存亡，能谏为忠臣事君之本分，纳谏与否体现君主之贤愚。

---

① ［前汉］刘向撰，向宗鲁校证：《说苑校证》卷9《正谏》，北京：中华书局，1987年，第223—224页。

② 《史记》卷79《范雎蔡泽列传》，第2412页。

（一）谏诤事关国之治乱

君主为国之最高统治者，决定国家大小事务。君主因个人素质、教育背景、受周围人影响、政务本身复杂等原因，出现一些过错也在所难免，可如果听之任之，国家治理可能会出现各种问题。谏诤即针对君主缺失而发，目的在于纠正君主在治国及私生活中的失误。若君主善于纳谏且能及时纠错，国运必当蒸蒸日上。若君主刚愎拒谏，长此以往，国家政事必有缺失，国运必将衰败。故先秦思想家认为谏诤与国家治乱密切相关。管仲指出："下之人无谏死之忌，而聚立者无郁怨之心，如此则国平而民无慝矣。"[①]荀子曰："有能比知同力，率群臣百吏而相与强君矫君，君虽不安，不能不听，遂以解国之大患，除国之大害，成于尊君安国。"[②]"主忌苟胜，群臣莫谏，必逢灾……拒谏饰非，愚而上同，国必祸。"[③]《吕氏春秋》载："主有失，皆交争证谏。如此者，国日安。"[④]"世主之患，耻不知而矜自用，好愎过而恶听谏，以至于危。"[⑤]类似论述不胜枚举。实际上，诸家思想都很注重谏诤与国家治乱的关系，认为君主重视谏诤则国安，忽视谏诤则国危。

---

① 《管子校注》卷 11《君臣下》，第 586 页。

② ［清］王先谦撰，沈啸寰、王星贤点校：《荀子集解》卷 9《臣道篇》，北京：中华书局，1988 年，第 250 页。

③ 《荀子集解》卷 18《成相篇》，第 457—458 页。

④ 《吕氏春秋集释》卷 24《不苟论》，第 656 页。

⑤ 《吕氏春秋集释》卷 25《似顺论》，第 660 页。

（二）谏诤事关国之存亡

为突出谏诤对国家的影响和作用，先秦思想家往往将其与国家存亡联系起来，认为谏臣以及谏诤若不受到重视，则国家很可能有灭亡之祸。管仲指出，"谏臣死而谀臣尊"[①]，国家必将陷入危亡。韩非子指出："过而不听于忠臣，而独行其意，则灭高名为人笑之始也……国小无礼，不用谏臣，则绝世之势也。"[②]《吕氏春秋》载："国之兴也，天遗之贤人与极言之士；国之亡也，天遗之乱人与善谀之士。"[③]荀子曰："谄谀者亲，谏争者疏，修正为笑，至忠为贼，虽欲无灭亡，得乎哉！"[④]在总结国家衰亡的原因时，先秦思想家认为君主拒谏为重要原因之一。《国语》曰："纵过而黜谏……夫差先自败也已，焉能败人。子修德以待吴，吴将毙矣。"[⑤]《吕氏春秋》载："谏而不听，故吴为丘墟，祸及阖庐。"[⑥]荀子指出："桀死于鬲山，纣县于赤旆。身不先知，人又莫之谏，此蔽塞之祸也。"[⑦]谏诤事关社稷存亡，若有谏臣及谏诤，虽君主无道导致国家不能大治，却也不至于亡国。"昔者天子有争臣七人，虽无道，

---

① 《管子校注》卷5《八观》，第272页。

② ［清］王先慎撰，钟哲点校：《韩非子集解》，北京：中华书局，1998年，第59页。

③ 《吕氏春秋集释》卷16《先识览》，第398页。

④ 《荀子集解》卷1《修身篇》，第21页。

⑤ 徐元诰撰，王树民、沈长云点校：《国语集解》，北京：中华书局，2002年，第525页。

⑥ 《吕氏春秋集释》卷23《贵直论》，第628页。

⑦ 《荀子集解》卷15《解蔽篇》，第389页。

不失其天下。诸侯有争臣五人，虽无道，不失其国。"①先秦思想家将谏诤与国之存亡联系起来，更进一步阐述了谏诤的重要性。

（三）能谏为忠臣事君之本分

谏诤是臣下对君上的一种行为，因其与国之治乱及存亡密切相关，故先秦思想家认为忠臣必须能谏，从而解国之难，救国于危，此亦为忠臣事君之道。管仲曰："君若有过，进谏不疑……此亦可谓昔者有道之臣矣。"②墨子指出："若以翟之所谓忠臣者，上有过则微之以谏。"③《国语》载："以谏取恶，不惮死进，可不谓忠乎！"④"夫事君者，谏过而赏善。"⑤韩非子曰："非其行而陈其言，善谏不听则远其身者，臣之于君也……夫为人臣者，君有过则谏，谏不听则轻爵禄以待之，此人臣之礼义也。"⑥《战国策》曰："无以谏者，非忠臣也。"⑦《吕氏春秋》云："故忠臣廉士，内之则谏其君之过也。"⑧虽然谏诤为忠臣事君之道，但谏臣不能卖直取忠，谏诤要讲究方式方法，比

---

① 《十三经注疏·孝经注疏》，第 5563 页。

② 《管子校注》卷 11《四称》，第 620 页。

③ 吴毓江撰，孙启治点校：《墨子校注》卷 13《鲁问》，北京：中华书局，2006年，第 735 页。

④ 《国语集解》，第 388—389 页。

⑤ 《国语集解》，第 452 页。

⑥ 《韩非子集解》，第 355 页。

⑦ 《战国策注释》卷 29《燕策一》，第 1099 页。

⑧ 《吕氏春秋集释》卷 20《恃君览》，第 546 页。

如不能在公开场合论说君主的过错，也不能因君主不纳谏而诽谤君主。《礼记》载："为人臣之礼，不显谏，三谏而不听则逃之。"[①]"为人臣下者，有谏而无讪。"[②]荀子也有同样的说法："为人臣下者，有谏而无讪，有亡而无疾，有怨而无怒。"[③]先秦思想家们认为谏诤为忠臣事君之本分，不仅要求忠臣能谏、敢谏，甚至在某些情况下还要强谏；即使君主不纳谏，忠臣也不能有怨言，要始终遵守君臣之礼。

（四）纳谏与否体现君主之贤愚

谏诤针对的是君主的缺失，君主有缺失，小则影响具体政务之是非，大则关涉国之治乱兴亡。贤明的君主为了社稷及百姓，往往能够纳谏，而昏庸的君主则置社稷及百姓于不顾，刚愎拒谏，故纳谏与否能够体现君主之贤愚。管仲曰："明主者，兼听独断，多其门户……乱主则不然……忠臣之欲谋谏者不得进。"[④]《晏子春秋》载："下无直辞，上有隐恶；民多讳言，君有骄行。古者明君在上，下多直辞；君上好善，民无讳言。"[⑤]《国语》载："故兴王赏谏臣，逸王罚之。"[⑥]"昔楚灵王不

---

① ［清］孙希旦撰，沈啸寰、王星贤点校：《礼记集解》卷6《曲礼下》，北京：中华书局，1989年，第147页。

② 《礼记集解》卷35《少仪》，第932页。

③ 《荀子集解》卷19《大略篇》，第494页。

④ 《管子校注》卷21《明法解》，第1210页。

⑤ 《晏子春秋校注》卷5《内篇杂上》，第240页。

⑥ 《国语集解》，第387页。

君，其臣箴谏以不入。"①《战国策》载："明主者务闻其过，不欲闻其善。"②《吕氏春秋》载："至忠逆于耳、倒于心，非贤主其孰能听之？故贤主之所说，不肖主之所诛也。"③"故不肖主无贤者，无贤则不闻极言，不闻极言则奸人比周，百邪悉起。"④可见，君主被分成"明主""明君""兴王""贤主"和"乱主""逸王""不肖主"，如此划分的一个重要标准就是能否纳谏。

第二节　秦代的谏议

一、谏议制度形成的时间

　　学术界一般将谏议制度附着在监察制度中进行研究，认为谏议制度是监察制度的组成部分，甚至监察制度与谏议制度不分，所以往往认为谏议制度与监察制度是同时形成的。⑤研究谏议制度的形成，不可避免地要参照监察制度形成的相关研究情况，学术界有关监察制度形成时期的相关研究，可以用于论

---

① 《国语集解》，第 541 页。
② 《战国策注释》卷 29《燕策一》，第 1098 页。
③ 《吕氏春秋集释》卷 11《仲冬纪》，第 242—243 页。
④ 《吕氏春秋集释》卷 23《贵直论》，第 624—625 页。
⑤ 说明一点，谏议制度与监察制度是两个独立的制度，详见后文谏议制度的独立性。但目前学界一般将谏议制度放在监察制度里面解析，所以只能如此表述。

述谏议制度的形成时期。

第一，西周说。此观点以常金仓先生为代表，他认为："通过对诸多监察要素的分析，认为此前礼治时代，中国政治中不仅存在监察机制，而且是较战国更为广泛的监察制度。甚至天下最高领袖——天子也在接受监督的对象之列，但'只是因为形式多样，不主一官，没有引起人们的注意'。"[1]

第二，春秋战国说。此观点以张序、白钢先生为代表。张序认为："中国古代的监察制度，始创于春秋战国时期。"[2]白钢也认为："自春秋中期以至战国，国君监察臣下之职主要委之于御史，同时又设立谏官以匡正国君的过失。我国的监察制度即滥觞于斯时。"[3]

第三，战国说。此观点以关文发、于波等为代表，他们通过梳理夏、商、西周、春秋、战国监察制度指出："战国之前的监察制度，显然处于一个不成熟时期，只有到了战国时，专门的监察机构才在各国逐渐产生并发展起来。"[4]

第四，东汉说。此观点以贾玉英为代表，她指出："中国古代中央监察制度由谏官制度、御史制度及封驳制度三大体系组成。这三大体系既有联系又有区别……从中央监察制度的整体发展线索看，御史制度是三大体系中的核心。因此……以东汉中央专职监察机构御史台的出现，作为中国封建社会中央监

---

① 常金仓：《礼治时代的中国监察制度》，《政治学研究》1999年第4期。

② 张序：《我国古代官员监察弹劾制度之演变》，《政治学研究》1987年第5期。

③ 白钢：《中国政治制度通史·总论》，北京：人民出版社，1996年，第541页。

④ 关文发、于波主编：《中国监察制度研究》，北京：中国社会科学出版社，1998年。

察制度的确立较为合适。"[①]

但是，史学界通常认为中国古代完整意义上的监察制度产生于秦汉时期。如马作武认为，先秦时期的制度和思想文化积累，"为监察制度的正式确立奠定了充分的理论和实践基础。随着大一统帝国的出现……中国监察制度在秦汉时期的诞生也就水到渠成了"。[②] 彭勃、龚飞认为："中国古代监察制度……是秦汉时期形成的。"[③] 韦庆远也认为："'宰牧相累，监察相司，人怀异心，上下殊务'的监察体系在秦代就已经初具规模。"[④] 邱永明也认为秦汉时期是封建监察制度形成的时期。[⑤]

因史学界通常将谏议制度附着在监察制度中进行论述，监察制度的形成轨迹亦是谏议制度的形成轨迹，笔者同意谏议制度形成于秦汉时期一说。因秦汉时谏议机构开始设置，体系、职掌逐步形成，其特点、运作效果等都开始显现，故以秦汉作为谏议制度形成的时期较为合适。

二、秦代谏议制度

秦代开始试图通过制度化的谏议来约束皇权。秦代的谏议

---

① 贾玉英等：《中国古代监察制度发展史》，北京：人民出版社，2004年，第2页。

② 马作武：《秦汉时期监察制度形成及思想探源》，《政法论坛》1999年第3期。

③ 彭勃、龚飞主编：《中国监察制度史》，北京：中国政法大学出版社，1989年。

④ 韦庆远主编：《中国政治制度史》，北京：中国人民大学出版社，1989年，第158页。

⑤ 邱永明：《中国监察制度史》，上海：华东师范大学出版社，1992年，第63页。

制度包括两个方面，一是设立专职官员掌谏议，一是建立相应的制度保障谏议的实施。秦代的专职谏官是谏大夫，谏议制度为廷议和上封事制度。

（一）秦代的谏官

《汉书·百官公卿表》云："郎中令，秦官，掌宫殿掖门户，有丞……属官有大夫、郎、谒者，皆秦官……大夫掌论议，有太中大夫、中大夫、谏大夫，皆无员，多至数十人。"[①]《盐铁论》注曰："秦置谏大夫，属郎中令，无常员，多至数十人，掌论议。"[②]《通志》载："秦置谏大夫，掌论议，无常员，多至数十人，属郎中令。"[③]《资治通鉴》注载："秦置谏大夫，掌论议。"[④]可见，秦代已经设置谏大夫，无固定人数，执掌议论。

（二）廷议及上封事制度

廷议指君主与群臣面对面讨论国之大事，在此过程中，群臣可以就廷议事项向君主言得失或建言献策。上封事是一种书面进谏的方式，群臣可通过书面形式对国家事务或君主过失发

---

① 《汉书》卷 19 上《百官公卿表》，第 727 页。

② 王利器校注：《盐铁论校注》卷 5《利议第二十七》，北京：中华书局，1992 年，第 331 页。

③ ［南宋］郑樵撰，王树民点校：《通志二十略》，北京：中华书局，1995 年，第 1013 页。

④ ［北宋］司马光编著，［元］胡三省音注：《资治通鉴》卷 75《魏纪七》，北京：中华书局，1956 年，第 2370 页。

表意见，进而上达天听。故廷议与上封事均可视作谏议方式。

秦代，廷议比较常见，秦始皇初并天下，下诏议帝号："天下大定，今名号不更，无以称成功，传后世。其议帝号。"丞相王绾、御史大夫冯劫、廷尉李斯等与博士议："'古有天皇，有地皇，有泰皇，泰皇最贵。'臣等昧死上尊号，王为'泰皇'，命为'制'，令为'诏'，天子自称曰'朕'。"①又如论议是否应该实行分封制。博士淳于越提议实行分封制："臣闻殷、周之王千余岁，封子弟功臣自为枝辅。今陛下有海内，而子弟为匹夫，卒有田常、六卿之臣，无辅拂，何以相救哉？"始皇下令群臣廷议，李斯提出异议："五帝不相复，三代不相袭，各以治，非其相反，时变异也。今陛下创大业，建万世之功，固非愚儒所知。且越言乃三代之事，何足法也？"②始皇采纳李斯之议。再如，二世即位，下诏"令群臣议尊始皇庙"，论议的结果是："群臣以礼进祠，以尊始皇庙为帝者祖庙。"③

上封事的例子也很多。如李斯上《谏逐客疏》，"大索，逐客。李斯上书说，乃止逐客令"。④李斯上《焚书请》，"始皇下其议丞相，丞相谬其说，绌其辞，乃上书"。⑤因二世责问三川"盗贼"事，"使者覆案三川相属，诮让（李）斯居三公位，如何令盗如此"，李斯恐惧，阿二世意上书，"李斯恐惧，重爵禄，不知所出，乃阿二世意，欲求容，以书对"，建议二世行督责

① 《史记》卷6《秦始皇本纪》，第235—236页。
② 《史记》卷6《秦始皇本纪》，第254页。
③ 《史记》卷6《秦始皇本纪》，第266页。
④ 《史记》卷6《秦始皇本纪》，第230页。
⑤ 《史记》卷87《李斯列传》，第2546页。

之术，实行高压政治。[①]

秦代谏议制度及谏议活动均处于不断变化之中，前期，谏议制度尚能发挥一定作用，谏议活动尚且活跃；后期，谏议制度形同虚设，谏议活动也一蹶不振。

三、秦代谏诤活动

秦代谏诤活动史籍记载有如下数件，嬴政时有茅焦之谏、李斯之谏、尉缭之谏、王翦之谏，及其统治晚期讳谏、拒谏，如拒长子扶苏之谏，讳后事安排之谏。二世时有李斯谏行"督责之术"，又因讳谏而设诽谤罪严惩谏者等。

茅焦之谏。所谏系秦王之家事。史云秦王母与嫪毐私通，后嫪毐谋反，被秦王平定，秦王迁怒其母，茅焦为此进谏："秦方以天下为事，而大王有迁母太后之名，恐诸侯闻之，由此倍秦也。"秦王听了茅焦之言，"乃迎太后于雍而入咸阳，复居甘泉宫"。[②]

李斯之谏。因韩人郑国间秦事件，秦国宗室大臣向秦王进言，异国人前来事秦者皆为本国谋，因而不可信，应尽逐之。故秦王下逐客令，驱逐各诸侯国在秦之人，李斯也在驱逐范围内。他在被驱逐途中上疏谏秦王："……夫物不产于秦，可宝者多；士不产于秦，而愿忠者众。今逐客以资敌国，损民以益仇，内自虚而外树怨于诸侯，求国无危，不可得也。"秦王

---

① 《史记》卷87《李斯列传》，第2554页。
② 《史记》卷6《秦始皇本纪》，第227页。

"卒用其计谋。(李斯)官至廷尉。二十余年,竟并天下,尊主为皇帝,以斯为丞相。夷郡县城,销其兵刃,示不复用。使秦无尺土之封,不立子弟为王、功臣为诸侯者,使后无战攻之患"。[1]

尉缭之谏。史载大梁人尉缭来秦国,向秦王进言统一谋略:"以秦之强,诸侯譬如郡县之君,臣但恐诸侯合从,翕而出不意,此乃智伯、夫差、愍王之所以亡也。愿大王毋爱财物,赂其豪臣,以乱其谋,不过亡三十万金,则诸侯可尽。"[2]秦王对其言听计从,以平等的礼节对待尉缭,衣服饮食均和尉缭一样,说明秦王此时能够礼贤下士,虚心纳谏。

王翦之谏。所谏系攻楚之事。秦王与诸将讨论攻楚之事,李信认为出兵二十万足够,而王翦认为非六十万不可。秦王是李信而非王翦,派李信攻楚,楚国人大破李信军。秦王亲自到频阳见王翦致歉,王翦此时进言:"大王必不得已用臣,非六十万人不可。"秦王曰:"为听将军计耳。"[3]

上述诸例表明嬴政在为秦王时,还颇善于纳谏。统一六国后,嬴政渐生自满之心,终至刚愎讳谏、拒谏。讳谏、拒谏的重要表征之一是其时立法有妖言、诽谤之罪。始皇三十四年,李斯上书请焚书,"私学乃相与非法教之制,闻令下,即各以其私学议之,入则心非,出则巷议,非主以为名,异趣以为高,率群下以造谤。如此不禁,则主势降乎上,党与成乎下。禁之

---

① 《史记》卷 87《李斯列传》,第 2545—2546 页。

② 《史记》卷 6《秦始皇本纪》,第 230 页。

③ 《史记》卷 73《白起王翦列传》,第 2340 页。

便。臣请诸有文学诗书百家语者，蠲除去之"。始皇认可李斯的意见，并为此制定相关法令，"始皇可其议，收去诗书百家之语以愚百姓，使天下无以古非今。明法度，定律令"。[①] "明法度，定律令"即设妖言、诽谤罪。汉初，为广开言路又欲废除妖言、诽谤令。"（高后）元年春正月，诏曰：'前日孝惠皇帝言欲除三族罪、妖言令，议未决而崩。今除之。'"[②] 除之未尽，文帝二年五月又下诏废黜诽谤、妖言令，"今法有诽谤妖言之罪，是使众臣不敢尽情，而上无由闻过失也。将何以来远方之贤良？其除之。民或祝诅上，以相约而后相谩，吏以为大逆，其有他言，吏又以为诽谤。此细民之愚，无知抵死，朕甚不取。自今以来，有犯此者勿听治"。[③] 前汉初期基本继承秦律，在律令中尚有"妖言罪""诽谤罪"，亦可推知，秦时设立了妖言、诽谤罪。

《史记》载，始皇认为侯生、卢生私语是在诽谤自己，因此坑杀儒生四百六十余名，长子扶苏为此而谏："天下初定，远方黔首未集，诸生皆诵法孔子，今上皆重法绳之，臣恐天下不安，唯上察之。"始皇怒，"使扶苏北监蒙恬于上郡"。[④] 后始皇在平原津病重，讳言死，群臣畏惧，"莫敢言死事"。[⑤] 始皇驾崩后，赵高、李斯、胡亥兴沙丘之谋，篡改诏书，导致扶苏自杀，蒙恬、蒙毅兄弟被囚，最终身亡，胡亥得以即位。

---

① 《史记》卷 87《李斯列传》，第 2546 页。
② 《汉书》卷 3《高后纪》，第 96 页。
③ 《汉书》卷 4《文帝纪》，第 118 页。
④ 《史记》卷 6《秦始皇本纪》，第 258 页。
⑤ 《史记》卷 6《秦始皇本纪》，第 264 页。

胡亥无其父之功业和威望，但拒谏方面却远超其父。二世本得位不正，为杜绝臣民非议，大肆屠杀兄弟姐妹、宗室、大臣以立威。"乃行诛大臣及诸公子，以罪过连逮少近官三郎，无得立者，而六公子戮死于杜。公子将闾昆弟三人囚于内宫。"诽谤罪执法甚严，"群臣谏者以为诽谤"，导致"大吏持禄取容，黔首振恐"。[1]

始皇多年征伐不休，大兴土木，如修整长城、修建驰道、修筑陵寝，天下疲惫不堪，百姓惧其威严而未发。二世即位后，非但不改弦更张，反而变本加厉，导致"盗贼"蜂起、民变不断。二世元年七月，陈胜吴广起义。二世讳言"盗贼"，群下逢迎，粉饰"盗贼"之事，以致"盗贼"漫天而二世不知。史云"谒者使东方来，以反者闻二世。二世怒，下吏。后使者至，上问，对曰：'群盗，郡守尉方逐捕，今尽得，不足忧。'上悦"。[2] 国家重臣因进言"盗贼"之事甚至惹来杀身之祸，右丞相冯去疾、左丞相李斯、将军冯劫进谏言"盗贼事"，二世大怒，"下去疾、斯、劫吏，案责他罪。去疾、劫曰：'将相不辱。'自杀。斯卒囚，就五刑"。[3]

二世唯赵高之言是从，后"盗贼"过多，欲追责赵高，但太阿倒持，已成尾大不掉之势。赵高铤而走险，与其婿咸阳令阎乐、弟赵成谋弑二世。因二世刚愎拒谏，众人恐怕惹来杀身之祸，故无人敢揭穿赵高等人之密谋。阎乐之徒率兵来到二世

---

① 《史记》卷6《秦始皇本纪》，第268页。
② 《史记》卷6《秦始皇本纪》，第269页。
③ 《史记》卷6《秦始皇本纪》，第271—272页。

面前，"二世怒，召左右，左右皆惶扰不斗。旁有宦者一人，侍不敢去。二世入内，谓曰：'公何不蚤告我？乃至于此！'宦者曰：'臣不敢言，故得全。使臣蚤言，皆已诛，安得至今？'"[①]二世毫无反抗之力，被迫自杀。

综上，秦朝之兴，原因种种，但始皇早期能够开诚纳谏，鼓励群下进谏言，并能够察纳雅言，咨访善道，体察己失，是秦平定六国、一统天下的主要原因。而秦朝之亡，亦原因种种，但讳谏、拒谏当为主要原因之一。

第三节　两汉时期的谏议

本书虽以秦汉谏议为名，但有关秦朝谏议之史料甚少，而有关两汉谏议的记载甚多，本节主要论述两汉时期谏议官制的设定及谏议活动的特点。

一、两汉时期的谏议官制

两汉时期，谏官范围比较广泛，主要有两类。一类是大夫，有谏（议）大夫、光禄大夫、太中大夫、中散大夫。一类是君主近侍，有议郎、谒者、博士、侍中、给事中。其中，谏（议）大夫为专职的谏官，其他为兼职谏官。对于国家大事，三公也可行使重要的谏议职权，"太尉……凡国有大造大疑，则

---

① 《史记》卷6《秦始皇本纪》，第274页。

与司徒、司空通而论之。国有过事，则与二公通谏争之……司徒……凡国有大疑大事，与太尉同……司空……凡国有大造大疑，谏争，与太尉同"。[①]汉代谏官多选"名儒宿德"担任，他们既朝夕侍从于君主左右，匡正君主得失或者建言献策；又可以接受君主的派遣，代表君主赈济灾民、慰问穷困、监察地方、考察政绩、采访风俗等。两汉谏官发挥了广泛的作用。

两汉时期，谏议官制不断发展演变，比较重要的一个转变是光禄大夫的职责由前汉时的"掌议论、顾问应对"变成了后汉时的"拜假赗赠"及"监护丧事"，[②]即由谏官变成了代表君主行吊丧慰问、封官赠爵之事的官员。另一个转变则是谏大夫变成了谏议大夫。史籍多记载谏议大夫是光武帝时所设，但事实上，王莽改制时废除了谏大夫的谏诤职能，另起炉灶，设立谏议祭酒掌谏诤，后又增加了商议国政的职能。根据史籍记载及笔者的分析，实际上是更始集团首先设置谏议大夫一职，而且王郎集团亦曾设立谏议大夫一职，说明并非光武帝创设谏议大夫之职（详后）。

二、两汉谏议活动概述

秦政权历时较短，而且秦后期谏议活动不活跃，故有关秦

---

① ［南朝宋］范晔撰，［唐］李贤等注：《后汉书》志第24《百官一·太尉》，北京：中华书局，1965年，第3557、3560、3562页。

② ［元］马端临撰，上海师范大学古籍研究所、华东师范大学古籍研究所点校：《文献通考》卷64《职官考十八·文散官·光禄大夫以下》，北京：中华书局，2011年，第1924—1925页。

朝谏议活动的记载较少。而两汉历时四百多年，有关谏议活动的记载很多，现仅选取数例说明两汉时期谏议活动的特点。

（一）谏议主体非常广泛

两汉有原始民主时期"人人皆谏官"之遗风，谏言者范围广泛，上至太后、皇后、太子，中至宗室、外戚、中央和地方官吏，下至乡官、百姓皆可进言。甚至囚犯亦可进言，如大盗安世入狱，居然能够从狱中上书，"告敬声（武帝时丞相公孙贺之子）与阳石公主私通，及使人巫祭祠诅上，且上甘泉当驰道埋偶人，祝诅有恶言"，导致公孙氏"父子死狱中，家族"。[①]秦朝时，位高权重的丞相李斯入狱，也曾上书二世讼冤，"自负其辩，有功，实无反心，幸得上书自陈，幸二世之寤而赦之"。但其申辩书却未能上达二世，"书上，赵高使吏弃去不奏"。最终李斯及其三族均落得惨死的下场，"具斯五刑，论腰斩咸阳市……而夷三族"。[②]秦时，身陷囹圄的丞相无法洗刷自己的罪名；而汉时，江洋大盗竟然能够言位高权重的丞相家的阴事。可见，秦朝与汉朝时谏议主体的范围及言路畅通情况有天壤之别。

（二）谏议有一定的制度保障

在两汉，统治者为了鼓励谏言者积极进言，制定了一定的

---

① 《汉书》卷 66《公孙敬声传》，第 2878 页。
② 《史记》卷 87《李斯列传》，第 2561—2562 页。

制度。如开国初，废除诽谤妖言令，之后历代君主基本都能做到言者无罪。为了鼓励进言，统治者往往会给予谏言者物质奖励，如赐予其黄金、粮食、布帛、田产、房屋、奴婢等。谏言者还有可能受到分封，而且爵位可以继承，封地产生的收益子孙后代可以一直享受。另外，在谏议过程中，进谏者极有可能因谏言得到君主赏识而步入仕途，由布衣直接"释褐"，或者现有职位获得升迁。这也是入仕或官场的一条"终南捷径"。

最高层次的谏议保障为以谏取才和下诏求直言。察举制度是汉代确立的一种官吏选拔制度，最早的科目为举贤良方正、能直言极谏者，可见汉代统治者对谏议的高度重视。演变到后来，察举的主要科目变为举孝廉，为岁举，而直言极谏在武帝之后变成了"特举""特科"，时间并不固定，但这并不意味着直言极谏一科不重要。古代科技水平落后，很多自然现象得不到科学的解释，被视为灾异。汉代统治者受灾异论影响很深，凡有灾异，一般都会下诏中央百官、地方郡国举直言极谏之士。在此过程中，一方面可求得直陈君失的谏言，从而改正君主和朝廷的缺失；一方面可寻访到正直的官吏，补充到汉帝国官僚系统中，此则为以谏取才。

（三）两汉君主注意广开言路，主动求言

主动求言包括两个方面，一是在遇到灾异现象的时候，主动下诏求言（此点上文已论述）；二是在日常生活与施政过程中广开言路，主动求言。如文帝"除铸钱令，（贾）山复上书谏，以为变先帝法，非是。又讼淮南王无大罪，宜急令反

国……其言多激切，善指事意，然终不加罚，所以广谏争之路也"。^①光武帝脱离更始集团后，关中混乱，光武帝派遣前将军邓禹西征关中，送别邓禹返还途中路过野王，看见二老者打猎，便问："禽何向？"二老回答："此中多虎，臣每即禽，虎亦即臣，大王勿往也。"光武反问："苟有其备，虎亦何患？"二老回答："何大王之谬邪！昔汤即桀于鸣条，而大城于亳；武王亦即纣于牧野，而大城于郏鄏。彼二王者，其备非不深也。是以即人者，人亦即之，虽有其备，庸可忽乎！"光武帝深知遇到了隐世高人，所言暗含治理天下之道，想请二人辅佐他，但二人已不知所踪。^②光武帝曾向侍中戴凭求言："侍中当匡补国政，勿有隐情。"戴凭指出光武帝用法过严："伏见前太尉西曹掾蒋遵，清亮忠孝，学通古今，陛下纳肤受之诉，遂致禁锢，世以是为严。"^③可见，无论是创业之君，还是守成之君，均对谏言、谏士孜孜以求。

---

① 《汉书》卷51《贾山传》，第2337页。
② 《后汉书》卷83《逸民列传·野王二老》，第2758页。
③ 《后汉书》卷79上《儒林列传·戴凭》，第2553页。

第二章
秦汉谏官及职责

　　谏官制度是秦汉谏议制度的重要组成部分，谏官在整个谏议活动中占据重要地位。"官僚制度对皇权也有一定的约束力……官僚通过制度化的权力设置来约束皇权……秦汉宫廷有各种大夫，掌议论。武帝太初年间又设置谏大夫（后为谏议大夫），专掌谏议，在汉代议政中发挥了很大作用。"[①]研究谏官的范围、选举、兼官、职掌、演变可清楚地了解谏官在秦汉时期的职责及国家治理中的地位，本章论述的重点是谏（议）大夫。[②]

---

① 《秦汉官僚制度》，第 147—149 页。
② 此章第一节及第二节已经发表，详见拙文《论西汉谏大夫》，《南都学坛》2019年第 1 期。

第一节 秦汉的谏官

一、秦谏官设置考

秦始皇统一六国后，建立大一统中央集权王朝。以秦国官制为基础，参酌六国官制，创建秦朝一代特有的官制，初步建立谏议制度，设立专职谏官，即谏大夫。

二、两汉谏官设置考

从君主下诏求直言的对象以及君臣议事、大臣奏请等活动可看出两汉谏官范围之广。成帝元延元年七月，发生了日食，成帝下诏求直言，诏曰："乃者，日蚀星陨，谪见于天，大异重仍。在位默然，罕有忠言。今孛星见于东井，朕甚惧焉。公卿大夫、博士、议郎其各悉心，惟思变意，明以经对，无有所讳。"[1] 和帝永元七年夏四月辛亥朔，发生了日食，和帝"引见公卿问得失，令将、大夫、御史、谒者、博士、议郎、郎官会廷中，各言封事"。[2] 王嘉上密封奏书谏阻哀帝封董贤等群小："陛下仁恩于贤等不已，宜暴贤等本奏语言，延问公卿、大夫、

---

① 《汉书》卷 10《成帝纪》，第 326 页。
② 《后汉书》卷 4《孝和帝纪》，第 180 页。

博士、议郎，考合古今，明正其义，然后乃加爵土，不然，恐大失众心。"①王嘉受到弹劾，孙光等请谒者召王嘉诣廷尉诏狱，哀帝下令召开廷议讨论处理办法，制曰："票骑将军、御史大夫、中二千石、二千石、诸大夫、博士、议郎议。"②光武帝建武十九年，天下大定，五官中郎将张纯与太仆建议光武帝"下有司议先帝四庙当代亲庙者及皇考庙事"。光武帝遂命公卿、博士、议郎商议此事。③可见，不少职官都有谏议职责。

根据上述史料可知，汉代负有谏议职责的官员有很多种，主要分两大类：一类是大夫，有谏（议）大夫、光禄大夫、太中大夫、中散大夫；一类是君主近侍，有议郎、谒者、博士、侍中、给事中。其中专职谏官为谏（议）大夫，兼职谏官范围比较广，既有本差为谏官的，也有兼差为谏官的。本书主要论述专职谏官，兼及兼职谏官。

两汉时期谏官的统领为郎中令（武帝时称"光禄勋"），"属官有大夫、郎、谒者，皆秦官。又期门、羽林皆属焉。大夫掌论议，有太中大夫、中大夫、谏大夫，皆无员，多至数十人。武帝元狩五年初置谏大夫，秩比八百石，太初元年更名中大夫为光禄大夫，秩比二千石，太中大夫秩比千石如故"。④从其属官来考察，有谏议职能的为大夫、郎。郎的种类甚多，有谏议职能的主要是议郎，但其他郎亦可以上书言

---

① 《汉书》卷 86《王嘉传》，第 3492 页。
② 《汉书》卷 86《王嘉传》，第 3501 页。
③ 《后汉书》志第 9《祭祀下·宗庙》，第 3193 页。
④ 《汉书》卷 19 上《百官公卿表》，第 727 页。

事。下面分而述之。

（一）博士

为秦代设立之职官，汉承秦制，武帝时设立五经博士。"博士，秦官也。博者，通博古今；士者，辨于然否。孝武建元五年，初置五经博士，秩六百石，后增至十四人。太常差次有聪明威重者一人为祭酒，总领纲纪。"①因为博士可以"通博古今""辨于然否"，往往担任君主之顾问，在顾问过程中，可以对君主的过失加以规劝或者向君主建言献策。秦代陈吴起义，二世召集博士和诸儒生问计："楚戍卒攻蕲入陈，于公何如？"博士诸生三十余人进言："人臣无将，将则反，罪死无赦。愿陛下急发兵击之。"主张迅速发兵。②前汉成帝时期，诸舅辅政，出现了灾异现象，"其夏，黄雾四塞终日。天子（成帝）以问谏大夫杨兴、博士驷胜等，对皆以为'阴盛侵阳之气也。高祖之约也，非功臣不侯，今太后诸弟皆以无功为侯，非高祖之约，外戚未曾有也，故天为见异'"。③王莽改制后天下大乱，汉典不存，永平初，明帝召集大臣商议复兴礼乐，博士董钧关于建章立制的进言多被采纳。"（董）钧博通古今，数言政事，永平初，为博士。时草创五郊祭祀，及宗庙礼乐，威仪

---

① ［清］孙星衍等辑，周天游点校：《汉官六种·汉官仪二卷·汉官仪卷上》，北京：中华书局，1990 年，第 128 页。
② 《史记》卷 99《叔孙通列传》，第 2720 页。
③ 《汉书》卷 98《元后传》，第 4017 页。

章服，辄令钧参议，多见从用。"①博士多在问询对象之列，可见其有谏议之责，属于谏官范围。

（二）议郎

为汉代郎官系统中掌谏议之官。郎官包括议郎、中郎、侍郎、郎中等，战国始置，秦汉沿袭，隶属光禄勋。"议郎、中郎，秦官也。议郎秩比六百石，特征贤良方正、敦朴有道。"②因为议郎所选任的对象为"贤良方正、敦朴有道"，与博士、谏（议）大夫之选人用人标准基本一样。议郎的职责为顾问应对，在此过程中，可以言得失或献策，其亦有谏议职能。桓谭在拜议郎之后，就时事上书言得失。"大司空宋弘荐谭，拜议郎、给事中，因上疏陈时政所宜。"③光武帝迷信谶言，甚至用谶言来决定国家大事。一次，"帝谓谭曰：'吾欲〔以〕谶决之，何如？'"桓谭"默然良久，曰：'臣不读谶'"，并极言谶言违背经义处。④议郎亦可主动上言得失。陈汤是元、成时名卿，有斩杀郅支单于之功，但自身多过失，导致被发配边疆。议郎耿育上书为陈汤申诉，"书奏，天子还汤"。⑤

① 《后汉书》卷 79 下《儒林列传·董钧》，第 2577 页。

② 《汉官六种·汉官旧仪二卷补遗一卷·补遗》，第 58 页。

③ 《后汉书》卷 28 上《桓谭传》，第 956 页。

④ 《后汉书》卷 28 上《桓谭传》，第 961 页。

⑤ 《汉书》卷 70《陈汤传》，第 3028 页。

（三）诸大夫

包括谏（议）大夫、光禄大夫、太中大夫、中散大夫。秦时设中大夫，汉承秦制亦设中大夫，武帝时将中大夫改为光禄大夫，后中大夫在历史中消失，而光禄大夫则为历朝所承袭。"秦时，光禄勋属官有中大夫。汉武帝太初元年，更名光禄大夫，银章青绶，掌议论，属光禄勋。门外特施行马，以旌别之。无常事，唯顾问应对，诏命所使，无员。后汉光禄大夫三人，凡诸国嗣王之丧则掌吊，多以为拜假赗赠之使及监护丧事。"[1]光禄大夫在前汉的职责是议论及顾问应对，议论即可主动针对君主的缺失进谏或者向君主进言献策。刘贺即位后，所行多有缺失且与霍光争权，霍光与张安世密谋废刘贺。刘贺欲出游，光禄大夫夏侯胜进谏："天久阴不雨，臣下有谋上者，陛下欲何之？"[2]顾问应对则是回答君主的问询，此过程亦可言得失或者进言献策。成帝时，匈奴遣伊邪莫演表达欲投降汉朝之意，如成帝不接受他便自杀。成帝下公卿议，光禄大夫谷永等人认为："不如勿受，以昭日月之信，抑诈谖之谋，怀附亲之心，便。"天子从之。[3]到后汉，光禄大夫的职责发生变化，由"掌议论、顾问应对"变成"拜假赗赠"及"监护丧事"。

另外还有太中大夫，"秦官，亦掌论议。汉因之。后汉置二十人"；中散大夫，"王莽所置。后汉因之，后置三十人"。

---

[1]《文献通考》卷64《职官考十八·文散官·光禄大夫以下》，第1924—1925页。

[2] ［后汉］荀悦著，张烈点校：《汉纪》卷16《孝昭皇帝纪》，北京：中华书局，2005年，第285页。

[3]《汉书》卷94下《匈奴传下》，第3808页。

《通典》注引胡广云："谏议、光禄、太中、中散大夫，此四等
于古礼皆为天子之下大夫，列国之上卿。"[①]凡大夫为散官，都
有掌议论的共通职责。

（四）侍中

侍中为汉代常见加官，起源于西周"常伯""常任"，秦朝
正式设立侍中。初设时，侍中并非天子之近侍官，而是丞相之
属吏，因丞相经常派属吏向君主奏事，随着相权的减弱、君权
的加强，侍中在汉朝演化为天子之近侍官。"周公戒成王《立
政》之篇所云'常伯''常任'以为左右，即其任也。秦为侍
中，本丞相史也，使五人往来殿内东厢奏事，故谓之侍中。汉
侍中为加官。"侍中多选择博学多闻之士担任，"皆旧儒高德，
学识渊懿"。主要职责为"赞导众事，顾问应对"，可见其中
有谏议职责。[②]侍中为中朝官的重要成员。所谓中朝官与外朝
官不同，不专任行政职务，由君主直接控制，相当于君主的智
囊团，能够伴随君前，出入禁中，参与国家重要事务，且无定
员。"侍中便繁左右，与帝升降，卒思近对，拾遗补缺，百僚
之中，莫密于兹。"[③]从"卒思近对，拾遗补缺"亦可见其有谏议
职责。桓帝时，延笃为侍中，承君主之顾问，"帝数问政事，笃

---

① ［唐］杜佑撰，王文锦、王永兴、刘俊文、徐庭云、谢方点校：《通典》卷34
《职官十六·文散官·光禄大夫以下》，北京：中华书局，1988年，第936、
937页。

② 《通典》卷21《职官三·门下省·侍中》，第545、546页。

③ 《汉官六种·汉官仪二卷·汉官仪卷上》，第136页。

诡辞密对，动依典义"。①而侍中皇蝉则因答不上君主之问而被左迁，"（桓帝）……问貌碢何法，不知所出；又问地震，云不为灾。还宫，左迁议郎"。②

（五）给事中

给事中是汉代常见加官，为中朝官重要成员，亦为君主近臣，其具体职责为"日上朝谒，平尚书奏事"。③一般由大夫、博士、议郎兼任。综合这两点，可见给事中有重要的谏议职责，一方面，在参与评议论决尚书政事时，可向君主进言得失或献策；另一方面，由大夫、博士、议郎兼任，其本官本就有谏议职责。昭帝时，给事中杜延年"论议持平，合和朝廷"，发挥了重要的谏议作用。他建议"举贤良，议罢酒榷盐铁"，霍光采纳其言，甚至吏民上书言便宜，有异，"辄下延年平处复奏"。④元帝时，匡衡任给事中，"是时，有日蚀地震之变，上问以政治得失，衡上疏"。⑤

（六）中常侍、散骑

中常侍、散骑均为加官，没有定员，侍奉君主左右。"自秦置散骑，又置中常侍。散骑并乘舆后，中常侍得入禁中，皆

---

① 《后汉书》卷64《延笃传》，第2103页。
② 《文献通考》卷50《职官考四·侍中》，第1427页。
③ 《汉官六种·汉旧仪二卷补遗二卷·汉旧仪补遗卷上》，第93页。
④ 《汉书》卷60《杜延年传》，第2663—2664页。
⑤ 《汉书》卷81《匡衡传》，第3333页。

无员。汉因之，并加官。"①《汉官仪》载："秦及前汉置散骑及中常侍各一人……献可替否。"中常侍在前汉往往以士人充任，他们长期伴随君主身边，得到君主的信任，可随时进言，影响君主的决策。哀帝时，"东平王云祝诅，又与后舅伍宏谋弑上为逆"②，息夫躬、孙宠二人告发此事，便是通过中常侍宋弘上书。事发后，东平王和王后及伍宏因罪被杀，息夫躬、孙宠及宋弘均获得封赏。到后汉光武帝时，中常侍开始专用宦官担任，导致其职责发生转变，成为君主的家奴。"中常侍，宦者，秩千石，得出入卧内禁中诸宫。"③散骑亦有谏议的职责，"汉武元鼎三年，初置散骑，俱掌问应对"④，"掌问应对"即是谏议职责之体现。

（七）从谏大夫到谏议大夫

1. 史籍多载光武帝改谏大夫为谏议大夫

后汉，谏大夫被改为谏议大夫，何时、何人改之？学者们一般认为是光武中兴后将谏大夫改成谏议大夫的。此种记载在史学典籍中不胜枚举。《盐铁论》注曰："秦置谏大夫，属郎中令，无常员，多至数十人，掌议论，汉初不置，至武帝始因秦置之，无常员，皆名儒宿德为之，光武增'议'字为谏议大夫，置三十人。"⑤《汉官解诂》云："武帝元狩五年，置谏大夫

---

① 《文献通考》卷 50《职官考四·散骑常侍》，第 1433 页。
② 《汉书》卷 86《王嘉传》，第 3492 页。
③ 《汉官六种·汉官旧仪二卷补遗一卷·汉官旧仪卷上》，第 32 页。
④ 《汉官六种·汉官仪二卷·汉官仪卷上》，第 138 页。
⑤ 《盐铁论校注》卷 5《利议第二十七》，第 331 页。

为光禄大夫，世祖中兴，以为谏议大夫。"①《资治通鉴》注引《续汉志》载："武帝元狩五年，置谏大夫。世祖中兴，以为谏议大夫。"②

2. 王莽新朝谏大夫职掌有变化并设立谏议祭酒

"从王莽代汉，到东汉的建立虽然不过短短十多年的时间，但是其间的制度变化却十分曲折复杂，制度史和政治史的交互影响异彩纷呈。"③两汉的制度变化十分复杂，比如从谏大夫到谏议大夫就是一个复杂的转变过程，不能简单地概括为光武帝改谏大夫为谏议大夫。

谏大夫在王莽代汉前，仍旧保持前汉的职责。王莽代汉后，谏大夫的职责发生了变化。王莽登基之初即始建国元年，对前朝的宗室官员进行了安置，因谏大夫"无定员"，便成为比较适合安置刘氏宗族的职位，故"诸刘为郡守者皆徙为谏大夫"。④

王莽将诸刘徙为谏大夫后，谏大夫职责发生了根本的变化。前已论及，谏大夫的职责主要在于向君主言得失。诸刘为谏大夫后，如果仍旧承担这一职责，他们可能会在王莽耳边发表亡国之恨或者对新朝之怨。王莽不可能让诸刘整天在自己周围"聒噪"，故废除了谏大夫的谏诤职责。王莽托古改制，对前汉官制也进行了大规模的改革，针对谏诤官一职，王莽另起炉灶，设立谏议祭酒。始建国三年，"置师友祭酒及侍中、谏议、

---

① 《汉官六种·汉官解诂一卷》，第 13 页。

② 《资治通鉴》卷 52《汉纪四十四》，第 1692 页。

③ 《秦汉官僚制度》，第 84 页。

④ 《资治通鉴》卷 37《汉纪二十九》，第 1171 页。

六经祭酒各一人，凡九祭酒，秩上卿"。[①]何为"谏议"？《通考》注引韦孟达言："谏议之职，应用公直之士，通才謇正，有补益于朝者。"[②]体现其以正直之言启悟天子的职能。多一个"议"字，说明谏议祭酒除掌言得失外，又增加了讨论国政的职能。

3. 更始政权创设谏议大夫并由后汉承继

王莽改制失败后，天下大乱，农民起义军和割据政权纷纷而起。其建制又如何呢？"西汉末年的反莽起兵是以复汉为旗号的，所以建制是以汉制为蓝本，但是其继承的方式却各有所本，驳杂不一，并非一脉相承……西汉末年反莽起兵的首难队伍是绿林与赤眉……考其所建政制却很复杂，既有继承，又有创新，不少内容与王莽制度还有直接的渊源关系，部分内容对东汉制度的形成也有影响。"[③]

绿林军的建制以汉制为蓝本，不少内容与王莽制度有直接的渊源。笔者从此点出发，认为绿林军建立更始政权并实现国家形式上的统一后，参酌前汉谏大夫和王莽设置的"谏议祭酒"，从而创设谏议大夫。更始政权建立后，"诸将皆山东人，咸劝留洛阳"，郑兴游说更始帝西都长安，更始帝采纳了郑兴的建议，并拜郑兴为谏议大夫。[④]更始帝亦征郭丹为谏议大夫，"更始二年，三公举丹贤能，征为谏议大夫，持节使归南阳，安集受降"。[⑤]

---

① 《汉书》卷 99 中《王莽传中》，第 4126 页。
② 《文献通考》卷 50《职官考四·谏议大夫》，第 1436 页。
③ 《秦汉官僚制度》，第 84 页。
④ 《后汉书》卷 36《郑兴传》，第 1217 页。
⑤ 《后汉书》卷 27《郭丹传》，第 940 页。

除更始集团设立谏议大夫外，地方割据势力王郎集团也设置了谏议大夫。王郎起事的时间，按照史料记载为更始元年十二月，"十二月，林等率车骑数百晨入邯郸城，止于王宫，立郎为天子"[①]，在绿林军形式上统一全国后。据此可判断王郎集团设置谏议大夫亦在绿林军统一全国后。王郎曾派其谏议大夫杜威向光武帝投降，"郎数出战不利，乃使其谏议大夫杜威持节请降"。[②]

以上史料可以说明，在光武帝设谏议大夫之前，更始集团、王郎集团均设有谏议大夫一职，并非光武帝创设谏议大夫之职。光武集团脱胎于绿林，光武即位之初，仿照绿林建制，设立了谏议大夫的职位，其所选任的对象与前汉一样，皆为"名儒宿德"。

第二节　谏（议）大夫的选任与兼官

一、谏（议）大夫的选任

汉承秦制，选官制度在秦制上有所继承和创新。汉代，选官制度有"察举、皇帝征召、公府与州郡辟除、大臣荐举、考试、任子、纳赀及其他多种方式"。[③]具体到谏（议）大夫的选

① 《资治通鉴》卷39《汉纪三十一》，第1255—1256页。
② 《后汉书》卷12《王郎传》，第493页。
③ 安作璋、熊铁基：《秦汉官制史稿》，济南：齐鲁书社，2007年，第800页。

任制度主要有以下几种：察举、皇帝征聘、大臣举荐、正常官吏升迁及君主直接除拜。

（一）察举

"也就是选举，是一种由下向上推举人才为官的制度……汉代察举的科目很多，主要有孝廉、茂才、贤良方正与文学（通常指经学）、明经、明法……标准大致不出四科。"[1] 所谓"四科"，史书中有明确记载。《后汉书·百官志》注引应劭《汉官仪》曰："四科取士：一曰德行高妙，志节清白；二曰学通行修，经中博士；三曰明达法令，足以决疑，能案章覆问，文中御史；四曰刚毅多略，遭事不惑，明足以决，才任三辅令，皆有孝悌廉公之行。"[2] 谏（议）大夫在君主周围从容议论，虽秩禄不高，但前景广阔，虽"无员"，但不轻授。诸侯王、公卿、郡守举荐的贤良方正，天子有可能对他们进行策试，"所谓'受策察问，咸以书对'，天子亲览其策，而第其高下"。[3] 如盖宽饶、何武，都是经过天子策试后方为谏大夫。"盖宽饶字次公，魏郡人也。明经为郡文学，以孝廉为郎。举方正，对策高第，迁谏大夫。"[4] "（何）武诣博士受业，治《易》……太仆王音举武贤良方正，征对策，拜为谏大夫。"[5] 另有孔光、楼护，也官拜谏

---

① 《秦汉官制史稿》，第 804 页。

② 《后汉书》志第 24《百官一》，第 3559 页。

③ 《秦汉官制史稿》，第 827 页。

④ 《汉书》卷 77《盖宽饶传》，第 3243 页。

⑤ 《汉书》卷 86《何武传》，第 3482 页。

大夫，但文献没有载明他们是否经过天子的策试。"（孔光）经学尤明，年未二十，举为议郎。光禄勋匡衡举光方正，为谏大夫。"[1] "（楼护）学经传，为京兆吏数年，甚得名誉……平阿侯举护方正，为谏大夫。"[2]

（二）皇帝征聘

"皇帝……有时也采取特征与聘召的方式，选拔某些有名望的品学兼优的人士，或备顾问，或委任政事。"[3] 从中可看出，征聘的对象是"有名望、品学兼优"，而谏（议）大夫的选任对象是"名儒宿德"，两者要求类似，故君主往往会通过征聘选任谏（议）大夫。汉代对谏（议）大夫的征聘多以去职的官员为对象（因在职官员可以通过正常的途径升迁），少数情况针对在职的官员。这些官员初仕时，儒学功底一般都非常深厚，如召信臣"以明经甲科为郎"、贡禹"以明经洁行著闻，征为博士"、鲍宣"好学，明经，为县乡啬夫"、孙宝"以明经为郡吏"。

官员去职的原因很多，如主动请辞、权力斗争、疾病、年老、获罪等。如有新皇继位，或发生大的灾异、大的人事变动时，往往要起用去职的官员，可能不会直接授予"有印绶"的实职，而是先授予谏大夫这种"无定员"的散官，加以考察，根据其表现再决定是否予以实职。如，召信臣任零陵太守，因病

---

① 《汉书》卷81《孔光传》，第3353页。

② 《汉书》卷92《游侠传》，第3707页。

③ 《秦汉官制史稿》，第819页。

去职，"复征为谏大夫"。[①] 贡禹任河南令，"因职事为府官所责"而主动去职，"元帝初即位，征禹为谏大夫"。[②] 鲍宣在豫州牧任上受到丞相司直郭钦检举，获罪免官，"归家数月，复征为谏大夫"。[③] 孙宝为京兆尹三年，因淳于长失势受到牵连被免官，"哀帝即位，征宝为谏大夫"。[④] 上述诸人去职后，皆又被君主征为谏大夫。

从史料看，前汉尚无直接授予布衣谏大夫之职的情况，但到后汉，名儒宿德虽为布衣，也能直接授予谏议大夫之职。如名儒陈宣在王莽篡位时隐居不仕，"光武即位，征拜谏议大夫"。[⑤] 名儒丁恭在王莽时不应州郡之请，"建武初，为谏议大夫、博士，封关内侯"。[⑥] 名儒王良在王莽时托病不仕，"教授诸生千余人。建武二年，大司马吴汉辟，不应。三年，征拜谏议大夫"。[⑦] 这些有名望的儒生不与王莽政权合作，选择不出仕。光武即位后，从布衣直接被征拜为谏议大夫。

有时候君主征聘谏（议）大夫也针对在职的官员，如魏相担任扬州刺史两年后，被"征为谏大夫"。[⑧] 田邑为渔阳太守，

---

① 《汉书》卷 89《循吏传·召信臣》，第 3641 页。
② 《汉书》卷 72《贡禹传》，第 3069 页。
③ 《汉书》卷 72《鲍宣传》，第 3086 页。
④ 《汉书》卷 77《孙宝传》，第 3257 页。
⑤ 《后汉书》志第 15《五行三》注引《谢承书》，第 3307 页。
⑥ 《后汉书》卷 79 下《儒林列传·丁恭》，第 2578 页。
⑦ 《后汉书》卷 27《王良传》，第 932—933 页。
⑧ 《汉书》卷 74《魏相传》，第 3134 页。

因赴任途中得病，征还为谏议大夫。^①

（三）大臣举荐

察举是一种由下而上的推荐，大臣举荐也是一种由下而上的推荐。其差别在于，察举规定了科目、人数以及被举者的条件等等，而大臣举荐是大臣觉察某人有某能，直接向君主推荐。这种推荐没有科目、人数、被举者条件的限制，君主可以随时要求大臣举荐，大臣也可以随时主动向君主举荐，但最终决定权在君主手里。车骑将军王舜称赞云敞收葬其师吴章之义举，向君主举荐其为"中郎谏大夫"。^②车骑将军许嘉因甘延寿"善骑射、材力高"而向君主举荐其为"郎中谏大夫"。^③光禄勋匡衡向君主举荐王骏有"专对材"，故君主迁其为谏大夫。^④大司空何武任命鲍宣为西曹掾，何武非常敬重鲍宣的为人，"荐宣为谏大夫"。^⑤梁商临终前向顺帝举荐周举，顺帝拜其为谏议大夫。"商疾笃，帝亲临幸，问以遗言。对曰：'人之将死，其言也善。臣从事中郎周举，清高忠正，可重任也。'由是拜举谏议大夫。"^⑥

---

① ［后汉］刘珍撰，吴树平校注：《东观汉记校注》卷14《田邑传》，北京：中华书局，2008 年，第 561 页。

② 《汉书》卷 67《云敞传》，第 2928 页。

③ 《汉书》卷 70《甘延寿传》，第 3007 页。

④ 《汉书》卷 72《王骏传》，第 3066 页。

⑤ 《汉书》卷 72《鲍宣传》，第 3086 页。

⑥ 《后汉书》卷 61《周举传》，第 2028 页。

（四）正常官吏升迁

"一般来说，考课为'最'、为'高第'者，均能得到升迁……或因考课为最，或以积劳为功，皆循序而升。对于有特异才能或者功效显著者，则往往实行超迁。"① 低级官吏可以以功劳升迁为谏（议）大夫。杜延年"以校尉将南阳士击益州"②、杜缓"以校尉从蒲类将军击匈奴"③，二人皆有军功，均"还为谏大夫"。校尉为秩比六百石官员，战斗归来"为谏大夫"，秩比八百石，可见官秩有所提升，且谏大夫常伴君前，比校尉更有发展前途。陈禅为汉中太守，因降服夷贼而迁为左冯翊，之后"入拜谏议大夫"。④

另外，谏（议）大夫亦可由低级官员"循序而升"。如博士可以升转至谏大夫，"博士入平尚书，出部刺史、诸侯相次，转谏大夫"。⑤ 薛广德"为博士，论石渠，迁谏大夫"。⑥ 议郎亦可升迁至谏（议）大夫。议郎秩比六百石，多为明经文学之士，职掌议论和诏令所使，与谏（议）大夫类似。孙宝、班伯即由议郎升迁为谏大夫，"（张忠）上书荐宝经明质直，宜备近臣。为议郎，迁谏大夫"。⑦"（班）伯博学有俊材，左将军史丹

---

① 《秦汉官制史稿》，第896—897页。
② 《汉书》卷60《杜延年传》，第2662页。
③ 《汉书》卷60《杜缓传》，第2666页。
④ 《后汉书》卷51《陈禅传》，第1684—1685页。
⑤ 《汉官六种·汉官仪二卷·汉官仪卷上》，第129页。
⑥ 《汉书》卷71《薛广德传》，第3047页。
⑦ 《汉书》卷77《孙宝传》，第3257页。

举贤良方正，以对策为议郎，迁谏大夫。"① 何休由议郎升迁为谏议大夫，"乃拜议郎，屡陈忠言，再迁谏议大夫"。②

（五）君主直接除拜

君主专制时代，君主为国家的最高主宰者，集各种大权于一身，其个人意志凌驾于朝廷之上。君主权力很大，而制约甚少，"杜周专以人主意指为狱，认为'三尺安出哉？前主所是著为律，后主所是疏为令；当时为是，何古之法乎！'"③ 官员任免往往能够体现君主的个人意志，如果君主觉得某官员有才干，或仅仅是偏爱某官员，都可以直接降旨超拔。

终军曾因上书言事合武帝之意，被拜为谒者给事中。后终军主动请缨要求出使匈奴，"画吉凶于单于之前"，即向匈奴言明利害，使其勿与大汉为敌。将计划奏明后，武帝"奇军对，擢为谏大夫"。④ 蔡千秋为郎官时，受到宣帝召见，"与公羊家并说，上善穀梁说，擢千秋为谏大夫给事中"。⑤ 刘辅作为宗室，在担任襄贲令时，上书成帝言得失，获成帝"召见，上美其材，擢为谏大夫"。⑥ 武帝擢终军为谏大夫、宣帝擢蔡千秋为谏大夫给事中、成帝擢刘辅为谏大夫，虽属于君主直接除拜，但最重要的原因是被擢人有才干，君主才予以提拔。但哀帝"拜

---

① 《汉书》卷 100 上《叙传上》，第 4203 页。
② 《后汉书》卷 79 下《儒林列传·何休》，第 2583 页。
③ 《汉书》卷《杜周传》，第 2659 页。
④ 《汉书》卷 64 下《终军传》，第 2820 页。
⑤ 《汉书》卷 88《儒林传》，第 3618 页。
⑥ 《汉书》卷 77《刘辅传》，第 3251 页。

（孔）光两兄子为谏大夫常侍"，则完全是出于宠爱佞臣董贤。孔光本明哲保身之辈，深知哀帝宠信董贤，故当董贤拜访他时"送迎甚谨，不敢以宾客均敌之礼"，哀帝闻之高兴，"立拜光两兄子为谏大夫常侍"。[①] 体现出在某种情形下君主除拜谏大夫具有随意性。

从史料来看，后汉尚无君主直接除拜谏议大夫的例子，但后汉君主可以直接征聘布衣名儒为谏议大夫。

二、谏大夫兼官

谏大夫作为"无印绶"的散官，秩禄比八百石，职掌"议论"，并无实际职权。但如果谏大夫有其他兼官，就有具体职掌，这些职掌来自所兼之官。谏大夫兼官指官员除担任谏大夫外，还同时担任其他官职。谏大夫兼官形式有"使""行""守""加官"等。谏大夫作为君主身边的亲随，虽级别相对较低，但谏大夫兼官秩禄一般高于谏大夫本身，且职权亦比谏大夫大，体现出君主对其的重视。谏大夫兼官根据史籍记载有如下情形（后汉尚无谏议大夫兼官的情况）。

1. 使西域都护。《汉书·百官公卿表》："西域都护加官，宣帝地节二年初置，以骑都尉、谏大夫使护西域三十六国，有副校尉，秩比二千石，丞一人，司马、候、千人各二人。"[②]《汉书·韩延寿传》："车骑将军许嘉荐延寿为郎中，谏大夫，使西

---

① 《汉书》卷93《佞幸传》，第3738页。
② 《汉书》卷19上《百官公卿表》，第738页。

域都护、骑都尉。"①"使"乃行使之意，指以低级官吏的身份行使高级官吏的职权，与"行"不同，"行"只是暂时代理，时间较短，而"使"则为实际行使，时间可能较长。甘延寿以谏大夫行使西域都护、骑都尉的职权，成为秩比两千石的高级官员，且职掌由议论变成"使护西域三十六国"，由无下属，变成下有"丞一人，司马、候、千人各二人"。

2. 守京辅都尉、行京兆尹。《汉书·王尊传》："会南山群盗傰宗等数百人为吏民害，拜故弘农太守傅刚为校尉，将迹射士千人逐捕，岁余不能禽。……于是凤（大将军王凤）荐尊，往为谏大夫，守京辅都尉，行京兆尹事。"②"所谓行，乃是官缺未补，暂时由他官摄行之意。两汉时有以低级官吏摄行高一级官吏职务者。"③《汉书·平帝纪》注引如淳曰："诸官吏初除，皆试守一岁乃为真，食全俸。"④"守，为试署性质，一般是试守一岁，即试用期为一年，称职者即可为真。"⑤王尊为谏大夫，试守京辅都尉，而实际行使京兆尹的职权。京辅都尉、京兆尹的秩禄、职权均远高于谏大夫。

3. 行郎中户将。《汉书·盖宽饶传》：盖宽饶"明经为郡文学，以孝廉为郎。举方正，对策高第，迁谏大夫，行郎中户将事"。⑥郎中户将乃秩比千石的官员，《汉书·百官公卿表》："郎中

---

① 《汉书》卷70《甘延寿传》，第3007页。

② 《汉书》卷76《王尊传》，第3233页。

③ 《秦汉官制史稿》，第861页。

④ 《汉书》卷12《平帝纪》，第349页。

⑤ 《秦汉官制史稿》，第864页。

⑥ 《汉书》卷77《盖宽饶传》，第3243页。

有车、户、骑三将。"颜师古注引如淳曰:"《汉仪注》郎中令主郎中,左右车将主左右车郎,左右户将主左右户郎也。"[1] 盖宽饶以谏大夫的低级官吏身份行使郎中户将相对高级官吏的职权。

4. 加官。"加官为本职以外的一种虚衔。汉代,凡列侯、将军、卿、大夫、将(五官及左右中郎将)、都尉、尚书、太医、太官令至郎中皆可加官,所加有侍中、左右曹、诸吏、散骑、中常侍等官;又大夫、博士、议郎也可加官,所加多为给事中。"[2]《汉书·百官公卿表》:"给事中亦加官,所加或大夫、博士、议郎,掌顾问应对,位次中常侍。"[3] 谏大夫为大夫的一种,加官主要是给事中。谏大夫加给事中后,一方面可以出入禁中,侍从君主左右,影响君主决策,对汉代政治起到重要的作用;另一方面,给事中本身也有职掌,《资治通鉴》注引《汉旧仪》载:"诸吏、给事中,日上朝谒,平尚书奏事。"[4] 在前汉中后期,尚书台辅助君主处理天下诸事,谏大夫加给事中则有具体职掌,即"平尚书奏事",而且有实权。可见,谏大夫加官,虽秩禄未增,但权任相比纯担任谏大夫要加重。

谏大夫加官给事中在史籍中相对比较常见,如夏侯胜、蔡千秋、刘更生均为谏大夫并加官给事中。"(夏侯胜)出为谏大夫、给事中。"[5]"时千秋为郎,召见,与公羊家并说,上善穀梁

---

① 《汉书》卷 19 上《百官公卿表》,第 728 页。

② 《秦汉官制史稿》,第 865 页。

③ 《汉书》卷 19 上《百官公卿表》,第 739 页。

④ 《资治通鉴》卷 189《唐纪五》,第 5924 页。

⑤ 《汉书》卷 75《夏侯胜传》,第 7158 页。

说，擢千秋为谏大夫给事中。"^①"（刘更生）复拜为郎中给事黄门，迁散骑、谏大夫、给事中。"^②

比较少见的情况是谏大夫加官"散骑"或者"常侍"。"自秦置散骑，又置中常侍。散骑并乘舆后，中常侍得入禁中，皆无员。汉因之，并加官。"^③散骑或者常侍均为加官，可随侍君主左右，散骑"并乘舆后"、常侍"得入禁中"，影响君主决策，权力很大。根据史籍记载，张汤的曾孙张勃就曾做过"散骑、谏大夫"："（张）延寿已历位九卿……薨，谥曰爱侯。子勃嗣。为散骑、谏大夫。"^④孔光兄子也做过"谏大夫、常侍"："光雅恭谨，知上欲尊宠贤，及闻贤当来也……不敢以宾客均敌之礼。贤归，上闻之喜，立拜光两兄子为谏大夫、常侍。"^⑤

第三节　谏（议）大夫的职责

谏（议）大夫长伴君前，大夫前面冠以"谏"，说明其职能主要是劝谏君主，匡正得失。何为"议"？《说文》曰："议，语也，一曰谋也。"刘彦和曰："周爰咨谋，是谓为议，议之言宜，审事宜也。"^⑥说明谏议大夫除掌谏诤外，又增加了商议国

---

① 《汉书》卷88《儒林传·丘瑕江公》，第3618页。

② 《汉书》卷36《刘向传》，第1929页。

③ 《文献通考》卷50《职官考四·散骑常侍》，第1433页。

④ 《汉书》卷59《张延寿传》，第2654页。

⑤ 《汉书》卷93《佞幸传·董贤》，第3738页。

⑥ 《历代文话续编》，第1367页。

政的职能。进言可以是谏（议）大夫根据自己的职责"掌议论"而主动进言，或者根据君主的要求进言。另外，谏（议）大夫还有衍生职责。既然谏（议）大夫可以向君主进言得失或献策，且这种进言没有范围限制，自然君主用人也在谏言范围内，某官好坏、君主用人是否得当，谏（议）大夫亦可言及，故衍生出举荐人才的职责，但人才选用与否，最终还是由君主决定。另外，君主为九五之尊，掌握最高权力，言出法随，拥有最多的财富和庞大的后宫，其位为世人所垂涎，有觊觎之心者其众。谏（议）大夫对周围发生的危及统治秩序或对君主不利的情况，也可向君主汇报，这就是"上变事"。

除掌议论外，谏（议）大夫还有"诏令所使"的职责，作为君主身边的近臣，他们有时要接受君主的临时差遣，行使君主授予的职权。君主的差遣往往多种多样，包括巡视、出使、参与廷议等。巡视或出使可能是执行多项任务，也可能是单项任务，出行的地点可能是某个地方、某几个地方，甚至全国范围。由于临时差遣不定，故谏（议）大夫的职责根据差遣任务不同变得具体而广泛。谏（议）大夫有时亦按照君主的要求参与廷议，与三公九卿、将军、列侯、中二千石、二千石等高级官员一起议论国事，单独或者共同形成意见，上奏君主，供君主决策使用。

一、言君主得失

谏（议）大夫作为言官，重要职责是进谏君主，匡正得失。君主的得失包括方方面面，有公有私，有大有小，所以谏（议）大夫进言的内容也没有固定范围，目前从史料能够看到有以下内容。

1. 谏节俭奉公。 贡禹于元帝即位初被征，"元帝初即位，征禹为谏大夫，数虚己问以政事"。一次，贡禹面见元帝谏言躬行节俭事，"天子纳善其忠，乃下诏令太仆减食谷马，水衡减食肉兽，省宜春、下苑以与贫民，又罢角抵诸戏及齐三服官"。①

2. 谏立后。 谏大夫刘辅在成帝"欲立赵婕妤为皇后，先下诏封婕妤父临为列侯"的情况下，上言不应以"卑贱之女"母仪天下。"今乃触情纵欲，倾于卑贱之女，欲以母天下，不畏于天，不愧于人，惑莫大焉……天人之所不予，必有祸而无福，市道皆共知之，朝廷莫肯一言，臣窃伤心。自念得以同姓拔擢，尸禄不忠，污辱谏争之官，不敢不尽死，唯陛下深察。"②

3. 谏封爵。 成帝封诸舅，"其夏，黄雾四塞终日"。成帝问谏大夫杨兴、博士驷胜出现黄雾之缘由，对曰："阴盛侵阳之气也。高祖之约也，非功臣不侯，今太后诸弟皆以无功为侯，非高祖之约，外戚未曾有也，故天为见异。"③

4. 谏刑罚。 盖宽饶因上书谏信任中尚书宦官事而触怒宣帝，宣帝"以宽饶怨谤终不改，下其书中二千石。时，执金吾议，以为宽饶指意欲求禅，大逆不道"。谏大夫郑昌上书为其

① 《汉书》卷72《贡禹传》，第3069页。
② 《汉书》卷77《刘辅传》，第3252页。
③ 《汉书》卷98《元后传》，第4017页。

求情："谏大夫郑昌愍伤宽饶忠直忧国，以言事不当意而为文吏所诋挫，上书颂宽饶。"①

5. 谏废立太子。 成帝无子嗣，成帝末年，谏大夫毋将隆奏封事言："古老选诸侯入为公卿，以褒功德，宜征定陶王使在国邸，以填万方。"②安帝受群小蛊惑，将独子太子废为济阴王，谏议大夫李尤与群臣共同廷争，以证太子无过，不应被废。"……谏议大夫李尤，符节令张敬，持书侍御史龚调，羽林右监孔显，城门司马徐崇，卫尉守丞乐闱，长乐、未央厩令郑安世等十余人，俱诣鸿都门证太子无过。"③

6. 谏礼乐。 宣帝时，琅邪王吉为谏大夫，上疏言兴礼乐："愿与大臣延及儒生，述旧礼，明王制，驱一世之民，济之仁寿之域，则俗何以不若成、康？寿何以不若高宗？"④永宁元年，西南夷掸国王献乐及幻人，谏议大夫陈禅谏安帝勿设夷狄之技："昔齐、鲁为夹谷之会，齐作侏儒之乐，仲尼诛之。又曰：'放郑声，远佞人。'帝王之庭，不宜设夷狄之技。"⑤

7. 谏勿宠幸外戚、幸臣、宦官。 哀帝时，丁、傅因外戚而进，董贤因宠幸而进，都是无功无德而居高位，故鲍宣上书谏阻。"是时，帝祖母傅太后欲与成帝母俱称尊号，封爵亲属，丞相孔光、大司空师丹、何武、大司马傅喜始执正议，失傅太后指，皆免官。丁、傅子弟并进，董贤贵幸，宣以谏大夫从其后，

① 《汉书》卷 77《盖宽饶传》，第 3274 页。
② 《汉书》卷 77《毋将隆传》，第 3264 页。
③ 《后汉书》卷 15《来历传》，第 591 页。
④ 《汉书》卷 22《礼乐志第二》，第 1033 页。
⑤ 《后汉书》卷 51《陈禅传》，第 1685 页。

上书谏。"①灵帝时，刘陶任谏议大夫，"是时，天下日危，寇贼方炽，陶忧致崩乱"，上疏言"要急八事"，直陈"天下大乱，皆由宦官"。②

二、举荐人才及上变事

（一）举荐人才

谏大夫举荐人才，有多种形式，如应君主的举人才诏而举荐人才。张勃担任散骑、谏大夫时，应元帝举茂才诏举荐陈汤："元帝初即位，诏列侯举茂材，勃举太官献丞陈汤。"③

也可在主动进言过程中举荐人才。彭宣作为名臣，曾经向哀帝进言毋任用丁、傅外戚，得罪权贵，被哀帝罢免。谏大夫鲍宣多次举荐彭宣，"会元寿元年正月朔日蚀，鲍宣复言，上乃召宣为光禄大夫，迁御史大夫，转为大司空，封长平侯"。④黄霸任丞相长史时，因议武帝宗庙事而下狱，"坐公卿大议廷中知长信少府夏侯胜非议诏书大不敬，霸阿从不举劾，皆下廷尉，系狱当死"。狱中，夏侯胜与黄霸朝夕相处而深知黄霸之能，出狱后向君主举荐黄霸，"胜出，复为谏大夫，令左冯翊宋畸举霸贤良。胜又口荐霸于上，上擢霸为扬州刺史"。⑤

---

① 《汉书》卷 72《鲍宣传》，第 3087 页。
② 《后汉书》卷 57《刘陶传》，第 1849—1850 页。
③ 《汉书》卷 59《张勃传》，第 2654 页。
④ 《汉书》卷 71《彭宣传》，第 3052 页。
⑤ 《汉书》卷 89《循吏传·黄霸》，第 3629 页。

亦可在君主召见时举荐人才。龚胜受到何武、阎崇的举荐，被哀帝征为谏大夫："大司空何武、执金吾阎崇荐（龚）胜，哀帝自为定陶王固已闻其名，征为谏大夫。"龚胜在哀帝召见他时，向哀帝举荐了龚舍及亢父宁寿、济阴侯嘉，"龚舍、侯嘉至，皆为谏大夫。宁寿称疾不至"。[①]

（二）上变事

变事主要是指国内突然发生重大事件，严重危害统治秩序，需要紧急处理，百官吏民可以直接向君主进呈公文报告或当面汇报，即上变事。谏大夫作为君主身边的近臣，遇到危害统治秩序或者君主之位的紧急事件，往往可以直接向君主汇报。左将军上官桀父子等与盖主、燕王"交通私书，共谋令长公主置酒，伏兵杀大将军光，征立燕王为天子"。[②]此阴谋被谏大夫杜延年得知，并上报君主："假稻田使者燕仓知其谋，以告大司农杨敞。敞惶惧，移病，以语延年。延年以闻，桀等伏辜。"[③]

三、诏令所使

（一）执行君主的私人任务

皇家私事甚多，这种派遣内容广泛，如事神仙、制神药以

---

① 《汉书》卷72《龚胜龚舍传》，第3080页。
② 《汉书》卷7《昭帝纪》，第226—227页。
③ 《汉书》卷60《杜延年传》，第2662页。

求君主延年益寿，兴土木以供君主巡幸，伺候皇室成员等。如宣帝时派谏大夫王褒访求益州之神："或言益州有金马碧鸡之神，可醮祭而致，于是遣谏大夫王褒使持节而求之。"①宣帝还派王褒伺候生病的太子："其后太子体不安，苦忽忽善忘，不乐。诏使褒等皆之太子宫虞侍太子，朝夕诵读奇文及所自造作。疾平复，乃归。"②

（二）执行特定公务

这些任务内容多样，有的只是办理一个专门的事项，有的是多个事项，奉命而出，事毕还朝。如武帝时派谏大夫终军向南粤宣谕归汉大义，"令辩士谏大夫终军等宣其辞，勇士魏臣等辅其决，卫尉路博德将兵屯桂阳"，使南粤归附汉朝。③成帝时派谏大夫平反冤狱：鸿嘉元年春二月，"临遣谏大夫理等举三辅、三河、弘农冤狱"。④成帝时派谏大夫、博士护视因关东大水而产生的流民："秋，关东大水，流民欲入函谷、天井、壶口、五阮关者，勿苛留。遣谏大夫博士分行视。"⑤王莽派谏大夫桓谭等宣谕天下，表明自己对汉廷的忠心："莽惶惧不能食，昼夜抱孺子告祷郊庙，放《大诰》作策，遣谏大夫桓谭等班于天下，谕以摄位当反政孺子之意。"⑥平帝时派谏大夫退还多征

---

① 《汉书》卷25下《郊祀志第五下》，第1250页。
② 《汉书》卷64下《王褒传》，第2829页。
③ 《汉书》卷95《两粤传》，第3854页。
④ 《汉书》卷10《成帝纪》，第315页。
⑤ 《汉书》卷10《成帝纪》，第313页。
⑥ 《汉书》卷99上《王莽传上》，第4087页。

赋税："遣谏大夫行三辅，举籍吏民，以元寿二年仓卒时横赋敛者，偿其直。"[1] 平帝时孔光去世，"谏大夫持节与谒者二人使护丧事，博士护行礼"。[2] 更始帝派谏议大夫郭丹持节安集降众："更始二年，三公举丹贤能，征为谏议大夫，持节使归南阳，安集受降。"[3] 光武帝派谏议大夫储大伯持节征鲍永至行在："光武即位，遣谏议大夫储大伯，持节征永诣行在所。"[4]

派谏（议）大夫办理的多数为单个事项，也有少数情况需要一次办理多项事务。如元帝时派谏大夫与博士巡视天下，任务就不止一个："临遣谏大夫博士赏等二十一人循行天下，存问耆老、鳏、寡、孤、独、乏困、失职之人，举茂材特立之士。"[5] 除了慰问百姓，还要举荐人才。以上专项任务谏（议）大夫要根据皇帝的授权办理，不能逾越权限，否则会受到惩罚。

（三）参与廷议

在汉代，凡遇到重大问题，君主都会以廷议的形式集思广益。"集议：又称'杂议''廷议''朝议'，是汉代帝王把需要决策的军政要事交给百官公卿讨论，让百官充分发表自己政治见解的政治参与活动。汉代依所议内容、范围、场所以及

---

① 《汉书》卷 12《平帝纪》，第 394 页。

② 《汉书》卷 81《孔光传》，第 3364 页。

③ 《后汉书》卷 27《郭丹传》，第 940 页。

④ 《后汉书》卷 29《鲍永传》，第 1018 页。

⑤ 《汉书》卷 9《元帝纪》，第 295 页。

历史阶段的不同，可分为廷议、朝议、中外朝议、二府议、三府议、有司议和专题性会议等类型。汉代凡是立君、立储、宗庙、祭祀、典礼、分封、爵赏、法制、边事、大臣罪狱等一切军国大政几乎都是集议的内容，参议人员可以各抒己见，畅所欲言，充分表达自己的政治见解，集思广益，为皇帝决策提供依据。"① 汉代廷议的内容范围比较广泛，但谏（议）大夫作为中层官员，并不一定能够参与所有的廷议，目前史料所载谏（议）大夫参与的廷议有议宗庙、议刑罚、议灾异等，他们在廷议中言得失或出谋划策。

1. **议宗庙**。元帝时，贡禹奏言毁部分宗庙："古者天子七庙，今孝惠、孝景庙皆亲尽，宜毁。"元帝下诏，"其与将军、列侯、中二千石、二千石、诸大夫、博士、议郎议"。谏大夫尹更始等十八人认为，"皇考庙上序于昭穆，非正礼，宜毁"。② 顺帝梁后临朝时，"诏以殇帝幼崩，庙次宜在顺帝下"，谏议大夫吕勃提出异议，"以为应依昭穆之序，先殇帝，后顺帝"。于是，下诏令公卿廷议此事。③

2. **议刑罚**。丞相朱博、御史大夫赵玄受哀帝祖母傅太后指使奏免傅喜，哀帝"知傅太后素常怨喜，疑博、玄承指，即召玄诣尚书问状"，并命"将军、中二千石、二千石、诸大夫、博士、议郎议"。谏大夫龚胜等十四人认为，"《春秋》之义，奸以事君，常刑不舍……（傅晏）本造计谋，职为乱阶，宜与

---

① 刘太祥：《论汉代政治参与机制》，《南都学坛》2008 年第 2 期。
② 《汉书》卷 73《韦贤传》，第 3119 页。
③ 《后汉书》卷 61《周举传》，第 2029 页。

博、玄同罪，罪皆不道"。[1]

3. 议灾异。灵帝时多次出现灾异现象，灵帝下诏召集众臣廷议，谏议大夫马日磾参与，"诏召（蔡）邕与光禄大夫杨赐、谏议大夫马日磾、议郎张华、太史令单飏诣金商门，引入崇德殿"，讨论"灾异及消改变故所宜施行"。[2]

---

[1] 《汉书》卷83《朱博传》，第3407—3408页。

[2] 《后汉书》卷60下《蔡邕传》，第1998页。

附　汉谏（议）大夫表

说明：表格空白处，为史料未载，故付之阙如。

姓名	起家	任谏（议） 大夫前	任谏（议） 大夫时	任谏（议） 大夫后	末途	任谏官 期间贡献	引文出处
终军	博士弟子	武帝时拜谒者给事中	武帝时擢 为谏大夫		以谏大夫身份 出使南越，为 吕嘉所攻杀	说南越王举 国内属	《汉书》卷64 下《终军传》
魏相	武帝末为 郡卒史	昭帝时举贤良，以对 策高第，除茂陵令， 迁河南太守，坐事下 狱。遇赦，复守茂陵 令，迁扬州刺史	昭帝时征 为谏大夫	复为河南太守。宣帝 即位，拜大司农，迁 御史大夫。地节中为 丞相。封高平侯	神爵三年，终 于丞相之位， 谥曰宪侯		《汉书》卷74 《魏相传》
杜延年		昭帝初补军司空	昭帝时拜 谏大夫	封建平侯，擢为太仆、 右曹、给事中。宣帝时 坐霍禹事免官。后召拜 为北地太守，徙西河太 守。五凤中拜御史大夫	卒谥曰敬侯	告燕王、上 官桀等谋反事	《汉书》卷60 《杜延年传》

续表

姓名	起家	任谏（议）大夫前	任谏（议）大夫时	任谏（议）大夫后	末途	任谏官期间贡献	引文出处
杜缓（杜延年之子）	少为郎	校尉	宣帝时为谏大夫	迁上谷都尉，雁门大守。父延年薨，征视丧事，拜为大常			《汉书》卷60《杜缓传》
韩延寿	少为郡文学	征郡国贤良、文学	昭帝时擢为谏大夫	迁淮阳太守，治甚有名，徙颍川太守。入守左冯翊，满岁称职为真	为萧望之所劾，宣帝恶之，坐弃市		《汉书》卷76《韩延寿传》
王吉	以郡吏举孝廉为郎	补若卢右丞，迁云阳令。举贤良，为昌邑王中尉。昭帝崩，昌邑王嗣位，寻被废。王吉坐在国时不举王过，被髡为城旦。宣帝时起为益州刺史，病去官	宣帝时征为博士、谏大夫	宣帝时，因上疏不称圣意，谢病归	元帝初即位，征王吉，赴任途中病卒	上言宣帝兴礼制，毋用法吏	《汉书》卷72《王吉传》

续表

姓名	起家	任谏（议）大夫前	任谏（议）大夫时	任谏（议）大夫后	末途	任谏官期间贡献	引文出处
萧望之	以射策甲科为郎	署小苑东门候，后坐弟犯法，免归为郡吏。始元中除御史大夫魏相属。地节中察廉为大行治礼丞，拜为谒者	宣帝时迁谏大夫，与丞相同直	元康初，征入守少府。寻为左冯翊。神爵初，迁大鸿胪，寻代丙吉为御史大夫。五凤初，贬为太子太傅。黄龙初，拜前将军、光禄勋，受遗诏辅政	为弘恭、石显所陷，收前将军光禄勋印绶，免为庶人。元帝本欲复进望之内侍，赐爵关内侯，但因所信谗言作要，最终萧望之饮鸩自杀		《汉书》卷78《萧望之传》
韦玄成	以父任为郎		宣帝时为谏大夫	迁大河都尉，袭爵扶阳侯，河南太守。神爵末征为未央卫尉。五凤中迁太常，坐贬爵免事免。元王中尉免官。元帝即位，进少府，迁太子大傅。永光初拜为国为丞相，代丙定国为丞相	建昭三年卒，谥曰共侯		《汉书》卷73《韦玄成传》

续表

姓名	起家	任谏（议）大夫前	任谏（议）大夫时	任谏（议）大夫后	未途	任谏官期间贡献	引文出处
盖宽饶	初为郡文学，以孝廉为郎		宣帝时迁谏大夫，行郎中户将事	左迁卫司马，拜太中大夫，擢为司隶校尉	神爵二年，以奏事不称圣意自杀	劾奏卫将军张安世子侍中阳都侯彭祖不下殿门，并连及安世居位无补	《汉书》卷77《盖宽饶传》
郑昌		宣帝时为太原涿郡太守	宣帝时入为谏大夫			愍伤宽饶忠直忧国，上书宣帝颂之	《汉书》卷77《盖宽饶传》
王褒	宣帝时待诏		宣帝时擢为谏大夫		出使途中病死	侍太子，通奇文以治其病，为宣帝持节求金马、碧鸡之神	《汉书》卷64下《王褒传》

续表

姓名	起家	任谏（议）大夫前	任谏（议）大夫时	任谏（议）大夫后	末途	任谏官期间贡献	引文出处
薛广德	神爵中为博士		宣帝时拜为谏大夫	初元末代贡禹为长信少府，御史大夫，永光初以病免			《汉书》卷71《薛广德传》
夏侯胜	昭帝时征为博士，光禄大夫	迁长信少府，赐爵关内侯，以与谋废立，定策安宗庙，益千户	宣帝时被勒下狱，后被赦出狱，为谏大夫，给事中	复为长信少府，迁太子太傅	年九十卒官，赐冢茔，葬平陵	传宣帝之言于外，为宣帝立名	《汉书》卷75《夏侯胜传》
王章	少以文学为官		宣帝时为谏大夫	元帝初擢为左曹中郎格，以忤石显免官。成帝即位，征为谏大夫，迁司隶校尉，迁京兆尹	为王凤所陷，罪至大逆，死于狱中	在朝廷名敢直言	《汉书》卷76《王章传》

续表

姓名	起家	任谏（议）大夫前	任谏（议）大夫时	任谏（议）大夫后	未逐	任谏官期间贡献	引文出处
贡禹	宣帝时以明经洁行征博士	出为凉州刺史，病去官。复举贤良，以岁余，南为河令，以职事为官府所责，去官	元帝即位，征为谏大夫	迁光禄大夫，历长信少府，代陈万年为御史大夫		谏元帝崇节俭	《汉书》卷72《贡禹传》
召信臣	以明经甲科为郎	出补谷阳长，迁上蔡长。举高第。其视民如子，所居见称述，超迁为零陵太守，病归	宣元之际为谏大夫	迁南阳太守。竟宁中，征为少府，列于九卿	年老以官卒		《汉书》卷89《循吏传·召信臣》
王骏	以孝廉为郎	郎官	元帝建昭初迁谏大夫	除赵内史，道病免官归。起为幽州刺史，河平初迁司隶校尉。阳朔末拜京兆尹。鸿嘉初代薛宣为御史大夫		代表天子责淮南宪王	《汉书》卷72《王骏传》

续表

姓名	起家	任谏（议）大夫前	任谏（议）大夫时	任谏（议）大夫后	末途	任谏官期间贡献	引文出处
甘延寿	少为羽林	累迁辽东太守，免官	元帝时车骑将军许嘉荐其为郎中、谏大夫	使西域都护、骑都尉，以斩郅支单于功封义成侯，拜长水校尉，迁城门校尉、护军都尉	卒，谥曰壮侯		《汉书》卷70《甘延寿传》
翼奉	元帝初征待诏宦者署	历中郎、博士	元帝时为谏大夫		卒，终于谏大夫之位		《汉书》卷75《翼奉传》
陈咸	元帝时为郎	迁左曹。以咋石显下狱，髡为城旦。成帝即位，迁冀州刺史	成帝时征为谏大夫	历楚内史、北海、东郡太守，坐王章事免。起为南阳太守，征入为少府，免。寻举方正，为光禄大夫给事中	免，以忧死		《汉书》卷66《陈咸传》
何武	元帝初以射策甲科为郎	永光初迁鄠令，免。河平末以贤良方正对策，拜谏大夫，迁扬州刺史。阳嘉初入为丞相司直，拜清河太守，免	元延中征为谏大夫	迁兖州刺史，入为司隶校尉，徙京兆尹，左迁楚内史，迁沛郡太守，复入为廷尉，绥和初代孔光为御史大夫，改大司空，封汜乡侯。元寿初，徙御史大夫，复征为大夫、前将军	平帝初坐与公孙禄互称举，免。寻为王莽所诬，自杀，谥曰刺侯		《汉书》卷86《何武传》

续表

姓名	起家	任谏(议)大夫前	任谏(议)大夫时	任谏(议)大夫后	未迁	任谏官期间贡献	引文出处
孔光	元帝时为议郎		举方正，除谏大夫	左迁虹长，自免归。成帝即位，征拜博士，以高第为尚书，转仆射、尚书令，迁诸吏、光禄大夫，领尚书事。永始中为光禄勋，迁御史大夫。绥和初为左将军，迁左廷尉，代翟方进为丞相，封博山侯。建平中免。元寿初征拜光禄大夫，给事中，进御史大夫，代王嘉为丞相，定三公官，更为大司徒。平帝即位，徙为太傅，又徙太师	归老，元始五年卒，年七十，谥曰简烈侯		《汉书》卷81《孔光传》

续表

姓名	起家	任谏（议）大夫前	任谏（议）大夫时	任谏（议）大夫后	末途	任谏官期间贡献	引文出处
刘向	地节中为辇郎	郎官	神爵初擢谏大夫	后坐罪，赎减死，拜郎中，给事黄门，迁散骑、谏大夫，给事中。元帝即位，擢为宗正，以忤弘恭、石显下狱，寻为中郎，免为庶人。成帝即位，召拜中郎，领护三辅都水，迁光禄大夫，中垒校尉	绥和中卒，年七十二	宣帝时献赋颂凡数十篇，献《枕中鸿宝苑秘书》	《汉书》卷36《刘向传》

续表

姓名	起家	任谏（议）大夫前	任谏（议）大夫时	任谏（议）大夫后	末途	任谏官期间贡献	引文出处
王尊	少为狱小吏，给事太守府	除补书佐，署守属监狱，久之称病去。复召署守属治狱，为郡决曹守史。举幽州刺史从事，补辽西盐官长。初元中，举直言，迁虒令，转守槐里，兼行美阳令事。以高第擢安定太守，免。起为护羌将军转校尉，免。起为郿令，迁益州刺史，除东平相，免为庶人。竟宁初，擢司隶校尉，朴军中人。司马，成帝即位，左迁高陵令，以病免	成帝时征为谏大夫	守京辅都尉，行京兆尹事。迁光禄大夫，守京兆尹，免。河平中为徐州刺史，迁东郡太守		善治京师	《汉书》卷76《王尊传》

续表

姓名	起家	任谏（议）大夫前	任谏（议）大夫时	任谏（议）大夫后	末迹	任谏官期间贡献	引文出处
孙宝	以明经为郡吏	成帝初署御史大夫主簿，拜议郎	成帝时迁谏大夫	鸿嘉中选为益州刺史，复拜冀州刺史，迁丞相司直，拜广汉太守，征为京兆尹。哀帝即位，征为谏大夫，坐司隶，后下狱，复官。复事免为庶人。平帝即位，拜大司农，光禄大夫，寻免		因触犯王莽免官，终于家	《汉书》卷77《孙宝传》
刘辅	成帝时举孝廉	为襄贲令	成帝时擢谏大夫		因言获罪免官，终于家	谏阻成帝立赵婕妤为后	《汉书》卷77《刘辅传》

续表

姓名	起家	任谏（议）大夫前	任谏（议）大夫时	任谏（议）大夫后	未迁	任谏官期间贡献	引文出处
冯参	少为黄门郎给事中	竟宁中，以王舅出补渭陵食官令。以数病徙为寝中郎。阳朔中，擢为上河农都尉。病免官，复为渭陵寝中郎。永始中，超迁代郡太守。以边郡道远，徙为安定太守	成帝时为谏大夫	绥和中，立定陶王为皇太子，故封王为宜乡侯，以慰王意。以中山王见废，参为中山太后，冯太后，以中山王见废，参与中山太后，同产弟弟当相坐，谒者诏廷尉召参自杀。参自杀	傅太后怨中山冯太后，参以		《汉书》卷79《冯参传》
班伯	以对策为议郎		成帝时迁谏大夫，右曹中郎将		早卒		《汉书》卷100上《叙传上》

续表

姓名	起家	任谏（议）大夫前	任谏（议）大夫时	任谏（议）大夫后	末迹	任谏官期间贡献	引文出处
毋将隆		成帝时为大司马从事中郎	成帝时迁谏大夫	历冀州牧、颍川太守。哀帝即位，入为京兆尹，迁执金吾。忤旨，左迁沛郡都尉、迁南郡太守	王莽秉政，免官，徙合浦	谏言成帝立定陶王为太子	《汉书》卷77《毋将隆传》
楼护	学经、传，为京兆吏数年		平阿侯举方正，护为谏大夫	奏事称意，擢为天水太守、免，后为广汉太守。为前辉光，封息乡侯，列子九卿。王莽居摄时免为庶人，王莽篡位时封楼旧里附城	年老卒		《汉书》卷92《游侠传·楼护》

续表

姓名	起家	任谏（议）大夫前	任谏（议）大夫时	任谏（议）大夫后	末途	任谏官期间贡献	引文出处
鲍宣	县乡啬夫、守束州丞	后为都尉、太守功曹，举孝廉为郎，病去官，复为州从事，又以病人为议郎	哀帝初为谏大夫	迁豫州牧，免。复征为谏大夫，拜司隶，以罪髡钳，徙上党	平帝初系狱，自杀	谏哀帝毋宠幸董贤，丁傅外戚，讼何武之冤	《汉书》卷72《鲍宣传》
龚胜	成帝时为郡吏	三举孝廉，再为尉，一为丞，州举茂材，为重泉令，病去官	哀帝即位，征为谏大夫	迁丞相司直，进光禄大夫，守右扶风，复为光禄大夫给事中，除渤海太守，谢病免。复征为光禄大夫，元始中策书束帛遣归	王莽篡位，遣使再征，闭口不饮食，卒，年七十九		《汉书》卷72《龚胜传》
云敞	为大司徒掾	车骑将军王舜高其志节，比之栾布，表奏以为掾	平帝时为中郎谏大夫	莽篡位，王舜为太师，复荐敞可辅职。以病免。唐林言敞可典郡，擢为鲁郡大尹，更始时，安车征敞为御史大夫，复病免去	卒于家		《汉书》卷67《云敞传》

续表

姓名	起家	任谏（议）大夫前	任谏（议）大夫时	任谏（议）大夫后	末途	任谏官期间贡献	引文出处
鲍永		为郡功曹。荐时举秀才，不应，更始二年征，再迁尚书仆射，行大将军事，持节将军，安集河东、并州、朔部，封中阳侯。更始败殁，为发丧	光武即位，罢兵来降，拜谏议大夫	出为鲁郡太守，封关内侯，迁扬州牧。母忧去官。建武十一年，征为司隶校尉。十五年，忤帝意出为东海相，拜兖州牧	卒官	说更始河内太守降	《后汉书》卷29《鲍永传》
郑兴	更始初，为丞相长史		更始拜谏议大夫	还拜凉州刺史，坐事免。避乱陇西，依隗嚣。建武六年，东归，征拜太中大夫，监岑彭、傅俊不睦。及公孙述死，留屯成都，坐事左转莲勺令，免	客授阌乡，三公累辟不就。公卒于家	安集关西及朔方、凉、益三州	《后汉书》卷36《郑兴传》

续表

姓名	起家	任谏（议）大夫前	任谏（议）大夫时	任谏（议）大夫后	末途	任谏官期间贡献	引文出处
索卢	初署郡门下掾	建武六年，征为洛阳令	以病乞身，徙谏议大夫	以疾去	建武末复征，以疾不起，卒于家		《后汉书》卷81《独行列传·索卢》
丁恭		习《公羊严氏春秋》，州郡请召不应	建武初，为谏议大夫、博士	封关内侯，迁少府，拜侍中祭酒、骑都尉	卒于官		《后汉书》79下《儒林列传·丁恭》
王良		王莽时，寝病不仕，教授诸生干余人	建武三年，征拜谏议大夫	迁沛郡太守，乞骸骨，征拜太中大夫。六年，代宣秉为大司徒司直	卒于家	数有忠言，以礼进止，朝廷敬之	《后汉书》卷27《王良传》
包咸	光武时，太守黄谠署户曹史	建武时举孝廉，除郎中	光武时，拜谏议大夫、侍中、右中郎将	永平五年，迁大鸿胪	年七十二，卒于官		《后汉书》79下《儒林列传·包咸》

续表

姓名	起家	任谏（议）大夫前	任谏（议）大夫时	任谏（议）大夫后	末途	任谏官期间贡献	引文出处
尹敏	建武初拜郎中	后三迁为长陵令	永平中迁谏议大夫		卒于家		《后汉书》卷79上《儒林列传·尹敏》
赵孝	王莽时为郎	永平中拜大匠府	永平中拜谏议大夫	迁侍中，又迁长乐卫尉。数年，告归	卒于家		《后汉书》卷39《赵孝传》
江革	永平初举孝廉为郎	补楚太仆。月余，自劾去。建初初，大鸿胪举融贤良方正，再迁司空长史。肃宗甚崇礼之，迁五官中郎将	章帝时转拜谏议大夫	赐告归于家	卒于家		《后汉书》卷39《江革传》

续表

姓名	起家	任谏（议）大夫前	任谏（议）大夫时	任谏（议）大夫后	末途	任谏官期间贡献	引文出处
许荆	少为郡吏	太守黄兢举孝廉。和帝时，稍迁桂阳太守	以病自上，征拜谏议大夫		卒于官		《后汉书》卷76《循吏列传·许荆》
李法	和帝永元九年，应贤良方正对策，除博士	迁侍中、光禄大夫，下有司，坐失旨，免为庶人，还乡里，杜门自守	邓后时，征拜谏议大夫	出为汝南太守，政有声迹	归乡里，卒于家		《后汉书》卷48《李法传》
李尤		永元中，召诣东观，拜兰台令史	安帝时为谏议大夫	顺帝初迁乐安相	年八十三卒	受诏与谒者仆射刘珍等俱撰《汉记》	《后汉书》卷80上《文苑列传·李尤》

续表

姓名	起家	任谏（议）大夫前	任谏（议）大夫时	任谏（议）大夫后	末途	任谏官期间贡献	引文出处
陈禅	仕郡功曹，察孝廉，州辟	车骑将军邓骘闻其名而辟焉，举茂才。时中蛮夷反叛，以禅为汉中太守。夷贼素闻其声，即时降服。迁左冯翊	邓后时为谏议大夫	及邓骘诛废，禅以故吏免。复为车骑将军阎显长史。顺帝即位，迁司隶校尉	卒于官	谏安帝毋作夷狄之戏	《后汉书》卷51《陈禅传》
周举	延光末，辟司徒李郃府	顺帝时，举茂才，为平丘令。迁并州刺史，转冀州刺史。阳嘉中，征拜尚书，迁。永和中，坐事免，出为蜀郡太守，大将军梁商表为从事中郎	顺帝时拜谏议大夫	后为侍中，迁河内太守，征为大鸿胪。梁太后临朝，迁光禄勋。建和初，拜光禄大夫	卒于任	答顺帝灾异之问	《后汉书》卷61《周举传》

续表

姓名	起家	任谏（议）大夫前	任谏（议）大夫时	任谏（议）大夫后	末途	任谏官期间贡献	引文出处
段颎	桓帝初，举孝廉为宪陵园丞、阳陵令	迁辽东属国都尉，征拜议郎。永寿中，拜中郎将，以功封列侯。延熹中，坐征羌还下狱，输作左校。起徒中，复拜议郎，迁并州刺史，复为护羌校尉。建宁初，拜破羌将军，以功更封新丰县侯。征还拜侍中，转执金吾河南尹	坐事左转谏议大夫	再迁司隶校尉。熹平中，代李咸为太尉，病免。复为司隶校尉，征拜太中大夫。光和二年，转颍川太守，代桥玄为太尉	会日食自劾，诏收印绶，诣廷尉，饮鸩死	平羌乱	《后汉书》卷65《段颎传》
刘陶	桓帝时，游太学。举孝廉，除顺阳长	灵帝时拜侍御史，封中陵乡侯，三迁尚书令，拜侍中，徙京兆尹	灵帝时为谏议大夫		为宦官所陷，下狱死	谏灵帝宦官专权	《后汉书》卷57《刘陶传》

续表

姓名	起家	任谏（议）大夫前	任谏（议）大夫时	任谏（议）大夫后	末途	任谏官期间贡献	引文出处
何休	桓帝时，拜郎中，辞病去	太傅陈蕃辟参政事，蕃败坐废。后辟司徒，拜议郎	灵帝时迁谏议大夫		年五十四，卒于官		《后汉书》卷79下《儒林列传·何休》
朱俊	桓帝时，仕郡	熹平中，举孝廉，再迁除兰陵令。光和初，拜交趾刺史，功封都亭侯	灵帝时征为谏议大夫	中平初，拜右中郎将，进封西乡侯，迁镇贼中郎将，拜右车骑将军，还为光禄大夫，更封钱塘侯，加位特进。母丧去官，起为将作大匠，转少府大仆。出为河内太守，复拜光禄大夫，转屯骑，寻拜城门校尉，河南尹。献帝西迁，为洛阳留守，弃官东还，代周忠为太仆，录尚书事。兴平初，免。寻拜大司农	奉诏劝和郭汜、李傕，发病卒		《后汉书》卷71《朱俊传》

续表

姓名	起家	任谏（议）大夫前	任谏（议）大夫时	任谏（议）大夫后	末途	任谏官期间贡献	引文出处
种劭			灵帝中平末为谏议大夫	献帝即位，拜劭为侍中。卓既擅权，而恶劭强力，遂左转议郎，出为益、凉二州刺史。会父拂战死，竟不之职。服终，征为少府、大鸿胪，皆辞不受	与董卓下属郭汜、李傕战，败死	宣诏止董卓进军	《后汉书》卷56《种劭传》
袁涣	辟公府	举高第，迁侍御史，不就。举茂才，蜀先主为豫州，除谯令。后依袁术，又依吕布。布诛，归曹公，拜沛南部都尉，迁梁相，以病去	征谏议大夫，丞相军祭酒	魏国建，为郎中令，行御史大夫事			《三国志》卷11《袁涣传》

续表

姓名	起家	任谏（议）大夫前	任谏（议）大夫时	任谏（议）大夫后	末途	任谏官期间贡献	引文出处
		在正史中无传之谏（议）大夫					
杨兴	元帝初为长安令，坐贾捐之事髡钳为城旦。成帝初拜谏大夫，出为部刺史。					承成帝黄雾四塞之问	《汉书》卷64下《贾捐之传》、卷98《元后传》
尹更始	元帝初为议郎。永光中为谏大夫，迁长乐户将。元帝时参与议宗庙						《汉书》卷73《韦贤传》、卷88《儒林传·瑕丘江公》
孔安国	孔氏有古文《尚书》，孔安国以今文字读之，因以起其家逸《书》，得十余篇，盖《尚书》兹多于是矣。遭巫蛊，未立于学官。安国为谏大夫，授都尉朝，而司马迁亦办从安国问故						《汉书》卷88《儒林传·孔安国》①

① 孔安国本属正史无传，但文献不足，姑列此。

续表

姓名	起家	任谏（议）大夫前	任谏（议）大夫时	任谏（议）大夫后	末途	任谏官期间贡献	引文出处
辕公	唯辕公守学不失师法，为昭帝谏大夫，授东海孟卿，			鲁眭孟			《汉书》卷88《儒林传·胡母生》
宜春侯谭	其益封歆嗣子忠及丞相平阳侯义，度辽将军平陵侯明友，前将军龙额侯增，大仆建平侯延年，大常蒲侯訚昌，谏大夫宜春侯覃，当涂侯平，当涂侯内侯胜邑户各有差						《汉书》卷8《宣帝纪》
张游卿	张生兄子游卿为谏大夫，以《诗》	授元帝					《汉书》卷88《儒林传·王式》
蔡千秋	时（蔡）千秋为郎，召见，与公羊家并说，上善穀梁说，擢千秋为谏大夫给事中，后有过，左迁平陵令						《汉书》卷88《儒林传·瑕丘江公》
林	乃者郡国被水灾，流杀人民，多至千数。京师无故讹言大水至，吏民惊恐，奔走乘城。殆苟暴深刻，之吏未息，元元冤失职者众。遣谏大夫林等循行天下						《汉书》卷10《成帝纪》
理	方春生长时，临遣谏大夫理等举三辅，三河，弘农冤狱。公卿大夫，部刺史明申饬守相，称朕意焉						《汉书》卷10《成帝纪》

续表

姓名	起家	任谏（议）大夫前	任谏（议）大夫时	任谏（议）大夫后	未途	任谏官期间贡献	引文出处
尹逢	前苏令冬发，欲遣大夫使逐同状，时见大夫无可使者，召蛊屋令逢拜为谏大夫遣之						《汉书》卷86《王嘉传》
桓谭	遣谏大夫桓谭等班于天下，谕以摄位当反政孺子之意。按：桓谭在前汉担任谏大夫，但前汉无传。后汉虽有传，但未担任谏议大夫，故将其列入此表						《汉书》卷99上《王莽传上》
储大伯	光武即位，遣谏议大夫储大伯，持节征（鲍）永诣行在所						《后汉书》卷29《鲍永传》
傅翻	傅翻为谏议大夫，天性凉直，数陈谠言						《册府元龟》卷460《台省部·正直》
曹曾	济阴曹曾字伯山，门徒三千人，从歆受《尚书》，位至谏议大夫						《后汉书》卷79上《儒林列传·欧阳歙》
庾承	庾承为谏议大夫，雅性忠謇，在朝堂犯颜谏净，终不曲挠						《册府元龟》卷460《台省部·正直》
李尤	（尤）历乃要结光禄勋祋讽，宗正刘祎，将作大匠薛皓，侍中闾丘弘，第五颉，中散大夫曹成，谏议大夫李尤，城门司马徐崇，卫尉守丞乐闻，长乐，未央厩令郭安世等十余人，俱据鸿都门证安帝太子无过			太中大夫陈光、赵代、施延、羽林右监孔显、持书侍御史张敬、符节令张调			《后汉书》卷15《来历传》

续表

姓名	起家	任谏（议）大夫前	任谏（议）大夫时	任谏（议）大夫后	未迁	任谏官期间贡献	引文出处
吕勃	及梁太后临朝，诏以殇帝幼崩，穆之序，先殇帝，后顺帝		庙欲宜在顺帝下。太常马访奏官如诏书。		谏议大夫吕勃以为应依昭		《后汉书》卷61《周举传》
马日磾	熹平四年，（蔡邕）乃与五官中郎将堂溪典，奏求正定六经文字		谏议大夫马日磾	光禄大夫杨赐，议郎张训，韩说，太			《后汉书》卷60下《蔡邕传》
刘猛	（司隶校尉刘）猛以诽书言直，不肯急捕，月余，主名不立。猛坐左转谏议大夫						《后汉书》卷78《宦者列传·曹节》
马宇	（种劭）遂与马腾、韩遂及左中郎将刘范、谏议大夫马宇共攻李催、郭汜，以报其仇。与汜战于长平观下，军败，劭等皆死						《后汉书》卷56《种劭传》

第三章
秦汉谏议的种类、程序、
技巧、依据

秦汉时期，谏的种类有谐隐讽谏、随事规谏、正色直谏、犯颜强谏、怀忠死谏。开展谏议活动主要有三个程序，一是统治者求言，二是谏议者进言，最后是统治者应言。谏议者往往要采取一定的技巧才能让君主纳谏，具体有：谏合于理、知心而谏、信而后谏、察爱憎谏、密成泄败、勿触逆鳞等。皇权限制官僚集团，官僚集团亦反制皇权，比较重要的手段如借助神权来制约皇权。灾异说作为主要的神权学说，为官僚集团运用神学思想制约皇权提供了重要依据。灾异说在谏诤中的运用主要体现在谏言重视民意、论列外戚与宦官专权等方面。

第一节　谏议的种类

对谏的论述从古至今皆有，不同人对谏有不同的理解，因此对谏的分类亦有不同。传世文献中，有关谏的分类的记载主要见于《说苑·正谏篇》《白虎通·谏诤篇》《春秋公羊传注疏·庄公二十四年》《孔子家语·辩政篇》《册府元龟·谏诤篇》。《说苑·正谏篇》载："谏有五：一曰正谏，二曰降谏，三曰忠谏，四曰戆谏，五曰讽谏。"[①]《白虎通·谏诤篇》言："人怀五常，故知谏有五：其一曰讽谏，二曰顺谏，三曰窥谏，四曰指谏，五曰陷谏。"[②]《春秋公羊传注疏·庄公二十四年》何休云："谏有五：一曰讽谏。孔子曰'家不藏甲，邑无百雉之城'，季氏自堕之是也。二曰顺谏，曹羁是也。三曰直谏，子家驹是也。四曰争谏，子反请归是也。五曰戆谏，百里子、蹇叔子是也。"[③]《孔子家语·辩政篇》说道："孔子曰：'忠臣之谏君，有五义焉：一曰谲谏，二曰戆谏，三曰降谏，四曰直谏，五曰讽谏，唯度主而行之。吾从其讽谏乎。'"[④]《册府元龟·谏诤篇》曰："若夫事君有勿欺之义，廷诤有伏死之节，危言以期寤主，逆耳而思益国，是之谓直谏；酌王度而纠谬，攻时病而尽规，本献可替否之猷，遵救恶弼违之训，是之谓规谏；陈古义以喻今，寓文辞而导意，托事类以进说，因访问而申对，是之谓讽谏；排奸罔避乎恶讦，救危靡俟乎旋踵，蓄愤悱而有犯，本质亮而不回，是之谓强谏；含忠有素，赍志将没，忘躯而图国，忍死

---

① 《说苑校证》卷9《正谏》，第206页。

② 《白虎通疏证》卷5《谏诤·论五谏》，第235页。

③ ［清］王闿运撰，黄巽斋点校：《春秋公羊传笺》，长沙：岳麓书社，2009年，第245页。

④ 杨朝明、宋立林主编：《孔子家语通解》，济南：齐鲁书社，2013年，第163页。

以绪言，是之谓遗谏。"①

根据以上内容可知，传世文献对谏议的分类具体如下：

《说苑》将谏议分为正谏、降谏、忠谏、戆谏、讽谏。

《白虎通》将谏议分为讽谏、顺谏、窥谏、指谏、陷谏。

《公羊传注疏》将谏议分为讽谏、顺谏、直谏、争谏、戆谏。

《孔子家语》将谏议分为谲谏、戆谏、降谏、直谏、讽谏。

《册府元龟》将谏议分为直谏、规谏、讽谏、强谏、遗谏。

以上分类大同小异，都将谏议分为五类，本书参照上述分类，结合秦汉时期的相关史实，将谏议分为以下几种：谐隐讽谏、随事规谏、正色直谏、犯颜强谏、怀忠死谏。说明一点，本节主要讨论谏，对议涉及不多。

一、谐隐讽谏

谐隐讽谏是指进谏者针对君主过失，不直言，不激言，用隐晦或幽默的方式表达，君主依靠自己的理解方能领悟进谏者所言的背后真意。这种方式没有直陈君失，保存了君主的颜面，维护了君主的尊严，进谏者本人也能从容淡定地进言，降低了因惹怒君主给自己或家人带来祸端的危险。孔子曰："忠臣之谏君……唯度主而行之，吾其从讽谏乎。"孔子最喜欢讽谏，认为其最得君臣之体。谐隐讽谏对进谏者的素质要求较高，不仅要求进谏者有高超的语言表达能力或卓越的文采，更要求他

---

① ［北宋］王钦若等编纂，周勋初等校订：《册府元龟》卷523《谏诤部》，南京：凤凰出版社，2006年，第5936—5937页。

善于察言观色和把握进谏时机。

进谏者可以采取幽默的方式向君主进谏，让君主在笑谈中愉悦地接受谏言。优旃为秦倡侏儒，善于在君主面前笑谈，给君主以启迪。始皇时，"置酒而天雨，陛楯者皆沾寒"，优旃非常同情他们。于是，在陛楯者上殿为秦始皇上寿山呼万岁时，优旃面对始皇笑曰："汝虽长，何益，幸雨立。我虽短也，幸休居。"拿自己个儿矮作为笑资，给始皇以启迪，最终"始皇使陛楯者得半相代"。始皇想要扩大苑囿，"东至函谷关，西至雍、陈仓"，四至广阔。优旃没有阻止，反而笑曰："善，多纵禽兽于其中，寇从东方来，令麋鹿触之足矣。"采取幽默的方式对君主进谏言，始皇"以故辍止"。①

进谏者还可以采取写文章的形式向君主进谏。这种进谏方式亦不直说其事，而是通过文章的寓意暗"讽"君主，让其自己体会，进而达到进谏的目的。司马相如曾作《子虚赋》，武帝好之，召见了他。司马相如奏《游猎赋》，讽谏武帝崇节俭："以'子虚'，虚言也，为楚称；'乌有先生'者，乌有此事也，为齐难；'亡是公'者，亡是人也，欲明天子之义。故空借此三人为辞，以推天子诸侯之苑囿。其卒章归之于节俭，因以风谏。奏之天子，天子大说。"②宣帝好神仙，曾派谏大夫王褒持节赴益州求金马、碧鸡之神。王褒作《圣主得贤臣颂》讽谏宣帝，其云："何必偃仰诎信若彭祖，呴嘘呼吸如侨、松。"③扬雄

---

① 《史记》卷126《滑稽列传·优旃》，第3202—3203页。
② 《汉书》卷57上《司马相如传上》，第2533页。
③ 《汉书》卷64下《王褒传》，第2828页。

奏《甘泉赋》讽谏成帝事鬼神以求后嗣之事，"上方郊祀甘泉泰畤、汾阴后土，以求继嗣……（雄）还奏《甘泉赋》以风"。① 成帝时，外戚王凤兄弟权势很盛，刘向时任光禄大夫，他担忧外戚专权太久会危及刘氏社稷，"乃集合上古以来历春秋六国至秦汉符瑞灾异之记，推迹行事，连传祸福，著其占验，比类相从，各有条目，凡十一篇，号曰《洪范五行传论》"，奏之以讽谏成帝，建议成帝重视宗室，夺外戚之权。② 杜笃反对光武帝定都洛阳，认为"关中表里山河，先帝旧京，不宜改营洛邑"，上《论都赋》以讽。③ 和帝时，"天下承平日久，自王侯以下莫不逾侈"，为了纠正时弊，张衡模仿班固《两都赋》作《二京赋》，以讽谏君主崇节俭。④ 傅毅对明帝"求贤不笃，士多隐处"不满，作《七激》以为讽。⑤ 安帝时，"常侍江京、李闰等皆为列侯，共秉权任。帝又爱信阿母王圣，封为野王君"，陈忠内怀愤懑，不敢陈谏，作《搢绅先生论》以讽。⑥ 司马相如以隐喻的方式进谏，不仅未惹怒汉武帝，反而使龙心大悦，而以其他方式所进谏言则大多未被采纳。当然，进谏能否取得预期效果，不仅与进谏者的水平和进谏内容有关，也与君主的个人好恶相关，更重要的是，与当时的政治局势密切相关。

---

① 《汉书》卷 87 上《扬雄传上》，第 3522 页。
② 《汉书》卷 36《刘向传》，第 1950 页。
③ 《后汉书》卷 80 上《文苑列传·杜笃》，第 2595 页。
④ 《后汉书》卷 59《张衡传》，第 1897 页。
⑤ 《后汉书》卷 80 上《文苑列传·傅毅》，第 2613 页。
⑥ 《后汉书》卷 46《陈忠传》，第 1558 页。

二、随事规谏

随事规谏指进谏者不采取隐晦或幽默的表达方式，而是以比较温和的态度，就事论事，比较委婉地指出君主的过失。在汉帝国日常行政及君主生活中，有大量的此种进谏。随事规谏与谐隐讽谏不同，随事规谏为就事论事，规谏后，君主过失即显现，无须君主感悟或思考；而谐隐讽谏不是就事论事，而是采取隐晦或幽默的方式，君主过失全靠君主个人感悟或思考才能发现。随事规谏得君臣之体不如谐隐讽谏，但对进谏者的要求也不如谐隐讽谏高，而且随事规谏的进谏者范围比较广泛，所言君主过失亦更全面，可涉及国事和君主私事各个方面。

宣帝好秘方以求长寿，刘向献"淮南枕中洪宝、苑秘之方"，经过检验后为虚妄之方，受到宣帝处罚。京兆尹张敞上疏谏曰："愿明主时忘车马之好，斥远方士之虚语，游心帝王之术，太平庶几可兴也。"后尚方待诏皆罢。[①]成帝时王氏外戚专权，哀帝即位后对此不满，渐夺王氏外戚之权，谏大夫杨宣上书为王氏鸣冤："孝成皇帝深惟宗庙之重，称述陛下至德以承天序，圣策深远，恩德至厚。惟念先帝之意，岂不欲以陛下自代，奉承东宫哉！太皇太后春秋七十，数更忧伤，敕令亲属引领以避丁、傅。行道之人为之陨涕，况于陛下，时登高远望，独不惭于延陵乎！"哀帝深感其言，复封

① 《汉书》卷25下《郊祀志第五下》，第1250—1251页。

王氏子弟。[①] 建武六年日食，曲阳令冯衍上书陈八事："其一曰显文德，二曰褒武烈，三曰修旧功，四曰招俊杰，五曰明好恶，六曰简法令，七曰差秩禄，八曰抚边境。书奏，上将召见之。"[②]

光武帝宠幸阴贵妃，郭后多次在光武帝面前表露不满，触怒光武帝将其废黜。郅恽谏言光武帝善处被废的郭后："臣闻夫妇之好，父不能得之于子，况臣能得之于君乎？是臣所不敢言。虽然，愿陛下念其可否之计，无令天下有议社稷而已。"[③] 窦太后临朝时窦氏兄弟辅政，乐恢为议郎，此时车骑将军窦宪出征匈奴，乐恢认为不应出征，上书谏曰："《春秋》之义，王者不理夷狄。得其地不可垦发，得其人无益于政，故明王之于夷狄，羁縻而已。孔子曰：'远人不服，则修文德以来之。'以汉之盛，不务修舜、禹、周公之术，而无故兴干戈，动兵革，以求无用之物，臣诚惑之。"[④] 桓鸾于桓帝时任议郎，桓帝宠幸宦官，任用群小，大兴宫苑，横征暴敛，桓鸾上书陈五事："举贤才，审授用，黜佞幸，省苑囿，息役赋。书奏御，忤内竖，故不省。"[⑤] 随事规谏虽陈君失，但因方式比较婉转，亦存君臣之体，故无惹怒君主的风险。君主能否纳谏取决于君主素质及所言之事是否可行等。

---

① 《汉书》卷98《元后传》，第4029页。

② ［东晋］袁宏撰，张烈点校：《后汉纪》卷6《光武皇帝纪》，第98页。

③ 《后汉书》卷29《郅恽传》，第1031页。

④ 《后汉书》卷43《乐恢传》注引《东观汉记》，第1479页。

⑤ 《后汉书》卷37《桓鸾传》，第1259页。

三、正色直谏

正色直谏指进谏者在君主面前直陈其失，毫无为君主隐讳的意味。虽所用语言较为直接，但方式并不粗暴，亦无蛮横举止，力度与强度介于随事规谏与犯颜强谏之间。正色直谏与随事规谏不同，正色直谏直陈君失，态度凛然，不为君主隐讳；而随事规谏只是就事论事，态度温和，虽陈君失，尚在一定程度上为君主讳。二者在君主面前均无粗暴蛮横举止则同。正色直谏与犯颜强谏也不同，犯颜强谏者在君主面前多有粗暴、蛮横举止，语言上常与君主冲撞；而正色直谏主要是在语言上直陈君失，行动上尚还文雅。鉴于正色直谏已经在言语上冒犯君主，有损君臣之体，此类进谏相对较少。

秦始皇统一六国之后，一改西周的分封制，实行郡县制，秦朝宗室皆为布衣，无尺寸封地。淳于越在博士仆射周青臣等颂称始皇威德时进谏，直陈郡县制的弊端："臣闻之，殷周之王千余岁，封子弟功臣自为支辅。今陛下有海内，而子弟为匹夫，卒有田常、六卿之患，臣无辅弼，何以相救哉？事不师古而能长久者，非所闻也。今青臣等又面谀以重陛下过，非忠臣也。"始皇下其议，丞相李斯提出了异议，认为郡县制优于分封制，始皇采纳了李斯的意见。[①]昌邑王刘贺即位之后，超迁旧部群臣，且与霍光争权，霍光与张安世密谋废立。昌邑王欲出游时，夏侯胜拦在车驾前进谏，直接指出："天久阴而不雨，

---

① 《史记》卷87《李斯列传》，第2546页。

臣下有谋上者，陛下出欲何之？"但昌邑王没有听从夏侯胜的意见，而是"谓胜为妖言，缚以属吏"。[①]成帝在位时，众舅连年辅政，致使哀帝即位时王氏权势很大。此时杜业上书直言王氏权重事："王氏世权日久，朝无骨鲠之臣，宗室诸侯微弱，与系囚无异，自佐史以上至于大吏皆权臣之党。"建议哀帝削弱权臣，重用忠臣朱博。[②]

光武帝一次外出打猎深夜方归，入关时，城门候郅恽拒不开门，致使光武帝只能从他门进入。第二天郅恽上书进谏光武帝，直言其奔赴远处日夜狩猎之失："昔文王不敢槃于游田，以万人惟忧。而陛下远猎山林，夜以继昼，其如社稷宗庙何？暴虎冯河，未至之戒，诚小臣所窃忧也。"[③]安帝在群小唆使下，将没有过错的独子即皇太子废为济阴王，张晧直陈安帝此事之过："昔贼臣江充，造构谗逆，至令戾园兴兵，终及祸难。后壶关三老一言，上乃觉悟，虽追前失，悔之何逮！今皇太子春秋方始十岁，未见保傅九德之义，宜简贤辅，就成圣质。"[④]但安帝不听。

桓帝宠爱出身微贱的田贵人，欲立其为皇后。应奉时任司隶校尉，他认为田贵人为"贱民之女"，不应超登后位，便上书直陈其反对意见："臣闻周纳狄女，襄王出居于郑；汉立飞燕，成帝胤嗣泯绝。母后之重，兴废所因，宜思《关雎》之

---

① 《汉书》卷75《夏侯胜传》，第3155页。

② 《汉书》卷60《杜业传》，第2681页。

③ 《后汉书》卷29《郅恽传》，第1031页。

④ 《后汉书》卷56《张晧传》，第1815页。

所求，远五禁之所忌。"① 桓帝听从了他的意见。灵帝即位之初，
陈蕃、窦武合谋诛杀宦官，事既不成，反被宦官所害，陈、窦
及其宗亲、宾客、姻属均被诛杀。此后，宦官专权达到高峰，
内官张让等十二人，"皆为中常侍，封侯贵宠，父子兄弟布列州
郡，所在贪残，为人蠹害。黄巾既作，盗贼麋沸"。郎中张均
心忧天下，直接向灵帝指出张角作乱的原因是宦官专权："窃惟
张角所以能兴兵作乱，万人所以乐附之者，其源皆由十常侍多
放父兄、子弟、婚亲、宾客典据州郡，辜榷财利，侵掠百姓，
百姓之冤无所告诉，故谋议不轨，聚为盗贼。宜斩十常侍，悬
头南郊，以谢百姓，又遣使者布告天下，可不须师旅，而大寇
自消。"②

四、犯颜强谏

犯颜强谏指进谏者不顾君主情面，也不注重表达方式，直
接陈说君主的过失，语言上甚至责骂君主，行动上甚至多有粗
暴举止。犯颜强谏是最不顾及君主尊严和颜面的进谏方式，进
言者最易因言取祸。在汉代，进谏者采取此类进谏方式，其内
心并非如宋代某些谏官那样讦君是为了取名，而是真心希望能
够纠正君主的缺失，忠君爱君之情不能自控，才以粗暴的方式
进谏。此种进谏方式最容易和君主产生正面冲突，招致不测，
进谏者需要有极大的勇气和魄力。

---

① 《后汉书》卷 48《应奉传》，第 1608 页。
② 《后汉书》卷 78《张让传》，第 2534—2535 页。

周昌性格刚烈直爽，敢在君主面前直陈其失。"昌尝燕入奏事，高帝方拥戚姬，昌还走。"高帝追上周昌并骑在他脖子上问："我何如主也？"周昌直接回答："陛下即桀纣之主也。"语有责骂意，但是高帝只是笑了笑，没往心里去。高帝欲废太子刘盈，改立戚夫人之子如意，周昌当庭激烈争论，"上问其说，昌为人吃，又盛怒，曰：'臣口不能言，然臣期期知其不可。陛下欲废太子，臣期期不奉诏。'"①汉高祖有次生病，不想见人，便下诏命令群臣不能进入宫廷，群臣均不敢入。十多天后，樊哙采取暴力形式闯入宫廷，并且在高祖面前流泪，直接指出君主深居不出的过错："始，陛下与臣等起丰沛，定天下，何其壮也！今天下已定，又何惫也！且陛下病甚，大臣震恐，不见臣等计事，顾独与一宦者绝乎？且陛下独不见赵高之事乎？"高帝听了他的话，"笑而起"。②

汉元帝"酎祭宗庙，出便门，欲御楼船"，为了元帝的安全考虑，御史大夫薛广德请求元帝从桥上过去，元帝没有同意，薛广德直接说："陛下不听臣，臣自刭，以血污车轮，陛下不得入庙矣！"元帝非常不悦，光禄大夫张猛解释后，元帝才听从薛广德的意见，但也指出薛广德"晓人不当如是"。③光武帝曾欲出游，当时天下并未完全统一安定，正需要光武君臣宵衣旰食，所以申屠刚以"陇蜀未平，不宜宴安逸豫"为由谏阻，但光武帝不听，申屠刚采取暴力手段，"以头轫乘舆轮"，

① 《汉书》卷42《周昌传》，第2095页。
② 《汉书》卷41《樊哙传》，第2072—2073页。
③ 《汉书》卷71《薛广德传》，第3047页。

光武帝这才停止出游。^①建武八年，光武帝欲亲征隗嚣，郭宪谏曰"天下初定，车驾未可以动"，并且"当车拔佩刀以断车鞿"，但光武帝依然没有听从郭宪的谏言。"其后颍川兵起，乃回驾而还。帝叹曰：'恨不用子横（郭宪字）之言。'"^②

五、怀忠死谏

怀忠死谏指进言者心忧国事与君主，至死方休，临死前仍然向君主进谏得失或献策。所谓"人之将死其言也善"，以这种方式所进的谏言，往往会让君主感动，从而更易被君主听取。特别要提到的一种死谏，叫作尸谏，进谏者对君主缺失或时事不满，杀身以谏，以区区腐体警醒君主。这种死谏，最为悲怆。

汉代，重要大臣病笃或临终之时，君主通常会亲自或派人前去探望。享有这种待遇的都是国之重臣，位高权重，他们的临终谏言多半事关军国大事或者重要的人事安排。为了表示对重臣和国家事务的重视，君主往往会采纳他们的这些谏言。

萧何病重，惠帝亲自前去探望，并问他："君即百岁后，谁可代君？"萧何对曰："知臣莫如主。"惠帝问："曹参何如？"萧何顿首曰："帝得之矣，何死不恨矣！"^③丙吉对宣

① 《后汉书》卷29《申屠刚传》，第1016页。
② 《后汉书》卷82上《方术列传·郭宪》，第2709页。
③ 《汉书》卷39《萧何传》，第2012页。

帝有私恩，宣帝能从巫蛊之祸中死里逃生并从布衣宗室成为天子，丙吉功不可没。但丙吉为人谦逊，对此绝口不言，宣帝因此更加尊信丙吉，任命其为丞相。丙吉临终时，宣帝亲自前往探视并请求其举荐人才。"吉病笃。上自临问吉，曰：'君即有不讳，谁可以自代者？'"丙吉举荐了西河太守杜延年、廷尉于定国、太仆陈万年，宣帝对此三人皆委以重任。"'西河太守杜延年明于法度，晓国家故事，前为九卿十余年，今在郡治有能名。廷尉于定国执宪详平，天下自以不冤。太仆陈万年事后母孝，惇厚备于行止。此三人能皆在臣右，唯上察之。'上以吉言皆是而许焉。"① 上述几例都是位高权重的丞相即将去世，君主轻临探望而求遗言，逝者之言，君主均予以采纳。

但是，并非所有大臣临终前都有机会受到皇帝探视并亲口向皇帝交代遗言。大臣的临终之言，如是书面形式，一般由亲近之人递交君主；如是口头形式，则由亲近的人转述给君主。君主听闻某大臣病重或将逝，有时亦会主动派使臣前去探望，收集遗言或遗书。

钟离意临死前，遗书谏言君主在太平盛世时，对于教化不能操之过急，而要循序渐进。"意视事五年，以爱利为化，人多殷富。以久病卒官。遗言上书陈升平之世，难以急化，宜少宽假。帝感伤其意，下诏嗟叹，赐钱二十万。"② 外戚樊儵去世前，光武帝派小黄门张音问其遗言，樊儵指出两件弊政，请

---

① 《汉书》卷74《丙吉传》，第3147—3148页。
② 《后汉书》卷41《钟离意传》，第1410页。

求君主罢之："河南县亡失官钱，典负者坐死及罪徙者甚众，遂委责于人，以偿其耗，乡部吏司因此为奸。""又野王岁献甘醪、膏饧，每辄扰人，吏以为利。"[①]桓帝时，黄琼对五宦官专权不满，他临终前上疏桓帝谏言废黜五侯。"寻而五侯擅权，倾动内外，（黄琼）自度力不能匡，乃称疾不起……疾笃，上疏谏。"[②]

上述死谏均是大臣在病重或将死之时向君主进谏言，只是一般的死谏。最悲壮的死谏为尸谏，即大臣对君主的某些做法不满或者对国家前途忧心忡忡，上疏直言当下之失，然后愤然自杀，以表自己所言不妄及赤诚之心。两汉时此类死谏只出现过一次，即灵帝时，为修建宫殿下令增收田亩税，各州郡也要交纳修宫钱，巨鹿太守司马直对此不满，"时，巨鹿太守河内司马直新除，以有清名，减责三百万。直被诏，怅然曰：'为民父母，而反割剥百姓，以称时求，吾不忍也。'"他上书极言灵帝之失，然后吞药自杀，以明其志。"辞疾，不听，行至孟津，上书极陈当世之失，古今祸败之戒，即吞药自杀。"书奏，灵帝为之震惊，"暂绝修宫钱"。[③]怀忠死谏所言之事君主一般都会听纳，但如果君主昏庸，忠谏者所言涉及君主亲信的群小，或者君主所痴迷的恶政，虽以死进谏，君主依然会拒谏。

---

① 《后汉书》卷 32《樊鯈传》，第 1124 页。

② 《后汉书》卷 61《黄琼传》，第 2036—2037 页。

③ 《后汉书》卷 78《张让传》，第 2536 页。

第二节　谏议的程序

本节主要论述谏议的程序问题，单纯从发生角度来看，谏议有三个程序，先有君主求言，后有百官吏民进言，最后才有君主应言，这是一个完整的谏议程序。

何为求言？指君主通过各种方式向百官吏民征求有关国政或自身德行的建议。汉代求言方式主要有：下诏求言、廷议求言、召见求言、使人求言、赐书求言。

何为进言？指百官吏民针对国政或自身德行言得失或出谋划策。进言方式有以下几种：上书（疏）进言、廷议进言、面见进言（公面、私面）、回书进言、群体进言。

何为应言？指君主对百官吏民针对国政或自身德行所提的建议做出反应。应言的方式有三类：听（纳）谏、拒谏、置谏（不置可否）。

求言、进言关系密切，体现了君臣间的互动，故合并描述。应言则往往是君主个人思想的体现，故单独论述。

一、求言与进言

（一）下诏求言

指君主通过诏书的形式向下求言，这是最正式的求言方式。汉代最常见的是因灾异下诏求言，诏书一般是下达给百官，即"公卿大夫""百僚""群公卿士""群司"等，可知求言的对象为官僚集团。史料中尚未见到因灾异向民间下诏求言的记载。笔者认为，因灾异下诏求言，所言主要是君主的缺失，若广布于天下，可能会对君主在民间的权威造成损害，故将其范围限定在官僚集团内部。

因灾异下达的求言诏书中，日食所占次数最多，当然也有其他灾异情况，如地震或孛星，但在两汉史籍中记载太少，此处就不列举了，主要论述因日食下达求言诏的情况。汉代人认为日食为君德亏损所致，所以君主对这种情况非常畏惧，在求言诏书中，往往会将原因归结为自身德行有亏，并为之感到愧疚，要求所有上书进谏者直言不讳。

如元帝日食求言诏曰："……今朕晻于王道，夙夜忧劳，不通其理，靡瞻不眩，靡听不惑，是以政令多还，民心未得，邪说空进，事亡成功……乃六月晦，日有蚀之……自今以来，公卿大夫其勉思天戒，慎身修永，以辅朕之不逮。直言尽意，无有所讳。"[1]成帝日食求言诏曰："朕获保宗庙，战战栗栗，未能奉称……天著厥异，辜在朕躬。公卿大夫其勉，悉心以辅不逮。百僚各修其职，惇任仁人，退远残贼。陈朕过失，无有所讳。"[2]光武帝日食求言诏曰："吾德薄不明，寇贼为害，强弱相陵，元元失所……永念厥咎，内疚于心。其敕公卿举贤良、方正各一人；百僚并上封事，无有隐讳；有司修职，务遵法度。""吾德

---

① 《汉书》卷9《元帝纪》，第291页。

② 《汉书》卷10《成帝纪》，第309页。

薄致灾, 谪见日月, 战栗恐惧, 夫何言哉! 今方念您, 庶消厥咎。其令有司各修职任, 奉遵法度, 惠兹元元。百僚各上封事, 无有所讳。其上书者, 不得言圣。"[1] 明帝日食求言诏曰: "朕奉承祖业, 无有善政。日月薄蚀, 彗孛见天, 水旱不节, 稼穑不成, 人无宿储, 下生愁垫。虽夙夜勤思, 而智能不逮……今之动变, 倘尚可救。有司勉思厥职, 以匡无德。古者卿士献诗, 百工箴谏。其言事者, 靡有所讳。" "朕以无德, 奉承大业, 而下贻人怨, 上动三光。日食之变, 其灾尤大, 《春秋》图谶所为至谴。永思厥咎, 在予一人。群司勉修职事, 极言无讳。"[2]

君主下达求言诏书之后, 群僚一般会以上书的形式进言, 有关上书进言的情况将在后文中论及。

(二) 廷议求 (进) 言

在汉代, 国家遇到重大问题, 君主会召集群臣廷议, 集思广益。一般由君主亲自或委派他人主持廷议, 参与者可根据廷议的主题积极进言。在廷议中, 参与者可直言不讳, 重臣、幸臣、宦官、外戚的跋扈或专权都可指陈, 甚至可以言及君主过失。在廷议中, 求言与进言往往相继发生, 在此合并论述。若言者觉得在廷议时所言未能表达自己的全部想法, 之后可以通过面见君主或上书的形式继续进言, 这种情况可以归入面见进言、上书进言中。

宣帝时, 冯奉世曾奉命出使大宛国, 大宛国王闻其曾经斩

---

[1] 《后汉书》卷 1 下《光武帝纪下》, 第 50、52 页。
[2] 《后汉书》卷 2《显宗孝明帝纪》, 第 106 页。

杀莎车王，对其非常敬重，并赠其名马象龙。宣帝认为奉世出使不辱使命，下令廷议讨论封赏。丞相、将军皆曰："《春秋》之义，大夫出疆，有可以安国家，则颛之可也。奉世功效尤著，宜加爵士之赏。"但是少府萧望之提出了异议，认为"奉世奉使有指，而擅矫制违命，发诸国兵，虽有功效，不可以为后法"。①汉元帝时，匈奴分南北，南匈奴臣服于汉朝，北匈奴倔强不服。甘延寿与陈汤发诸国兵攻斩北匈奴郅支单于，功成后上奏元帝请求将郅支单于头颅悬挂于"槁街"，以警示他们"犯我强汉，虽远必诛"。"臣延寿、臣汤将义兵，行天诛，赖陛下神灵，阴阳并应，天气精明，陷陈克敌，斩郅支首及名王以下。宜县头槁街蛮夷邸间，以示万里，明犯强汉者，虽远必诛。"元帝下其事廷议，求群臣意见。丞相匡衡、御史大夫繁延寿认为："郅支及名王首更历诸国，蛮夷莫不闻知。《月令》春'掩骼埋胔'之时，宜勿县。"而车骑将军许嘉、右将军王商认为："春秋夹谷之会，优施笑君，孔子诛之，方盛夏，首足异门而出。宜县十日乃埋之。"②

安帝初年，"清河相叔孙光坐臧抵罪，遂增锢二世，衅及其子"。后来，居延都尉范邠也犯了贪污罪，安帝下令三公、廷尉讨论处罚事宜。司徒杨震、司空陈褒、廷尉张皓建议按照处理叔孙光的办法实施处罚。而太尉刘恺提出异议：《春秋》之义，'善善及子孙，恶恶止其身'，所以进人于善也。《尚书》曰：'上刑挟轻，下刑挟重。'如今使臧吏禁锢子孙，以轻从重，

① 《汉书》卷79《冯奉世传》，第3294页。
② 《汉书》卷70《陈汤传》，第3015页。

惧及善人，非先王详刑之意也。"①安帝采纳了刘恺的建议。顺帝为太子时曾被废，安帝去世后，阎后援立北乡侯，但北乡侯不久即夭折。在孙程等宦官的助力下，汉顺帝得以即位。刚即位时，灾异数见，顺帝下诏令公卿齐集显亲殿，提出："昔周公摄天子事，及薨，成王欲以公礼葬之，天为动变。及更葬以天子之礼，即有反风之应。北乡侯亲为天子而葬以王礼，故数有灾异，宜加尊谥，列于昭穆。"群臣多认为确应如此，但周举提出异议："昔周公有请命之应，隆太平之功，故皇天动威，以章圣德。北乡侯本非正统，奸臣所立，立不逾岁，年号未改，皇天不祐，大命夭昏。《春秋》王子猛不称崩，鲁子野不书葬。今北乡侯无它功德，以王礼葬之，于事已崇，不宜称谥。灾眚之来，弗由此也。"②司徒黄尚、太常桓焉等七十人与周举意见相同，最终顺帝听从了周举等人的建议。

（三）使人求言

指君主深居宫中，不便外出，或国务繁忙，无暇亲临，或求言对象不便进宫，故派大臣或近臣向特定人求言，得言后，再转达给君主。

袁盎为文帝、景帝两朝名臣，为人非常正直，周围"誉之皆不容口"，因病免居家，景帝尊重及信任他，时常派人求言。"袁盎虽家居，景帝时时使人问筹策。"③董仲舒作为武帝时的

① 《后汉书》卷39《刘恺传》，第1308—1309页。
② 《后汉书》卷61《周举传》，第2027页。
③ 《史记》卷101《袁盎列传》，第2744页。

儒学大师，提出了"天人感应""三纲五常""大一统"等儒学思想，促使武帝将儒家思想确定为官方指导思想。即使董仲舒病免居家，遇到重大事件，武帝也会派重臣或使者前去求言。"仲舒在家，朝廷如有大议，使使者及廷尉张汤就其家而问之，其对皆有明法。"[①]

宣帝即位后，大将军霍光依旧操持国家大权。霍光去世后，霍家权势不减，"子禹复为大司马，兄子山领尚书，亲属皆宿卫内侍"。此时出现了灾异现象，萧望之上书请求当面向君主陈说灾异的原因以及消灾的办法。宣帝早就听说过萧望之的名声，曰："此东海萧生邪？下少府宋畸问状，无有所讳。"派少府宋畸前去求言，望之对言："今陛下以圣德居位，思政求贤，尧、舜之用心也。然而善祥未臻，阴阳不和，是大臣任政，一姓擅势之所致也。"直指霍氏专权导致灾异。[②]五凤中，匈奴大乱，有大臣向宣帝建议匈奴为害日久，可以趁其内乱将其击灭。宣帝派中朝大司马车骑将军韩增、诸吏富平侯张延寿、光禄勋杨恽、太仆戴长乐向萧望之问计策，望之对曰："前单于慕化乡善称弟，遣使请求和亲，海内欣然，夷狄莫不闻。未终奉约，不幸为贼臣所杀，今而伐之，是乘乱而幸灾也，彼必奔走远遁。不以义动兵，恐劳而无功。宜遣使者吊问，辅其微弱，救其灾患，四夷闻之，咸贵中国之仁义。如遂蒙恩得复其位，必称臣服从，此德之盛也。"[③]灵帝时期，宦

---

① 《汉书》卷56《董仲舒传》，第 2525 页。

② 《汉书》卷78《萧望之传》，第 3273 页。

③ 《汉书》卷78《萧望之传》，第 3279—3280 页。

官专权，政治黑暗，治策多有缺失，导致"妖异数见，人相惊扰"，灵帝不敢忽视，"召（蔡）邕与光禄大夫杨赐、谏议大夫马日磾、议郎张华、太史令单飏诣金商门，引入崇德殿"，派中常侍曹节、王甫询问灾异的缘由以及消除灾异的办法，蔡邕等人悉心对答。①

（四）召见求言与面见进言

是指君主在与百官吏民见面时，就国家政务或者个人私事向其问询，以求其言，百官吏民则针对君主的问询当面回答。这种求言与进言是在君主与百官吏民面对面的情况下发生的，没有中间环节，是最直接的求言与进言。

汉高祖在雒阳南宫设酒宴款待功臣，并向群臣求言："列侯诸将无敢隐朕，皆言其情。吾所以有天下者何？项氏之所以失天下者何？"高起、王陵对曰："陛下慢而侮人，项羽仁而爱人。然陛下使人攻城略地，所降下者因以予之，与天下同利也。项羽妒贤嫉能，有功者害之，贤者疑之，战胜而不予人功，得地而不予人利，此所以失天下也。"②汉高祖夺得天下后分封了二十多个功臣，其他的功臣日夜争功不决，未得行封。高祖在雒阳南宫常见到诸将结群窃窃私语，问张良何故，张良说是在议论谋反之事，高祖不解，问："天下属安定，何故反乎？"张良曰："陛下起布衣，以此属取天下，今陛下为天子，而所封皆萧、曹故人所亲爱，而所诛者皆生平所仇怨。今军吏

① 《后汉书》卷60下《蔡邕传》，第1998页。
② 《史记》卷8《高祖本纪》，第381页。

计功，以天下不足遍封，此属畏陛下不能尽封，恐又见疑平生过失及诛，故即相聚谋反耳。"[①]后高祖采纳张良意见封仇敌为侯，并督促丞相、御史加快分封功臣的进度。

永始、元延之间，灾异频现，吏民上书言灾异之应，多指外戚王氏专权。成帝惧怕灾异，又拿不定主意，亲自来到张禹家中，"辟左右，亲问禹以天变，因用吏民所言王氏事示禹"。张禹本谨小慎微、明哲保身之徒，不敢言王氏外戚事，而是对成帝言："灾变之异深远难见，故圣人罕言命，不语怪神。性与天道，自子赣之属不得闻，何况浅见鄙儒之所言！陛下宜修政事以善应之，与下同其福喜，此经义意也。新学小生，乱道误人，宜无信用，以经术断之。"成帝信任张禹，从此不再怀疑王氏外戚。[②]

光武帝脱离更始集团后，关中混乱，光武帝派遣前将军邓禹西征关中，送别邓禹返还途中路过野王，看见二老者打猎，便问："禽何向？"二老回答："此中多虎，臣每即禽，虎亦即臣，大王勿往也。"光武反问："苟有其备，虎亦何患？"二老回答："何大王之谬邪！昔汤即桀于鸣条，而大城于亳；武王亦即纣于牧野，而大城于郏鄏。彼二王者，其备非不深也。是以即人者，人亦即之，虽有其备，庸可忽乎！"[③]光武帝深知遇到了隐世高人，所言暗含治理天下之道，想请二老辅佐他，但二人已不知去向。光武帝曾经向侍中戴凭求言，"侍中当匡补国

---

① 《史记》卷55《留侯世家》，第2043页。
② 《汉书》卷81《张禹传》，第3351页。
③ 《后汉书》卷83《逸民列传·野王二老》，第2758页。

政，勿有隐情"。戴凭指出光武帝用法过严，"伏见前太尉西曹掾蒋遵，清亮忠孝，学通古今，陛下纳肤受之诉，遂致禁锢，世以是为严"。[①] 此番谏言导致光武帝生气，怀疑戴凭与蒋遵结党，让戴凭自系廷尉。

（五）赐书求言与回书进言

君主在某些情况下，会以书信的方式要求臣下进言。从目前史料来看，主要有两种情形，一种是君主向关系亲密的近臣赐书问询并求其言，近臣回书进言；另外一种是君主有些话不方便明说，通过赐书的形式向特定大臣问询，特定大臣回书回答君主的问询。

武帝"尤亲幸者，东方朔、枚皋、严助、吾丘寿王、司马相如。相如常称疾避事。朔、皋不根持论，上颇俳优畜之。唯助与寿王见任用，而助最先进"，可见严助与吾丘寿王为武帝非常宠信的近臣。[②] 有一次，武帝问严助在老家会稽的情形，严助对曰："家贫，为友婿富人所辱。"武帝问严助有何要求，严助希望能当会稽太守，武帝同意了其请求。此后数年，严助和武帝之间都没有消息往来。武帝主动赐书给严助，曰："君厌承明之庐，劳侍从之事，怀故土，出为郡吏。会稽东接于海，南近诸越，北枕大江。间者，阔焉久不闻问，具有《春秋》对，毋以苏秦从横。"严助恐慌，上书谢称："《春秋》天王出居于郑，不能事母，故绝之。臣事君，犹子事父母也，臣助当伏

---

① 《后汉书》卷79上《儒林列传·戴凭》，第2553页。
② 《汉书》卷64上《严助传》，第2775页。

诛。陛下不忍加诛，愿奉三年计最。"① 吾丘寿王之宠稍逊于严助，东郡"盗贼"作乱，武帝任命吾丘寿王为东郡都尉，并不设东郡太守，由都尉行使全权。当时"军旅数发，年岁不熟，多盗贼"，武帝对寿王的表现不满，诏赐寿王玺书曰："子在朕前之时，知略辐凑，以为天下少双，海内寡二。及至连十余城之守，任四千石之重，职事并废，盗贼从横，甚不称在前时，何也？"寿王收到书信后，"谢罪，因言其状"，对造成这种局面的原因做出了解释。②

昌邑王刘贺被废后，霍光尊立武帝曾孙刘病已为宣帝。宣帝即位后，心中疑忌昌邑王，害怕其东山再起。但这种事情不便明说，只能暗地里向特定大臣赐书问询。"元康二年遣使者赐山阳太守张敞玺书曰：'制诏山阳太守：其谨备盗贼，察往来过客。毋下所赐书！'"张敞知道宣帝内心的想法，就将昌邑王日常起居和与人交往的情况向君主做了汇报："臣敞地节三年五月视事，故昌邑王居故宫……察故王衣服言语跪起，清狂不惠……其天资喜由乱亡，终不见仁义。"③ 指出昌邑王天性荒唐，不见仁义，宣帝由此得知刘贺不足忌。

（六）上书进言

指百官吏民以章、奏、表、驳议的形式向君主进言。"蔡邕《独断》云：'凡群臣上书于天子者有四名：一曰章，二曰

---

① 《汉书》卷64上《严助传》，第2789—2790页。

② 《汉书》卷64上《吾丘寿王传》，第2795页。

③ 《汉书》卷63《昌邑王刘贺传》，第2767—2768页。

奏，三曰表，四曰驳议。章者需头，称稽首，上书谢恩陈事，诣阙通者也。奏者亦需头，其京师官但言稽首，下言稽首以闻。其中者所请，若罪法劾案，公府送御史台，公卿校尉送谒者台也。表者不需头，上言臣某言，下言臣某诚惶诚恐，稽首顿首，死罪死罪。左方下附曰：某官臣某甲上，文多用编两行，文少以五行，诣尚书通者也。公卿校尉诸将不言姓，大夫以下有同姓官别者言姓，章曰报闻。公卿使谒者，将大夫以下至吏民，尚书左丞奏闻报可。表文报已奏如书。凡章表皆启封，其言密事，得锦囊盛。其有疑事，公卿百官会议，若台阁有所正处，而独执异意者曰驳议。驳议曰：某官某甲议以为如是，下言臣愚戆议异。其非驳议，不言异议，其合于上意者，文报曰：某官某甲议可。'"①

在汉代，"上疏"与"上书"音义相近，本书论述时不做区分。上书进言是最普遍的进言方式，其对应的可以是下诏求言、赐书求言、使人求言，以这种方式进言的例子在史籍中不胜枚举。

司马相如上疏谏武帝行猎。"是时天子方好自击熊豕，驰逐野兽，相如因上疏谏。"②丞相魏相上书谏宣帝毋击匈奴。"上与后将军赵充国等议，欲因匈奴衰弱，出兵击其右地，使不敢复扰西域。（魏）相上书谏。"③刘向上书成帝谏勿用王氏外戚。"'身为宗室遗老，历事三主。上以我先帝旧臣，每进见常加优

---

① 《秦汉官僚制度》，第 261—262 页。
② 《汉书》卷 57 下《司马相如传下》，第 2589 页。
③ 《汉书》卷 74《魏相传》，第 3136 页。

礼，吾而不言，孰当言者？'（刘）向遂上封事极谏。"[1]扬雄上书谏哀帝毋迷信，应接受匈奴单于的朝拜。"自黄龙、竟宁时，单于朝中国辄有大故。上由是难之，以问公卿，亦以为虚费府帑，可且勿许。单于使辞去，未发，黄门郎扬雄上书谏。"[2]朱浮上疏谏光武帝对二千石官吏用法过严。"帝以二千石长吏不胜任，时有纤微之过者，必见斥罢，交易纷扰，百姓不宁。六年，有日食之异，（朱）浮因上疏。"[3]乐恢数次上书谏阻窦后兄窦宪亲征匈奴。"会车骑将军窦宪出征匈奴，恢数上书谏争，朝廷称其忠。"[4]邓太后戚属邓康数次上书谏邓太后抑外戚，崇公权。"（邓）康以皇太后戚属，独三分食二，以侍祠侯为越骑校尉。康以太后久临朝政，宗门盛满，数上书长乐宫谏争，宜崇公室，自损私权。"[5]翟酺上疏谏安帝外戚专权。"时，安帝始亲政事，追感祖母宋贵人，悉封其家。又元舅耿宝及皇后兄弟阎显等并用威权。（翟）酺上疏谏。"[6]胡广与尚书郭虔、史敞上疏谏顺帝毋以占卜决定皇后人选。"顺帝欲立皇后，而贵人有宠者四人，莫知所建，议欲探筹，以神定选。（胡）广与尚书郭虔、史敞上疏谏。"[7]大司农杜乔上书谏阻顺帝封梁冀子弟及中常侍。"梁冀子弟五人及中常侍等以无功并封，（杜）乔上书

---

① 《汉书》卷36《刘向传》，第1958页。

② 《汉书》卷94下《匈奴传下》，第3812页。

③ 《后汉书》卷33《朱浮传》，第1141页。

④ 《后汉书》卷43《乐恢传》，第1478页。

⑤ 《后汉书》卷16《邓康传》，第606页。

⑥ 《后汉书》卷48《翟酺传》，第1602页。

⑦ 《后汉书》卷44《胡广传》，第1505页。

谏。"① 窦武上疏谏桓帝毋宠幸宦官及释放党人。"时，国政多失，内官专宠，李膺、杜密等为党事考逮。永康元年，（窦武）上疏谏。"② 中常侍吕强上疏灵帝言中署私收钱物事。"时，帝多稽私臧，收天下之珍，每郡国贡献，先输中署，名为'导行费'。（吕）强上疏谏。"③

（七）群体进言

指进言者结成群体，就国家政务或者君主德行向君主进谏言。这种情况进言者人数众多，所针对的往往是国之大事，如请君主即位、上尊号、重大封爵、重大决策、重大案件等。因进言人数较多，影响较大，君主一般不会不顾。群体进言可以是在廷议中进言，可以是组织集体上书请愿，也可以是集体诣阙讼冤。严格来讲，群体进言本身不是一种进言方式，但在两汉时这种情况经常出现，体现了汉代言论的特点，故在此单独论述。群体进言可以是故作姿态、权谋诡计，亦可以是伸张正义。

秦始皇统一六国后，很多大臣请求他采取周朝的分封制，丞相王绾等言："诸侯初破，燕、齐、荆地远，不为置王，毋以填之。请立诸子，唯上幸许。"始皇下其议于群臣。④

古代开国之君不便自己直接即位，需要群下屡请，"迫不得已"方可即位，以显示己并不贪恋权位及公天下之心。汉高

---

① 《后汉书》卷63《杜乔传》，第2092页。
② 《后汉书》卷69《窦武传》，第2239页。
③ 《后汉书》卷78《宦者列传·吕强》，第2532页。
④ 《史记》卷6《秦始皇本纪》，第238—239页。

祖刘邦在群雄逐鹿中拔得头筹而统一天下，群臣上疏请求其即位，"于是诸侯上疏曰：'楚王韩信、韩王信、淮南王英布、梁王彭越、故衡山王吴芮、赵王张敖、燕王臧荼昧死再拜言大王陛下……昧死再拜上皇帝尊号。'……于是诸侯王及太尉长安侯臣绾等三百人，与博士稷嗣君叔孙通谨择良日二月甲午，上尊号"。刘邦略作推辞便欣然即位。① 后汉刘秀统一天下前夕，群臣也多次请其即位。"光武从蓟还，过范阳，命收葬吏士。至中山，诸将复上奏曰：'……臣闻帝王不可以久旷，天命不可以谦拒，惟大王以社稷为计，万姓为心。'光武又不听……行至鄗……群臣因复奏曰：'受命之符，人应为大，万里合信，不议同情，周之白鱼，曷足比焉？今上无天子，海内淆乱，符瑞之应，昭然著闻，宜答天神，以塞群望。'光武于是命有司设坛场于鄗南千秋亭五成陌。"② 这种进言实际上是群臣在为君主登基造势，君主表面拒绝，内心却深喜之。

萧何为汉初三杰之一，虽未直接参与前线作战，但在抗秦及楚汉之争中出谋划策，立下汗马功劳，如进咸阳时，收秦丞相御史文书，楚汉之争中荐大将韩信，其本人则镇守关中后方。刘邦建立政权后，"以何功最盛，先封为酂侯，食邑八千户"。但其他有军功的大臣经历了浴血奋战，他们认为萧何没有军功，徒执文墨议论，对刘邦给萧何的封赏不满。功臣皆曰："臣等身被坚执兵，多者百余战，少者数十合，攻城略地，大小各有差。今萧何未有汗马之劳，徒持文墨议论，不战，顾

---

① 《汉书》卷 1 下《高帝纪下》，第 52 页。
② 《后汉书》卷 1 上《光武帝纪上》，第 20—22 页。

居臣等上，何也？"分封完毕后，又论及位次问题，列侯皆曰：
"平阳侯曹参身被七十创，攻城略地，功最多，宜第一。"但刘
邦依旧倾向于萧何排第一，"上已桡功臣多封何，至位次未有以
复难之，然心欲何第一"。①

平帝时，王莽担任大司马且专权，为了达到巩固自己权力
的目的，王莽想让自己的女儿当皇后，又不便表露这种想法，
于是以退为进，上言："身亡德，子材下，不宜与众女并采。"
太后以为至诚，下诏勿采王氏女。诏令一下，"庶民、诸生、郎
吏以上守阙上书者日千余人，公卿大夫或诣廷中，或伏省户
下，咸言：'明诏圣德巍巍如彼，安汉公盛勋堂堂若此，今当
立后，独奈何废公女？天下安所归命！愿得公女为天下母。'"②
王莽遣人阻止公卿及诸生，但上书的人越来越多。最终，朝廷
迫于舆论，不得不采聘王莽之女。王莽拒绝接受新野田封地
时，群下亦纷纷上书言之。"吏民以莽不受新野田而上书者前
后四十八万七千五百七十二人，及诸侯、王公、列侯、宗室见
者皆叩头言，宜亟加赏于安汉公。"③这种情况下，群体进言成
为专权政客达到自己目的的一种手段。

欧阳歙为光武帝时大儒，教授学生甚多，桃李满天下，
后担任大司徒，因贪污罪下狱，学生们纷纷为其向光武帝求
情。"（欧阳歙）坐在汝南臧罪千余万发觉下狱。诸生守阙为

① 《汉书》卷39《萧何传》，第2008—2009页。
② 《汉书》卷99上《王莽传上》，第4051—4052页。
③ 《汉书》卷99上《王莽传上》，第4070页。

歠求哀者千余人，至有自髡剔者。"①第五伦于明帝时任郡守，因涉嫌违法而被逮捕，到了京都，吏民为其集体诣阙上书请愿，明帝在廷尉录囚时将其释放。"及诣廷尉，吏民上书守阙者千余人。会帝幸廷尉录囚徒，得免归田里。"②桓帝时宦官专权，且宦官所作所为多有僭越之处。"有宦者赵忠丧父，归葬安平，僭为玙璠、玉匣、偶人。"朱穆听说后，"下郡案验。吏畏其严明，遂发墓剖棺，陈尸出之，而收其家属"。桓帝偏信宦官，闻之大怒，"征穆诣廷尉，输作左校"。太学书生刘陶等人集体诣阙上书为其讼冤，"太学书生刘陶等数千人诣阙上书讼穆"。桓帝览奏，将朱穆释放。③这种情况下的集体进言是伸张正义的手段之一。

二、应言

汉代统治者重视谏议，群下闻风进谏。进言内容十分丰富，既可就国家之政务进谏议，政务包罗万象；也可就君主之私生活进谏议，私生活点点面面。进言主体既可以是朝廷官员，亦可以是民间布衣。针对这样复杂的谏议局面，君主的应对十分关键，应对得体、得当，则百官吏民积极进谏，君主的缺失得以上闻，良谋善策得以上达，国家可能兴治；应对不得体、不得当，则百官吏民可能闭口不言，君主的缺失无从上闻，良谋善策

---

① 《后汉书》卷 79 上《儒林列传·欧阳歙》，第 2556 页。
② 《后汉书》卷 41《第五伦传》，第 1397 页。
③ 《后汉书》卷 43《朱穆传》，第 1470—1471 页。

亦不能上达，国家可能衰乱。汉代统治者对待谏言主要有三种处理方式：一、纳谏；二、置谏；三、拒谏。其中，纳谏与拒谏又存在不同情形。本部分所论及的谏，既包括言得失，亦包括建言献策。

（一）纳谏

纳谏，指统治者听从或采纳谏言。汉代纳谏的形式多种多样，最正式的形式为诏告纳谏，其次是诏报纳谏。这两种形式最能体现君主对谏言的重视和虚心接受。再次则为一般纳谏，此种形式的纳谏史书上记载很多，有行动纳谏或者感情纳谏，如"上从之""上纳之""上悦""上心然之""上善之""上曰善"等等，代表的都是这种形式的纳谏。君主纳谏后，往往会给予进谏者奖赏，表明君主从善如流。

1. 诏告纳谏

指进谏者进谏后，君主听纳谏言，并以诏令的形式向特定群体甚至全天下表达自己对谏言的态度及思考。分两类，一类是诏告天下，这是最高形式，诏书往往有"布告天下"之文；一类是诏告特定群体，此为高级形式。进谏者的进谏可能涉及国家大事，其言给君主内心极大的感触或者震动，故君主觉得有必要做出积极回应，遂诏告天下。这种诏告往往关涉国家重大决策，或君主对某些重大事件的明确态度。

齐太仓令淳于意犯罪被逮捕至京师，其少女缇萦十分伤心，跟随其父到长安，向文帝进谏肉刑之弊："妾父为吏，齐中皆称其廉平，今坐法当刑。妾伤夫死者不可复生，刑者不可复属，虽后欲改过自新，其道无由也。"文帝看到奏书后，深有感触，听纳缇萦之言，为之废肉刑，并下诏书阐述其思考过程和废除肉刑的缘由，"盖闻有虞氏之时，画衣冠异章服以为戮，而民弗犯，何治之至也！今法有肉刑三，而奸不止，其咎安在？非乃朕德之薄，而教不明与！吾甚自愧。故夫训道不纯而愚民陷焉。《诗》曰：'恺弟君子，民之父母。'今人有过，教未施而刑已加焉，或欲改行为善，而道亡由至，朕甚怜之。夫刑至断支体，刻肌肤，终身不息，何其刑之痛而不德也！岂称为民父母之意哉？其除肉刑，有以易之"。① 武帝时南征北战，开疆拓土，耗费了大量人力物力，导致国家财政空虚，而武帝早期及之前多年奉行休养生息政策，积攒了大量的社会财富，但官员和富人却不甚支持武帝的征伐政策，因而不向国家捐献财物，亦不积极奔赴前线作战。此时齐相卜式上书曰："臣闻主忧臣辱。南越反，臣愿父子与齐习船者往死之。"其言称武帝之意，武帝欲奖励卜式以鼓励天下支持国家的征伐政策，故武帝因卜式之言而下诏曰："卜式虽躬耕牧，不以为利，有余辄助县官之用。今天下不幸有急，而式奋愿父子死之，虽未战，可谓义形于内。赐爵关内侯，金六十斤，田十顷。"布告天下。②

以上情形为君主诏告天下，表明自己善于纳谏，所谏内容涉及国家重大决策。此下论述的情形为君主下诏特定群体表明自己纳谏。从史料看，将诏书下达给国家相关部门或官吏，目的在于令其落实君主认可的谏言。

---

① 《汉书》卷23《刑法志第三》，第1097—1098页。
② 《史记》卷30《平准书》，第1439页。

宣帝时，倔强的匈奴终于臣服汉朝。呼韩邪单于即将来朝，宣帝召开廷议讨论会见之仪。丞相黄霸、御史大夫于定国认为匈奴单于的礼仪宜如诸侯王，而萧望之提出异议，认为应在诸侯王之上："单于非正朔所加，故称敌国，宜待以不臣之礼，位在诸侯王上。"天子采纳了萧望之的意见，下诏曰："盖闻五帝、三王教化所不施，不及以政。今匈奴单于称北藩，朝正朔，朕之不逮，德不能弘覆。其以客礼待之，令单于位在诸侯王上，赞谒称臣而不名。"[①]明帝出行至邺，常山三老言于明帝曰："上生于元氏，愿蒙优复。"明帝从其言，并下诏免当地六年田租更赋，"丰、沛、济阳，受命所由，加恩报德，适其宜也……其复元氏县田租更赋六岁，劳赐县掾史，及门阑走卒"[②]。和帝时，南海县向朝廷进献龙眼、荔枝，异常艰辛，"十里一置，五里一候，奔腾阻险，死者继路"。在靠近南海县的临武县为官的汝南唐羌向和帝进谏："臣闻上不以滋味为德，下不以贡膳为功，故天子食太牢为尊，不以果实为珍。伏见交趾七郡献生龙眼等，鸟惊风发。南州土地，恶虫猛兽不绝于路，至于触犯死亡之害。死者不可复生，来者犹可救也。此二物升殿，未必延年益寿。"和帝听从其谏言，下诏曰："远国珍羞，本以荐奉宗庙。苟有伤害，岂爱民之本。其敕太官勿复受献。"[③]

2.诏报纳谏

即君主听到谏言后，将纳谏的诏书下达给进谏者个人，表

① 《汉书》卷78《萧望之传》，第3282—3283页。

② 《后汉书》卷2《显宗孝明帝纪》，第108页。

③ 《后汉书》卷4《孝和帝纪》及注引《谢承书》，第194—195页。

明自己听谏的态度以及对进谏者建议的重视。此种形式的纳谏与诏告纳谏不同，诏告纳谏所涉之事多半为国家大事，而诏报纳谏所涉则为一般事务或君主日常生活小事；诏告纳谏诏书所下达的对象为特定群体甚至全天下，而诏报纳谏诏书是下达给进谏者个人的。诏报纳谏可表明君主对谏言的重视程度及改过的诚心。

永平三年夏，天大旱，百姓饱受灾难之苦，明帝此时却大兴土木，修建北宫。尚书仆射钟离意诣阙免冠上疏谏曰："……窃见北宫大作，人失农时，此所谓宫室荣也。自古非苦宫室小狭，但患人不安宁。宜且罢止，以应天心。"明帝听从其意见，诏报曰："汤引六事，咎在一人。其冠履，勿谢。比上天降旱，密云数会，朕戚然惭惧，思获嘉应，故分布祷请，窥候风云，北祈明堂，南设雩场。今又敕大匠止作诸宫，减省不急，庶消灾谴。"[①]朱晖于章帝时任尚书仆射，曾向章帝"上便宜，陈密事，深见嘉纳"。史料虽未明载朱晖所言"便宜""密事"具体是什么，但君主对其进言十分满意，诏报曰："补公家之阙，不累清白之素，斯善美之士也。俗吏苟合，阿意面从，进无謇謇之志，却无退思之念，患之甚久。惟今所言，适我愿也。生其勉之！"[②]张禹于和帝时任太尉，和帝十分尊重他，处处以礼相待。和帝曾南巡祠园庙，并欲巡幸江陵，张禹作为留守大臣，听闻此事之后，"以为不宜冒险远，驿马上谏"。和帝十分重视张禹的谏言，诏报曰："祠谒既讫，当南礼大江，会得君奏，临

---

① 《后汉书》卷41《钟离意传》，第1408页。
② 《后汉书》卷43《朱晖传》，第1460页。

汉回舆而旋。"①

3. 一般纳谏

此为最普通的纳谏。此种形式的纳谏所涉多为君主日常施政措施或个人生活，表现形式多种多样，有行动，也有情感。行动纳谏的表现形式以"从之""纳之"最为常见，类似的有"从其计""从而许之"，还有"称善""曰善"等，或者虽不明言是否纳谏，但给予谏言者奖赏，用奖赏的行动表明纳谏。情感纳谏的表现形式有"悦""大悦""感其言""深感其言"等。

主父偃谏武帝实施推恩令，将诸侯势力强大的隐患消除在萌芽状态。"偃说上曰：'……愿陛下令诸侯得推恩分子弟，以地侯之。彼人人喜得所愿，上以德施，实分其国，必稍自销弱矣。'于是上从其计。"主父偃又谏武帝通过大规模移民，消除异动势力。"'茂陵初立，天下豪桀兼并之家，乱众民，皆可徙茂陵，内实京师，外销奸猾，此所谓不诛而害除。'上又从之。"②邓后称制期间，其兄弟邓骘等辅政。后太后母亲去世，邓氏兄弟欲乞身行丧，太后不想批准，问班昭。班昭上疏曰："……今四舅深执忠孝，引身自退，而以方垂未静，拒而不许；如后有毫毛加于今日，诚恐推让之名不可再得。缘见逮及，故敢昧死竭其愚情。自知言不足采，以示虫蚁之赤心。"太后从而许之。③

冲帝即位，梁太后临朝，李固任太尉。冲帝不久便夭亡，

---

① 《后汉书》卷44《张禹传》，第1498页。
② 《汉书》卷64上《主父偃传》，第2802页。
③ 《后汉书》卷84《列女传》，第2785页。

梁太后因为杨、徐盗贼盛强，欲等所征诸王到京师后再发丧，李固提出反对意见，要求立即发丧："'帝虽幼少，犹天下之父。今日崩亡，人神感动，岂有臣子反共掩匿乎？'太后从之。"[①]桓帝即位后，不行籍田之礼，黄琼谏言籍田为国之大典，不能久废："'自古圣帝哲王，莫不敬恭明祀，增致福祥，故必躬郊庙之礼，亲籍田之勤，以先群萌，率劝农功。'书奏，帝从之。"[②]

以上诸例都是以"从之"或类似说法作为纳谏的表现形式。行动纳谏还有"纳之""纳其言"或"纳其言而止"等表述方式，表示君主愿意听纳进谏者之言。

应奉于桓帝时任司隶校尉，桓帝宠幸田贵人，欲立其为皇后。应奉认为田贵人出身卑微，不应立为皇后，所以上书谏曰："臣闻周纳狄女，襄王出居于郑；汉立飞燕，成帝胤嗣泯绝。母后之重，兴废所因。宜思《关雎》之所求，远五禁之所忌。"帝纳之。[③]顺帝时，宁阳主簿诣阙诉说其县令之冤情，六七年朝廷都没有回音。主簿气愤上书："臣为陛下子，陛下为臣父。臣章百上，终不见省，臣岂可北诣单于以告怨乎？"顺帝见书大怒，欲严厉惩罚主簿，尚书仆射虞诩谏顺帝曰："主簿所讼，乃君父之怨；百上不达，是有司之过。愚蠢之人，不足多诛。"帝纳诩言。[④]赵典于灵帝时任侍中，灵帝欲广开鸿池，赵典谏阻："鸿池泛溉，已且百顷，犹复增而深之，非所以崇唐虞之约

---

① 《后汉书》卷63《李固传》，第2082—2083页。

② 《后汉书》卷61《黄琼传》，第2034—2035页。

③ 《后汉书》卷48《应奉传》，第1608页。

④ 《后汉书》卷58《虞诩传》，第1872页。

己，遵孝文之爱人也。"帝纳其言而止。[①]

君主听到谏言后，对谏言满意，往往称"善"，用来表明听纳进谏者所进之言。文帝即位后，一次和群臣论及自己的身后事，文帝提出厚葬的想法："嗟乎！以北山石为椁，用纻絮斫陈漆其间，岂可动哉！"群臣皆阿意附和。但张释之提出异议："使其中有可欲，虽锢南山犹有隙；使其中亡可欲，虽亡石椁，又何戚焉？"文帝称善。[②]灵帝虽昏庸，间或亦能听谏，他曾经对盖勋曰："吾已陈师于平乐观，多出中藏财物以饵士，何如？"盖勋直陈灵帝之误："臣闻'先王耀德不观兵'，今寇在远而设近陈，不足昭果毅，秪黩武耳。"灵帝听后曰："善。"[③]

君主可直接奖赏进谏者，以表示自己听取谏言的态度，此亦为行动纳谏的方式之一。郅恽任上东城门候时，曾谏言光武远地狩猎事："昔文王不敢槃于游田，以万人惟忧。而陛下远猎山林，夜以继昼，其如社稷宗庙何？暴虎冯河，未至之戒，诚小臣所窃忧也。""书奏，赐布百匹"，表明光武帝接受了他的建议。[④]

除行动外，君主亦可通过情感流露来表达自己纳谏的态度，如"悦""感其言""深感其言""感悟""然之"等。"悦"是君主听言后的情感表现。文帝时，匈奴是汉朝的劲敌，虽然汉朝为了谋求和平与匈奴和亲，但匈奴仍时常扰乱汉朝的边

---

① 《后汉书》卷27《赵典传》，第947页。
② 《汉书》卷50《张释之传》，第2309页。
③ 《后汉书》卷58《盖勋传》，第1881—1882页。
④ 《后汉书》卷29《郅恽传》，第1031页。

疆，杀戮吏民，抢夺财产，所以文帝向冯唐发出了"嗟乎！吾独不得廉颇、李牧时为吾将，吾岂忧匈奴哉！"的感慨。冯唐指出："陛下法太明，赏太轻，罚太重。且云中守魏尚坐上功首虏差六级，陛下下之吏，削其爵，罚作之。由此言之，陛下虽得廉颇、李牧，弗能用也。臣诚愚，触忌讳，死罪死罪！"①文帝听后"悦"，并没有怪罪冯唐，说明冯唐的进谏被采纳了。

"感其言""深感其言""感悟"，表明进谏者的谏言触动了君主，进而被君主采纳。哀帝时，傅、丁外戚专权，王氏外戚失势。王莽等人被遣就国，时人多为王氏外戚抱不平。谏大夫杨宣向哀帝进谏："……惟念先帝之意，岂不欲以陛下自代，奉承东宫哉！太皇太后春秋七十，数更忧伤，敕令亲属引领以避丁、傅。行道之人为之陨涕，况于陛下，时登高远望，独不惭于延陵乎！"哀帝听后"深感其言，复封商中子邑为成都侯"。②和帝时，窦太后临朝，窦宪兄弟辅政。窦宪兄弟骄奢淫逸，专权跋扈，甚至欲谋叛逆。和帝废除窦氏，且欲处置窦氏家族所有成员。张酺上疏为窦瑰求情曰："……臣闻王政骨肉之刑，有三宥之义，过厚不过薄。今议者为瑰选严能相，恐其迫切，必不完免，宜裁加贷宥，以崇厚德。"和帝"感酺言，徙瑰封，就国而已"。③虞诩被宦官张防污蔑而入狱，其子顗与门生百余人，举幡候中常侍高梵车，叩头流血，诉说虞诩之冤。后"梵乃入言之，防坐徙边，贾朗等六人或死或黜，即日赦出

---

① 《史记》卷102《冯唐列传》，第2757、2759页。
② 《汉书》卷98《元后传》，第4029页。
③ 《后汉书》卷45《张酺传》，第1531—1532页。

诩"。孙程复上书陈虞诩有大功，语甚切激，"帝感悟，复征拜议郎。数日，迁尚书仆射"。^①

（二）置谏

指君主对百官吏民的谏言不置可否，既不表示采纳，也不表示拒绝，而是将谏言束之高阁。置谏，指谏言未被听取，与拒谏类似。之所以与拒谏分别论述，是因为置谏君主并未明确表示拒绝，而后文所述的拒谏，君主在行动和情感方面都明确表示拒绝。在置谏情况下，谏言者不会因言取祸，也不会因言受赏；而在拒谏情况下，谏言者有可能因言取祸。

桓帝时宦官专权，桓鸾作为议郎，向桓帝进谏五事，"举贤才，审授用，黜佞幸，省苑囿，息赋役"。"书奏御，忤内竖，故不省。"^②安帝将没有过错的独子即太子废为济阴王，廷尉张晧向安帝上书谏曰："……今皇太子春秋方始十岁，未见保傅九德之义，宜简贤辅，就成圣质。"书奏不省。^③和帝、邓后去世后，安帝开始亲政，"追感祖母宋贵人，悉封其家。又元舅耿宝及皇后兄弟阎显等并用威权"，太尉翟酺上疏谏安帝，"书奏不省，而外戚宠臣咸畏恶之"。^④安帝时，"邓太后崩，内宠始横。安帝乳母王圣，因保养之勤，缘恩放恣；圣子女伯荣出

---

① 《后汉书》卷58《虞诩传》，第1871页。

② 《后汉书》卷37《桓鸾传》，第1259页。

③ 《后汉书》卷56《张晧传》，第1815页。

④ 《后汉书》卷48《翟酺传》，第1602—1605页。

入宫掖，传通奸赂”，司徒杨震上疏，“书奏不省”。[①]

桓帝前期，“大将军梁冀专朝，而桓帝无子，连岁荒饥，灾异数见”，刘陶上疏陈治国之方，“书奏不省”。[②]灵帝时，选任官吏受到“三互法”的严格约束，导致选官困难：“朝议以州郡相党，人情比周，乃制婚姻之家及两州人士不得对相监临。至是复有三互法，禁忌转密，选用艰难。幽、冀二州，久缺不补。”蔡邕上书言此弊端，“书奏不省”。[③]灵帝时，敕令“为鸿都文学乐松、江览等三十二人图象立赞，以劝学者”，尚书令阳球谏灵帝罢鸿都文学，以消除天下人的怨谤：“臣闻图象之设，以昭劝戒，欲令人君动鉴得失。未闻竖子小人，诈作文颂，而可妄窃天官，垂象图素者也。今太学、东观足以宣明圣化。愿罢鸿都之选，以消天下之谤。”书奏不省。[④]灵帝时，“多稽私臧，收天下之珍，每郡国贡献，先输中署，名为‘导行费’”。中常侍吕强上疏谏此弊政，“书奏不省”。[⑤]

置谏一般在昏主之世存在，明君之世极少存在。明君对于百官吏民的进谏，无论采纳与否，都会有明确的态度或者答复，以鼓励百官吏民踊跃进谏。昏君消极怠政，懒于万机，日常进谏所言之事，在其看来平淡无奇，往往置之不理；而较为激烈的进谏，在其看来又冒犯了“天威”，谏言者往往会因言获罪。

① 《后汉书》卷 54《杨震传》，第 1761—1762 页。
② 《后汉书》卷 57《刘陶传》，第 1842、1845 页。
③ 《后汉书》卷 60 下《蔡邕传》，第 1990—1991 页。
④ 《后汉书》卷 77《酷吏列传·阳球》，第 2499 页。
⑤ 《后汉书》卷 78《宦者列传·吕强》，第 2532—2533 页。

（三）拒谏

并不是所有谏言君主都能听取，有些情况下，君主会对进言者的谏言表示拒绝。君主拒谏的原因很多，有君主自身的原因，有言者自身的原因，有君主与言者共同的原因，有谏言所涉事由的原因，等等。如有时进谏者的谏言无道理，君主无采纳的必要，故拒谏；有时进谏者的谏言虽有道理，但进谏方式不当，触怒了君主，故拒谏；有时君主情绪不好，进谏者所谏言之事令其不悦，故拒谏；君主有逆鳞，此处不容任何人置言，言者不察而谏，故君主直接拒谏，等等。拒谏的形式也有多种。

1. 诏告拒谏

最正式的拒谏为诏告拒谏，君主通过下诏书给特定群体的方式，表明拒绝接受进谏者的谏言。如果进谏者人数众多，势必水平各有不同，认识各有高低，对君主的了解也各有深浅，他们对国家重大事件的看法并不一定正确或者符合君主的意旨，在这种情况下，君主必须通过诏告的形式，明确表示自己对谏言拒绝的态度。从史料看，拒谏诏书下达的对象主要是官僚集团，而非"布告天下"，因谏言所涉一般为君主与官僚集团的分歧，为了存朝廷颜面，不能向天下公开。

光武帝重视隐士，曾礼聘太原周党、东海王良、山阳王成等入朝任职，但是周党在面君时伏而不拜，并表示自己不愿出仕。博士范升以周党无视君臣之礼进谏："伏见太原周党、东海王良、山阳王成等，蒙受厚恩，使者三聘，乃肯就车。及陛见帝廷，党不以礼屈，伏而不谒，偃蹇骄悍，同时俱逝。党等文不能演义，武不能死君，钓采华名，庶几三公之位。臣愿与坐云台之下，考试图国之道。不如臣言，伏虚妄之罪。而敢私窃虚名，夸上求高，皆大不敬。"光武帝并未采纳范升的建议，由于事关朝廷的用人政策及汉廷的威望，故光武帝针对此事下诏，表明朝廷尊重隐士个人意愿的态度，"诏曰：'自古明王圣主，必有不宾之士。伯夷、叔齐不食周粟，太原周党不受朕禄，亦各有志焉。其赐帛四十匹。'"[①] 在古代，封禅是非常重要的典礼，对帝王来讲，封禅能证明自己治理天下成功，百姓安居乐业；而对大臣来讲，封禅可加官晋爵，接受赏赐。光武帝时，"群臣上言，即位三十年，宜封禅泰山"。光武帝觉得时机还不到，且兹事体大，故通过下诏的形式拒绝了群臣要求封禅的请求。诏曰："即位三十年，百姓怨气满腹，吾谁欺，欺天乎！曾谓泰山不如林放，何事污七十二代之编录！……若郡县远遣吏上寿，盛称虚美，必髡，兼令屯田。"[②]

和帝生母梁贵人本为梁竦之女，章帝窦后无子而养和帝为子，窦后惧怕梁氏家族为患，将梁贵人残害至死且迫害梁氏家族。和帝即位之初，窦太后临朝，窦宪兄弟辅政，窦氏兄弟骄奢淫逸，专权害政，无人敢言和帝之身世。后，和帝废窦氏外戚，不久窦太后崩，和帝身世真相得以显露。汉时，国之大事须三公联名进谏，请求废窦太后即国之大事，故"太尉张酺、司徒刘方、司空张奋上奏，依光武黜吕太后故事，贬太后尊

① 《后汉书》卷83《逸民列传·周党》，第2762页。
② 《后汉书》志第7《祭祀上·封禅》，第3161—3162页。

号，不宜合葬先帝。百官亦多上言者"。但和帝拒绝了三公及百官的要求，并亲手写下诏书说明原因："窦氏虽不遵法度，而太后常自减损。朕奉事十年，深惟大义，礼，臣子无贬尊上之文。恩不忍离，义不忍亏。案前世上官太后亦无降黜，其勿复议。"①

2. 诏报拒谏

诏报拒谏，指君主下诏书给特定个人，表明对其谏言的拒绝。虽然君主拒绝了谏言，但是其对谏言的反应是非常积极的，通过诏报向进谏者详细解释自己为何拒绝谏言，使进谏者心中释然，不会因君主拒谏而结舌不言，这种情况的拒谏不会造成阻碍言路的后果。

章帝即位后，张酺任侍中、虎贲中郎将，后外放为东郡太守。张酺不想外放，希望能侍奉在君主左右，所以上疏辞外任："臣愚以经术给事左右，少不更职，不晓文法，猥当剖符典郡，班政千里，必有负恩辱位之咎。臣窃私自分，殊不虑出城阙，冀蒙留恩，托备冗官，群僚所不安，耳目所闻见，不敢避好丑。"章帝拒绝其请求，要求他立即走马上任。诏报曰："经云：'身虽在外，乃心不离王室。'典城临民，益所以报效也，好丑必上，不在远近。今赐装钱三十万，其亟之官。"②

3. 一般拒谏

即普通形式的拒谏，在汉帝国日常行政和君主日常生活中最为常见。拒谏的方式有行动拒谏，亦有情感拒谏。

---

① 《后汉书》卷10上《章德窦皇后纪》，第416页。
② 《后汉书》卷45《张酺传》，第1529页。

（1）行动拒谏

最常见的表现形式是"不从""不听"。

建武八年，光武帝欲亲征隗嚣，郭宪谏阻，曰："天下初定，车驾未可以动。"并且"当车拔佩刀以断车靷"，但是"帝不从"。[①] 光武帝欲亲征高峻，寇恂谏止："车驾止长安，陇西足以震惧。且去关东不远，此从容一处而制四方。今士马劳倦，远履险阻，非万乘之固也。前年颍川之役，可以为戒。"但是"上不从"。[②]

文帝时，淮南王作为文帝唯一的亲弟弟，骄纵跋扈。后涉嫌谋反被发觉，文帝将其发配至蜀地，用槛车传送。袁盎向文帝进谏："陛下素骄之，弗稍禁，以至此，今又暴摧折之。淮南王为人刚，有如遇霜露行道死，陛下竟为以天下大弗能容，有杀弟名，奈何？"上不听。[③] 盖宽饶为宣帝时正直大臣，经常直言进谏，因触犯君主而导致下狱。谏大夫郑昌上书为盖宽饶求情："司隶校尉宽饶居不求安，食不求饱，进有忧国之心，退有死节之义，上无许、史之属，下无金、张之托，职在司察，直道而行，多仇少与，上书陈国事，有司劾以大辟，臣幸得从大夫之后，官以谏为名，不敢不言。"上不听。[④]

（2）情感拒谏

主要表现形式有"怒""不悦""作色"等。这些词语表示

---

① 《后汉书》卷82上《方术列传·郭宪》，第2709页。

② 《后汉纪》卷6《光武皇帝纪》，第107页。

③ 《汉书》卷49《爰盎传》，第2268—2269页。

④ 《汉书》卷77《盖宽饶传》，第3247页。

君主情绪不佳，从而表明拒谏的态度。

陈胜、吴广起义，天下云集响应，给秦王朝带来剧烈的震动。秦二世召集博士诸儒生问："楚戍卒攻蕲入陈，于公何如？"博士诸生三十余人前曰："人臣无将，将则反，罪死无赦。愿陛下急发兵击之。"但秦二世刚愎拒谏，忌讳听到"造反"事，自欺欺人地将"造反"粉饰为"盗贼"行窃。故"二世怒，作色"。[①] 武帝时大兴文治，招募了很多文学儒者，且在汲黯面前说"吾欲云云"，汲黯进谏曰："陛下内多欲而外施仁义，奈何欲效唐虞之治乎！"导致"上默然，怒，变色而罢朝"。[②]

灵帝时，杨奇任侍中。灵帝问杨奇："朕何如桓帝？"杨奇直对："陛下之于桓帝，亦犹虞舜比德唐尧。"结果"帝不悦"。[③] 灵帝即位之初，大将军窦武、太傅陈蕃辅政，欲诛宦官，但反被宦官陷害诛灭。栾巴作为陈、窦之党，被谪为永昌太守。但栾巴拒不赴任，上书诉陈蕃、窦武的冤情，"上书极谏，理陈、窦之冤"，导致"帝怒，下诏切责，收付廷尉"。[④]

（3）杀谏

拒谏最残酷的形式是给谏言者冠以罪名，用酷刑将其折磨至死，或者直接处死。此种情况一般出现在昏暗之世，治世极少出现。明君对于进谏者所谏之过，有则改之，无则加勉，他们不愿意惩罚进谏者而导致言路闭塞。而昏暗之世，上有昏庸

① 《汉书》卷43《叔孙通传》，第2124页。
② 《史记》卷120《汲黯列传》，第3106页。
③ 《后汉书》卷54《杨震传》，第1768页。
④ 《后汉书》卷57《栾巴传》，第1842页。

的君主，下有谗佞的小人，言君主之失或群小之过，势必会导致君主愤怒或群小报复，以致出现杀谏的情况。

安帝时，河内人赵腾诣阙上书陈得失，由于其言辞激烈，触怒了安帝，安帝将其下狱。杨震上疏谏："臣闻尧、舜之朝设直谏之鼓、诽谤之木，盖欲辟广四门，开直言之路；博采负薪，尽贤愚之情也。乞全（赵）腾性命，以纳刍荛之言。"但安帝不从，"腾竟死于都市"。[①] 延熹二年，桓帝灭大将军梁冀家族，中常侍单超等五人有功封侯，同时立掖庭民女亳氏为皇后，皇后家族有四人封侯，并获得巨额赏赐。当时出现了灾异现象，李云忧国忧民，"乃露布上书，移副三府"，导致桓帝大怒，李云被杀。"帝得奏震怒，下有司逮云……云、（杜）众皆死狱中"。[②] 灵帝时，宦官专权，内官张让等十二人"封侯贵宠，父兄子弟布列州郡，所在贪残，为人蠹害"。张钧于灵帝时任郎中，为官正直。黄巾起义后，张钧痛感政治日非，愤然向灵帝上书："窃惟张角所以能兴兵作乱，万人所以乐附之者，其源皆由十常侍多放父兄、子弟、婚亲、宾客典据州郡，辜榷财利，侵掠百姓，百姓之冤无所告诉，故谋议不轨，聚为盗贼。宜斩十常侍，悬头南郊，以谢百姓，又遣使者布告天下，可不须师旅，而大寇自消。"但灵帝所信张让等群小之言，迁怒张钧，"诏使廷尉、侍御史考为张角道者，御史承让等旨，遂诬奏钧学黄巾道，收掠死狱中"。[③]

---

① 《后汉纪》卷17《孝安皇帝纪下》，第333页。

② 《后汉书》卷57《李云传》，第1851—1852页。

③ 《后汉书》卷78《宦者列传·张让》，第2535页。

第三节　谏议的技巧

进谏要求位卑权轻之人指出君主的过错，稍有不慎，就可能触怒君主而给进谏者自身和家庭带来灾难。汉代言路比较畅通，百官吏民皆可向君主进谏，但由于人性的局限和制度的弊端，君主不可能采纳所有人的进谏。即使进谏者抱着满腔热情进谏，其谏言仍可能石沉大海。

故进谏很难，韩非子曾为此发出感慨："言顺比滑泽，洋洋纚纚然，则见以为华而不实。敦厚恭祗，鲠固慎完，则见以为拙而不伦。多言繁称，连类比物，则见以为虚而无用。总微说约，径省而不饰，则见以为刿而不辩。激急亲近，探知人情，则见以为僭而不让。闳大广博，妙远不测，则见以为夸而无用。家计小谈，以具数言，则见以为陋。言而近世，辞不悖逆，则见以为贪生而谀上。言而远俗，诡躁人间，则见以为诞。捷敏辩给，繁于文采，则见以为史。殊释文学，以质性言，则见以为鄙。时称诗书，道法往古，则见以为诵。"[①]

既然进谏君主如此难，故要掌握一定的技巧。虽然即使使用这些技巧，谏言也不一定会被听取，但起码会比不用更容易让君主听取。进谏的具体技巧有：谏合于理、知心而谏、信而后谏、察爱憎谏、密成泄败、勿触逆鳞。

---

① 《韩非子集解》，第 22 页。

一、谏合于理

谏合于理是指进谏者的谏言符合情理、道义，即符合做人、做事以及施政的基本原则和规矩，明白易懂，正常有理性的人都能够听懂且愿意听从，君主亦如此。进谏者针对君主缺失既可以"晓之以理"，也可以直言不讳。使用该技巧并不要求进谏者博得君主信任，了解君主心态，或者察知君主爱憎，亦不存在保密的问题，只要进谏者的谏言符合情理，不管君主心中有何想法，都不会不接纳谏言，当然，极度昏聩的君主除外。

蒯通作为韩信的心腹谋士，在楚汉相争白热化时，曾劝韩信反叛汉王，三分天下，鼎足而王，韩信不听。韩信被吕后、萧何设计诛杀，临死前感叹未听蒯通之言。高祖闻言逮捕蒯通，并欲将其烹杀，蒯通辩解："狗各吠非其主。当彼时，臣独知齐王韩信，非知陛下也。且秦失其鹿，天下共逐之，高材者先得。天下匈匈，争欲为陛下所为，顾力不能，可殚诛邪！"[1]高祖赦之。萧何去世后，曹参继任相国，萧规曹随，"举事无所变更，一遵何之约束……日夜饮酒。卿大夫以下吏及宾客见参不事事，来者皆欲有言，至者，参辄饮以醇酒；度之欲有言，复饮酒，醉而后去，终莫得开说，以为常"。表面看来曹相国什么事情都不管，天天饮酒作乐，所以惠帝误认为其欺负君主年少，故在朝堂上指责曹参。曹参对曰："高皇帝与萧何定

[1] 《汉书》卷45《蒯通传》，第2165页。

天下，法令既明具，陛下垂拱，参等守职，遵而勿失，不亦可乎？"惠帝释怀曰："善。君休矣！"①晁错主张通过削蕃增强中央的权力，七国不服，以诛杀奸臣晁错为名发起叛乱。在袁盎劝说下，景帝为安抚七国诛杀晁错，但七国之叛乱依旧。邓公从前线回来，向景帝进谏鸣晁错之冤："计画始行，卒受大戮，内杜忠臣之口，外为诸侯报仇，臣窃为陛下不取也。"景帝亦后悔，认为"公言善，吾亦恨之"。②

文帝当着冯唐的面叹息汉廷无廉颇、李牧式的大将，导致匈奴边患猖獗。冯唐指出："陛下虽有廉颇、李牧，不能用也。"导致文帝大怒，但文帝为贤明之主，心忧边疆匈奴之患，仍请冯唐毕其说，冯唐指出："陛下法太明，赏太轻，罚太重。且云中守（魏）尚坐上功首虏差六级，陛下下之吏，削其爵，罚作之。由此言之，陛下虽得李牧，不能用也。"文帝欣然接受其意见，"是日，令唐持节赦魏尚，复以为云中守，而拜唐为车骑都尉，主中尉及郡国车士"。③建武二十八年，光武帝大会百官，"诏问谁可傅太子者，群臣承望上意，皆言太子舅执金吾原鹿侯阴识可"。但博士张佚正色曰："今陛下立太子，为阴氏乎？为天下乎？即为阴氏，则阴侯可；为天下，则固宜用天下之贤才。"帝称善。④

---

① 《汉书》卷 39《曹参传》，第 2019—2020 页。
② 《史记》卷 101《晁错列传》，第 2747 页。
③ 《汉书》卷 50《冯唐传》，第 2313、2314 页。
④ 《后汉书》卷 37《桓荣传》，第 1251 页。

二、知心而谏

君主权位高且被神化，时人看来为"天之骄子"，但实际上，君主仍是世俗的个人，有世俗人的想法、心思、考虑。进谏者的进言，如果与君主个人的想法、心思、考虑有出入或者完全相反，进言可能不会被听取。如果进谏者深知君主的想法、心思、考虑，并由此出发进谏，就容易使君主的内心产生共鸣，进言就比较容易被听取。所谓"知己知彼，方能百战百胜"。还有一种情况，即进谏者不知君主内心何意，但误打误撞，所言之事与君主的想法、心思、考虑一致，谏言也比较容易被听取。

萧何为汉丞相，在长年战争的形势下，汉高祖赋予其"便宜行事"的权力。萧何营造未央宫没有事先请示高祖。高祖回来后发现宫阙壮丽，怒曰："天下匈匈苦战数岁，成败未可知，是何治宫室过度也？"萧何与高祖私交甚好，深知高祖好酒及色，推而及之，必定亦好宫室，故曰："天下方未定，故可因遂就宫室。且夫天子四海为家，非壮丽无以重威，且无令后世有以加也。"高祖听后深以为然。[1]萧何在灭秦和楚汉战争中虽无战功，但因举荐大将韩信及驻守后方功劳卓著，所以高祖在封赏时"椎功臣多封何，至位次未有以复难之，然心欲何第一"。高祖的心意不便明说，这个时候，关内侯鄂秋进言："群臣议皆误，夫曹参虽有野战略地之功，此特一时之事……今虽无曹参

---

[1] 《史记》卷8《高祖本纪》，第385页。

等百数，何缺于汉？汉得之不必待以全。奈何欲以一旦之功加万世之功哉！萧何当第一，曹参次之。"上曰："善。"[1] 鄂秋把刘邦心中不好表达的真实意思说了出来，深得刘邦的认可。

高祖宠幸戚夫人及其子赵王，欲废长立少，一方面群臣谏止，另一方面吕后运用谋略，所以高祖只能作罢。但高祖深知吕后嫉妒心强，担心戚夫人和赵王在自己"百年"后将不容于吕后，所以"独心不乐，悲歌"。其他臣子不知道其中缘由，而赵尧深知高祖内心忧虑，"所为不乐，非以赵王年少而戚夫人与吕后有隙，备万岁之后而赵王不能自全乎？"他进言高祖派御史大夫周昌前去辅佐赵王："御史大夫周昌，其人坚忍伉直，自吕后、太子及大臣皆素严惮之。独昌可。"[2]高祖从之。吕后独子惠帝崩逝后，想依靠外戚，故欲立诸吕为王。而王陵不知吕后内心想法，指出："高皇帝刑白马而盟曰：'非刘氏而王者，天下共击之。'今王吕氏，非约也。"导致吕后不快，王陵也明升暗降，最终废黜在家。而左丞相陈平及绛侯周勃等深知吕后想法，"皆曰：'高帝定天下，王子弟；今太后称制，欲王昆弟诸吕，无所不可。'"[3]所言深合吕后之意，故吕后大喜，陈平、周勃在吕后称制期间也得以保住禄位。梁孝王是窦太后的爱子，其兄景帝酒酣时曾言"千秋之后传梁王"，导致梁孝王对皇位有了觊觎之心。"梁王欲求为嗣，袁盎

---

① 《汉书》卷 39《萧何传》，第 2009 页。

② 《汉书》卷 42《赵尧传》，第 2096 页。

③ 《汉书》卷 40《王陵传》，第 2047 页。

进说，其后语塞。"[1]梁王深恨袁盎，竟然派人杀之。景帝派田叔处理此案，查明实为梁王指使，田叔向君主进谏不要处罚梁王："今梁王不伏诛，是汉法不行也；如其伏法，而太后食不甘味，卧不安席，此忧在陛下也。"[2]深得景帝认可。

三、信而后谏

人总不大愿意相信陌生人，更愿意相信自己信任的人。要进行良好的交流，建立彼此之间的相互信任非常重要。向君主进谏也一样，如果获得君主信任，其谏言就容易被听取，即使进谏者言语或举止对君主多有冒犯，鉴于二者的信任关系，君主也会认为进谏者进言是出于善意或者关心，就很有可能接受。即使君主拒谏，也不会给进谏者自身及家族带来灾祸，因为君主信任进谏者，认为进谏者是为他考虑，而非谤君。

高祖建国后涉及定都问题，与刘邦交浅言深的刘敬主张定都关中，而"群臣皆山东人，争言周王数百年，秦二世则亡，不如都周"。高帝迟疑不决，张良作为高帝认可的三杰之一，亦是高帝的心腹，深得高帝信任，他"明言入关便，即日车驾西都关中"。[3]张禹作为成帝之师，深得成帝的尊重和信任，"国家每有大政，必与定议"。在永始、元延年间，灾异频发，"吏民多上书言灾异之应，讥切王氏专政所致"。成帝拿不定主意，

---

① 《史记》卷 101《袁盎列传》，第 2744 页。

② 《史记》卷 104《田叔列传》，第 2777 页。

③ 《汉书》卷 43《娄敬传》，第 2121 页。

向张禹请教，张禹深知王氏外戚势大，明哲保身而不敢讲真话，为王氏开脱曰："灾变之异深远难见，故圣人罕言命，不语怪神。性与天道，自子赣之属不得闻，何况浅见鄙儒之所言！陛下宜修政事以善应之，与下同其福喜，此经义意也。新学小生，乱道误人，宜无信用，以经术断之。""上雅信爱禹，由此不疑王氏。"①

汉代进谏者往往以灾异作为进谏的思想依据，谷永善言灾异，上书甚多，"前后所上四十余事，略相反复，专攻上身与后宫而已"。但是成帝知道谷永为王氏之党，故"不甚亲信也"。②谷永的谏言，多数成帝都不听取。和帝时，张禹为太尉，"和帝甚礼之"。张禹听说和帝南巡要进幸江陵，"以为不宜冒险远，驿马上谏"。和帝听从谏言，诏报曰："祠谒既讫，当南礼大江，会得君奏，临汉回舆而旋。"及行还，禹特蒙赏赐。③

四、察爱憎谏

每个人都有自己非常亲近之人，如家人、亲戚、朋友，自然君主也不例外。汉代，宦官因陪伴君主、外戚因与君主婚姻、幸臣因受君主恩宠而与君主关系亲近。君主作为最高统治者，掌握巨大的权力和财富，亦掌握最高用人权，往往会任用亲近的人担任重要职务。这些人即便不担任重要职务，但由于

---

① 《汉书》卷81《张禹传》，第3351页。
② 《汉书》卷85《谷永传》，第3473页。
③ 《后汉书》卷44《张禹传》，第1498页。

与君主关系密切，百官吏民对其非常敬畏，同样能够揽权。有时，君主会以国家公费赏赐亲近的私人，且金额巨大，甚至还因此增加天下人的赋税。与君主关系亲近的人并不一定会安分守己，单纯接受物质赏赐，他们在政治上也积极参与，并且往往恃宠而骄，专权跋扈，贪残害政，震荡天下。作为进谏者，一定要清楚了解君主亲信的情况，了解他们与君主关系的亲密程度，君主是否为其左右，君主是否能够割舍他们，群小是否好行报复之事等。如果不了解清楚就贸然进谏，不但君主会不听，还可能当场惩罚进谏者。即使君主没有惩罚进谏者，君主亲信的宵小之辈也往往会行打击报复之事，给进谏者自身和家庭带来灾难。

哀帝宠幸董贤，为其大兴土木，赏赐珍宝，大修陵寝，甚至为之"断袖而起"，凡大臣有言董贤事者必得谴责。郑崇"以董贤贵宠过度谏，由是重得罪"。[1] 毋将隆谏哀帝武库兵乃国家公器，不应该私送董贤："今贤等便僻弄臣，私恩微妾，而以天下公用给其私门，契国威器共其家备。民力分于弄臣，武兵设于微妾，建立非宜，以广骄僭，非所以示四方也……请收还武库。"[2] 导致哀帝不悦。哀帝酒后与董贤笑谈要禅让天下，王闳谏："天下乃高皇帝天下，非陛下之有也。陛下承宗庙，当传子孙于亡穷。统业至重，天子亡戏言！"[3] 哀帝亦不悦。哀帝下诏封董贤为侯，丞相王嘉封还诏书，并谏言哀帝爱宠董贤过

[1] 《汉书》卷77《郑崇传》，第3256页。

[2] 《汉书》卷77《毋将隆传》，第3264页。

[3] 《汉书》卷93《佞幸传·董贤》，第3738页。

厚:"臣谨封上诏书,不敢露见,非爱死而不自劾,恐天下闻之,故不敢自劾。愚戆数犯忌讳,唯陛下省察。"哀帝不悦,"召嘉诣尚书"。[①]

后汉章帝后期,外戚、宦官交迭专权。外戚多恃宠跋扈之辈,顺帝时即受宠幸的外戚梁商去世后,其权位由其子梁冀继承。梁冀专权自恣,骄奢淫逸,祸乱朝政。顺帝晚期派八使巡视天下。张纲认为"豺狼当路,安问狐狸",直言上奏梁氏外戚的劣迹:"大将军冀,河南尹不疑,蒙外戚之援,荷国厚恩,以凶竖之资,居阿衡之任,不能敷扬五教,翼赞日月,而专为封豕长蛇,肆其贪叨,甘心好货,纵恣无底,多树诡谀,以害忠良。诚天威所不赦,大辟所宜加也。"但顺帝宠信梁氏,"虽知纲言直,终不忍用"。之后,梁冀报复张纲,"冀乃讽尚书,以纲为广陵太守,因欲以事中之"。[②]

桓帝时宦官专权,"手握王爵,口含天宪"。他们长期伴随君主身边,用声色犬马吸引君主,深得君主信任。然宦官极少品性优良者,多贪残害政之辈,正直士大夫往往与其做坚决的斗争。但宦官往往能左右君主情感,桓、灵时期士大夫进谏若事关宦官经常会惹怒君主。朱穆上书要求罢免宦官,"'宜皆罢遣,博选耆儒宿德,与参政事。'帝怒,不应"。[③]傅燮痛恨宦官,上书灵帝指出黄巾之祸不足为君主忧,宦官才是致乱根由,"黄巾虽盛,不足为庙堂忧也。臣之所惧,在于治水不自

---

① 《汉书》卷86《王嘉传》,第3498、3500页。
② 《后汉书》卷56《张纲传》,第1817页。
③ 《后汉书》卷43《朱穆传》,第1472页。

其源，末流弥增其广耳。陛下仁德宽容，多所不忍，故阉竖弄权，忠臣不进。诚使张角枭夷，黄巾变服，臣之所忧，甫益深耳"。引来宦官报复，"及破张角，燮功多当封，（宦者赵）忠诉谮之"。最终，"灵帝犹识燮言，得不加罪，竟亦不封"。[①] 桓帝末期，在宦官的挑唆之下，发生党锢之祸。桓帝痛恨党人，凡为党人进谏深切者皆引发桓帝重怒，惹来杀身之祸。永昌太守曹鸾不察君主爱憎，"上书大讼党人，言甚方切"，"帝省奏大怒，即诏司隶、益州槛车收鸾，送槐里狱掠杀之"。[②]

五、密成泄败

古语有言："几事不密，祸倚人壁。"如果进谏者的进谏关涉权贵、幸臣、宦官，此种进谏一定要谨慎，首先要考虑是否进谏，权贵、幸臣、宦官或居高位，或对君主影响巨大，自古戒交浅言深，又有疏不言亲之说。其次，言者即使决定进谏，亦要注意保密，不能让周围人知道。因为一旦泄露，知悉秘密之人可能会向权贵、幸臣举报，以求攀附或者谋取富贵与爵禄。汉代的权贵、幸臣多无良之辈，度量狭小，睚眦必报，往往会对言其阴事者打击报复。泄密之后，不但进谏者的谏言会石沉大海，其个人还会官位难保，性命堪忧，甚至牵连家庭。

成帝早期，其舅王凤辅政，事多专决，"上遂谦让无所

---

① 《后汉书》卷58《傅燮传》，第1874页。
② 《后汉书》卷67《党锢列传》，第2189页。

颛"。①定陶共王来朝，成帝亲近之，但王凤不愿共王留在京师，强行奏遣共王归藩，成帝无可奈何，只能和共王洒泪而别。此后，成帝对王凤专权不满。京兆尹王章"素刚直敢言，以为凤建遣共王之国非是，乃奏封事言日蚀之咎矣"。②成帝多次召见王章，讨论另选他人代替王凤辅政之事，虽然辟左右而言，但没做好保密工作，被王音窃听。"章每召见，上辄辟左右。时太后从弟长乐卫尉弘子侍中音独侧听，具知章言，以语凤。"毕竟王凤为成帝亲舅，又有王太后在内主持，"凤闻之，称病出就第，上疏乞骸骨……其辞指甚哀，太后闻之为垂涕，不御食"。成帝最终选择拒谏，并惩罚王章及其家属："遂下章吏。廷尉致其大逆罪……章死狱中，妻子徙合浦。"③

灵帝时发生灾异，灵帝虽昏庸，却亦知惧，下诏求言，以塞天变。"特诏问曰：'……以（蔡）邕经学深奥，故密特稽问，宜披露失得，指陈政要，勿有依违，自生疑讳。具对经术，以皁囊封上。'"④蔡邕乃正直忠君之臣，痛恨宦官专权及群小乱政，奏对直言不讳，"章奏，帝览而叹息"。但是灵帝更衣时没有注意保密，宦官曹节偷看了蔡邕的奏章，"悉宣语左右，事遂漏露。其为邕所裁黜者，皆侧目思报"。后蔡邕因与刘郃、阳球有隙，受到弹劾，"下邕、（蔡）质于洛阳狱，劾以仇怨奉公，

---

① 《汉书》卷 98《元后传》，第 4018 页。

② 《汉书》卷 98《元后传》，第 4020 页。

③ 《汉书》卷 98《元后传》，第 4021—4023 页。

④ 《后汉书》卷 60 下《蔡邕传》，第 1998 页。

议害大臣，大不敬，弃市"。[①] 中常侍吕强为蔡邕鸣不平，认为是灵帝没有做好保密工作才导致蔡邕本人及家族蒙罪："又闻前召议郎蔡邕对问于金商门，而令中常侍曹节、王甫等以诏书喻旨。邕不敢怀道迷国，而切言极对，毁刺贵臣，讥呵竖宦。陛下不密其言，至令宣露，群邪项领，膏唇拭舌，竞欲咀嚼，造作飞条。陛下回受诽谤，致邕刑罪，室家徙放，老幼流离。"[②] 灵帝再度思考，减轻了对蔡邕的处罚，但仍"与家属髡钳徙朔方，不得以赦令除"。[③]

六、勿触逆鳞

韩非子曰："夫龙之为虫也，柔可狎而骑也，然其喉下有逆鳞径尺，若人有婴之者，则必杀人。人主亦有逆鳞，说者能无婴人主之逆鳞，则几矣。"[④] 作为君主，有不容触犯的地方，即所谓"人主之逆鳞"。这些地方是高压线，言者触及，君主必定勃然大怒，即使所遇为圣明之君，言者也难免受到处罚；如遇到昏庸之君，言者必定会因言取祸。

光武帝刘秀迷信图谶，国家大事皆由图谶一语决定。在已有统一天下之势时，诸将和谋士多次劝进，但都被刘秀严词拒绝，后来在长安曾与刘秀同住的儒生强华自关中献《赤

---

① 《后汉书》卷 60 下《蔡邕传》，第 2000、2002 页。

② 《后汉书》卷 78《宦者列传·吕强》，第 2531 页。

③ 《后汉书》卷 60 下《蔡邕传》，第 2002 页。

④ 《韩非子集解》，第 94、95 页。

伏符》，上书"刘秀发兵捕不道，四夷云集龙斗野，四七之际火为主"①，刘秀才欣然即位。之后他凡事皆迷信图谶，如用人，"又议选大司空，帝以《赤伏符》曰'王梁主卫作玄武'，丁丑，以野王令王梁为大司空。又欲以谶文用平狄将军孙咸行大司马，众咸不悦"。②再如封禅这样的大事，刚开始光武帝并不同意，拒绝了群臣的请求："即位三十年，百姓怨气满腹，吾谁欺，欺天乎？曾谓泰山不如林放乎，何事污七十二代之编录！……若郡县远遣吏上寿，盛称虚美，必髡，兼令屯田。"③但读图谶之后，光武帝又毅然决定封禅。"夜读《河图会昌符》，曰：'赤刘之九，会命岱宗……'感此文，乃诏松等复案索河洛谶文言九世封禅事者。松等列奏，乃许焉。"④图谶已经成为光武帝内心坚定的信念，凡有非议图谶的，光武帝必定愤怒。桓谭与光武议灵台，光武曰："吾以谶决之，何如？"桓谭否定道"臣不读谶"，并"极言谶之非经"。光武帝大怒，曰："桓谭非圣无法，将下斩之！"经求饶桓谭免于一死，但仍然受到惩罚，最终"出为六安郡丞，道病卒"。⑤尹敏也曾对图谶提出意见，指出："谶书非圣人所作，其中多近鄙别字，颇类世俗之辞，恐疑误后生。"光武帝以是深非之。⑥光武帝欲以图谶断郊祀事，问郑兴意见，郑兴言"臣不为谶"，

---

① 《后汉书》卷1上《光武帝纪上》，第21页。

② 《资治通鉴》卷40《汉纪三十二》，第1282页。

③ 《后汉书》志第7《祭祀上·封禅》，第3161页。

④ 《后汉书》志第7《祭祀上·封禅》，第3163页。

⑤ 《后汉书》卷28上《桓谭传》，第961页。

⑥ 《后汉书》卷79上《儒林列传·尹敏》，第2558页。

便导致"帝怒"。[①]

后汉邓太后终身称制，专权独断，安帝对其虽有不满，但只能隐忍不发。"邓后称制终身，号令自出，术谢前政之良，身阙明辟之义，至使嗣主侧目，敛衽于虚器，直生怀懑，悬书于象魏。"[②]邓后迷恋权力，凡对其专权提出意见的，邓后必定震怒。有汉一代，直接杀谏臣的现象不多，但邓后却直接扑杀谏言其专权的言者。"时和熹邓后临朝，权在外戚。（杜）根以安帝年长，宜亲政事，乃与同时郎上书直谏。太后大怒，收执根等，令盛以缣囊，于殿上扑杀之。"[③]

桓帝诛杀大将军梁冀后，"中常侍单超等五人皆以诛冀功并封列侯，专权选举。又立掖庭民女亳氏为皇后，数月间，后家封者四人，赏赐巨万"。此时天降灾异，"地数震裂，众灾频降"，正直的士大夫李云忧国忧民，"乃露布上书，移副三府，曰：'……孔子曰：帝者，谛也。今官位错乱，小人谄进，财货公行，政化日损，尺一拜用不经御省。是帝欲不谛乎？'""帝欲不谛"一句犯了大忌，桓帝震怒，"下有司逮云"，最终，"云死狱中"。[④]

① 《后汉书》卷36《郑兴传》，第1223页。

② 《后汉书》卷10上《和熹邓皇后纪》，第430页。

③ 《后汉书》卷57《杜根传》，第1839页。

④ 《后汉书》卷57《李云传》，第1851—1852页。

第四节 谏议的依据

谏者针对皇帝之过失进言，皇帝难于接受，这就要求谏者的谏言有理有据，说理与依据相结合，从而更容易打动皇帝，达到让皇帝听言的目的。两汉时，"在皇权运用神权控制官僚的同时，官僚也借助神权来制约皇权。在经学的神学化过程中，董仲舒创立了'天人感应'学说。'天人感应'说虽然把皇权放到了至高无上的地位，但同时也强调'天子受命于天'，'王者配天'。具有人格化、神秘化的'天'，可以主宰人世间的君主，王者必须法天而行事，否则必降灾异告诫。董仲舒的理论既为皇权所接受，也为官僚运用神学思想制约皇权提供了理论基础"。[①] 官僚运用神学思想制约皇权的重要体现之一在于向皇帝进言时引用灾异说。灾异说也是两汉时百官吏民向皇帝进谏时最重要的理论依据。"在两汉盛行以灾异说、圣者贤人说、前代兴亡说来匡正君失。其中以灾异说最为盛行，两汉时期的人甚笃灾异，以灾异言事对言谏行为有积极效果。"[②]

一、灾异说之演变及形成

灾异说渊源甚早，殷商时就有甲骨卜辞，所卜为"天帝"

---

① 《秦汉官僚制度》，第 149 页。

② 何沐、孙佳乐：《两汉时期的谏诤思想》，《黑龙江史志》2010 年第 5 期。

的意旨，殷人认为"天帝"为代表正义的尊神，能够决定人间的祸福。商王在出现大的灾异之后往往进行问卜，从卜纹来推测天帝的意旨。

西周人敬畏上天，讲究"敬天保民"。思想家认为"上天"只把统治人间的"天命"交给那些有"德"者，一旦统治者"失德"，就会失去上天的庇护，新的有德者将应运而生，取而代之，故君临天下的统治者应该"以德配天"。

春秋战国以降，百家争鸣，社会思潮涌动，灾异说不断完善。思想家们更加强调国君的行为必须对自然界的种种灾变负责，提出国君有无秽德与灾象产生与否相关联。"君无秽德，又何襄焉？若德之秽，襄之何损？"[①]

《吕氏春秋》初步论述了灾异说，《制乐》篇说："祥者福之先者也，见祥而为不善，则福不至。妖者祸之先者也，见妖而为善，则祸不至。"[②]明确指出国君个人行为与灾异的关联。

武帝即位初，召集天下贤良来京师对策，诏问："三代受命，其符安在？灾异之变，何缘而起？"[③]"盖闻善言天者必有征于人，善言古者必有验于今。故朕垂问天人之应。"[④]武帝问灾异为何而起，灾异与现实有何等联系，董仲舒回答武帝策问的"天人三策"以及后来的《春秋繁露》，全面阐述了灾异说的理论架构和灾异变化之所指，正式构建了灾异说。故

---

① 《春秋左传诂》，第780页。

② 《吕氏春秋集释》卷6《季夏纪》，第144页。

③ 《汉书》卷56《董仲舒传》，第2496页。

④ 《汉书》卷56《董仲舒传》，第2513页。

《汉书》曰："汉兴……董仲舒治公羊春秋，始推阴阳，为儒者宗。"①

二、灾异说的基本内涵

何为"灾"？何为"异"？二者有何不同？董仲舒曰："天地之物有不常之变者，谓之异；小者，谓之灾……灾者，天之谴也；异者，天之威也。"指出天地之小变为灾，天地之大变为异。灾为天地发出的初步警告，带有善意提醒的意味；而异则为天地发出的严重警告，具有严厉批评的意思。灾异并不同时出现，而是有一个先后次序，是一个循序渐进、警告加强的过程。"灾常先至而异乃随之。灾者，天之谴也；异者，天之威也。谴之而不知，乃畏之以威。"在灾异说下，自然天象成为王朝治乱的晴雨表，各种祥瑞是君主兴盛和德政的征兆，各种自然灾害和异常现象则被看成是上天对君主逆天悖行的警告。君主作为"天子"，与其"父"即"天"是可以互相感应的，天子应该用自己的行动积极主动地感应"天"之意旨，不能逆天而行，否则天将降罚，因此，"凡灾异之本，尽生于国家之失"。② 凡"淫佚衰微，不能统理群生，诸侯背畔，残贼良民以争壤土，废德教而任刑罚。刑罚不中，则生邪气。邪气积于下，怨恶畜于上，上下不和，则阴阳缪戾而妖孽生矣。此灾异

---

① 《汉书》卷27上《五行志第七上》，第1317页。

② ［汉］董仲舒著，［清］苏舆撰，钟哲点校：《春秋繁露义证》卷8《必仁且智第三十》，北京：中华书局，1992年，第259页。

所缘而起也"。①

前已论，灾与异不同，有先后及程度轻重之差别，与君主过误程度及改过程度相对应。"国家之失乃始萌芽，而天出灾害以谴告之；谴告之而不知变，乃见怪异以惊骇之；惊骇之尚不知畏恐，其殃咎乃至，以此见天意之仁而不欲陷人也。"②因君主是"上天之子"，上天对其子是仁慈的，对君主是关心和爱护的，出现灾异之本意不是要对人君进行处罚，而是想劝诫人君，只有人君怙恶不悛，屡教不改，上天才会真正予以处罚。按照董仲舒的说法：《春秋》之法，上变古易常，应是而有天灾者，谓幸国。"③灾异对于君主来说是一件"幸事"。

综上，灾异说是指古代思想家将自然界的灾害和异常现象与君主过失联系起来，不同的过失对应不同的灾异，过误程度不同，引起灾异程度不同，人臣用灾异来劝谏君主，以求君主改过向善。因灾异说的长期熏陶和影响，汉代君主往往十分惧怕灾异，灾异出现后，其所下诏书多有惧词，表达了君主内心的恐惧与不安。如宣帝下诏："盖灾异者，天地之戒也。"④"乃者九月壬申地震，朕甚惧焉。"⑤"皇天见异，以戒朕躬，是朕之不逮，吏之不称也。"⑥元帝下诏："盖闻贤圣在位，阴阳和，风

---

① 《汉书》卷56《董仲舒传》，第2500页。

② ［清］康有为著，楼宇烈整理：《春秋董氏学》，北京：中华书局，1990年，第245页。

③ 《春秋繁露义证》卷8《必仁且智第三十》，第260页。

④ 《汉书》卷8《宣帝纪》，第245页。

⑤ 《汉书》卷8《宣帝纪》，第249页。

⑥ 《汉书》卷8《宣帝纪》，第268页。

雨时,日月光,星辰静,黎庶康宁,考终厥命。今朕恭承天地,托于公侯之上,明不能烛,德不能绥,灾异并臻,连年不息。"[1]故赵翼认为汉诏多惧词,并指出"以上诸诏(因灾异所下之诏书),虽皆出自继体守文之君,不能有高、武英气,然皆小心谨畏,故多蒙业而安"。[2]

根据两汉文献资料统计,汉代君主因灾异所下罪己诏书共58条,前汉28条,其中文帝时2条、宣帝时4条、元帝时10条、成帝时9条、哀帝时2条、王莽时1条;后汉30条,光武时4条、明帝时3条、章帝时3条、和帝时4条、殇帝时1条、安帝时5条、顺帝时4条、质帝时1条、桓帝时5条。从两汉诸帝因灾异所发罪己诏书之多可看出,出现灾异后,君主有感于天变,内心诚惶诚恐,其应变措施分以下步骤:首先承认是由于自己之过失导致灾异出现;之后责令群臣指出自己的过失,此时群臣多可畅所欲言,直陈君失,不用担心会被打击报复,同时君主还会因灾异求才,求直言极谏之士;最后是具体落实,如采取轻徭薄赋、减轻刑罚等措施来改善民生,消除天变。

如成帝下诏把日食出现的原因归结到自己身上,并采取存问百姓疾苦的方式消灾,诏书云:"'男教不修,阳事不得,则日为之蚀。'天著厥异,辜在朕躬。"[3]"天灾仍重,朕甚惧焉,

---

① 《汉书》卷9《元帝纪》,第281页。

② [清]赵翼著,王树民校证:《廿二史札记校证》卷2《汉诏多惧词》,北京:中华书局,1984年,第42页。

③ 《汉书》卷10《成帝纪》,第309页。

惟民之失职，临遣太中大夫嘉等循行天下，存问耆老，民所疾苦。"[1] 哀帝时发生日食、地震、大水等灾异，哀帝十分畏惧，云："朕承宗庙之重，战战兢兢，惧失天心。间者日月亡光，五星失行，郡国比比地动。乃者河南、颍川郡水出，流杀人民，坏败庐舍。朕之不德，民反蒙辜，朕甚惧焉。"最后，对民间采取存问、赐钱、免赋等措施消灾。"已遣光禄大夫循行举籍，赐死者棺钱，人三千。其令水所伤县邑及他郡国灾害什四以上，民赀不满十万，皆无出今年租赋。"[2]

汉武帝"罢黜百家，独尊儒术"之后，在思想领域实行文化专制，春秋战国的百家争鸣现象已经不复存在，但其影响并未完全消失，汉儒巧妙地将墨、道、法、阴阳等百家学说的精华进行吸收改造，形成儒家的灾异说。尤其经董仲舒阐发后，灾异说成为一种社会思潮，很多名儒纷纷习之，从而在君主专制下，实现了一定程度的儒生参政、议政。史云："汉兴，推阴阳言灾异者，孝武时有董仲舒、夏侯始昌，昭、宣则眭孟、夏侯胜，元、成则京房、翼奉、刘向、谷永，哀、平则李寻、田终术。此其纳说时君著明者也。察其所言，仿佛一端。假经设谊，依托象类，或不免乎'亿则屡中'。"[3] 灾异说的出现，亦为大臣们的直言进谏提供了有力的思想武器，君主往往不敢罔顾灾异，大臣们便可以名正言顺地用灾异示警之类的理由向君主进言，且不用担心遭到君主的报复。

---

① 《汉书》卷10《成帝纪》，第323页。

② 《汉书》卷11《哀帝纪》，第337页。

③ 《汉书》卷75《李寻传》，第3194—3195页。

当然，灾异说在两汉之效应在不断转变，总体趋势是对君主的责难减轻，对大臣尤其是三公责难加强。前汉前期，灾异出现，君主往往会反躬自省，下罪己诏或求直言诏，把主要责任揽到自己头上。元帝之后，灾异出现，往往谴责大臣，尤其是三公，导致大臣因灾异被免职。"汉时三公官，犹知以调和阴阳引为己职。因而遇有灾异，遂有策免三公之制。"成帝时出现灾异，便归咎于翟方进，让其自杀以塞天变。"如淳《汉书》注，谓：'天文大变，天下大祸，则使侍中以上尊养牛赐丞相，策告殃咎，丞相即日自杀。'则并有不止策免者矣。"①到后汉时，因灾异策免三公成为惯例，甚至出现灾异后，三公不等君主策免，便主动告退以塞天变，天变之责的对象逐渐由上向下转移。当然，经过长时期的演变，灾异策免的对象也有不同。"汉代以灾异策免三公，是因三公燮理阴阳，赵翼考证此说自汉初已流行，成帝时影响政制，后汉遂成制度。但后汉因灾异策免三公，是因灾异的不同性质分别策免，并非一概策免。"②

三、常见的几种灾异现象——日食、地震等

汉人所言灾异种类甚多，凡自然界的异常变化皆可称为灾异，有日食、地震、山崩、彗星、陨石、火灾、水灾、旱灾、冰雹、冰冻等等。如刘向言《春秋》所载二百四十二年

① 《廿二史札记校证》卷2《灾异策免三公》，第47页。
② 《秦汉官僚制度》，第117页。

间，"日食三十六，地震五，山陵崩阤二，彗星三见，夜常星不见，夜中星陨如雨一，火灾十四。长狄入三国，五石陨坠，六鹢退飞，多麋，有蜮、蜚，鸜鹆来巢者，皆一见。昼冥晦。雨木冰。李梅冬实。七月霜降，草木不死。八月杀菽。大雨雹。雨雪雷霆失序相乘。水、旱、饥、蝝、螽、螟蜂午并起。"[1]在各种灾异中，君主最为畏惧的为日食和地震。汉代人认为天最大的变化为日食，地最大的变化为地震。"天之变莫大乎日蚀，地之戒莫重乎震动。"[2]"日者众阳之所宗，君上之位也。"[3]发生日食说明君德出现问题，在以德治天下或德主刑辅的社会环境中，君德亏损是十分严重的问题，君主必须为之深刻反思。一旦出现日食和地震，君主往往非常恐惧，通常会下罪己诏和求直言极谏诏。这种诏书，在两汉十分常见，列举部分以资说明。

后汉建武六年，出现日食，光武帝下罪己诏，表达内心愧疚，并要求百僚举荐人才并上封事。《诗》云：'日月告凶，不用其行。'永念厥咎，内疚于心。其敕公卿举贤良、方正各一人；百僚并上封事，无有隐讳。"[4]建武七年，再度发生日食，光武帝内心由愧疚转变为恐惧，再下罪己诏，要求百僚忠于职守，向君主直言进谏。"吾德薄致灾，谪见日月，战栗恐惧，夫何言哉！今方念愆，庶消厥咎，其令有司各修职任，奉遵法

---

① 《汉书》卷36《刘向传》，第1936—1937页。

② 《后汉书》志第18《五行六·日蚀》，第3365页。

③ 《后汉书》卷33《朱浮传》，第1141页。

④ 《后汉书》卷1下《光武帝纪下》，第50页。

度，惠兹元元。百僚各上封事，无有所讳。"①明帝永平八年，
亦出现日食，明帝认为日食为严重的灾变，即所谓"至谴"，
十分恐惧，认为责任在己，下罪己诏并求直言。"朕以无德，
奉承大业，而下贻人怨，上动三光。日食之变，其灾尤大，《春
秋》图谶所谓至谴。永思厥咎，在予一人。群司勉修职事，极
言无讳。"②

宣帝本始四年发生地震，北海、琅邪的宗庙遭到破坏，宣
帝十分畏惧，下罪己诏并求直言。"乃者地震北海、琅邪，坏
祖宗庙，朕甚惧焉。丞相、御史其与列侯、中二千石博问经学
之士，有以应变，辅朕之不逮，毋有所讳。"③宣帝地节三年，
又发生地震，宣帝仍旧畏惧，下罪己诏并求直言极谏之士。
"乃者九月壬申地震，朕甚惧焉。有能箴朕过失，及贤良方正
直言极谏之士，以匡朕之不逮，毋讳有司。"④元帝初元二年，
多次发生地震，导致北海水涨，淹死大量百姓，元帝要求公卿
直陈君失。"今秋禾麦颇伤，一年中地再动。北海水溢，流杀
人民。阴阳不和，其咎安在？公卿将何以忧之？其悉意陈朕
过，靡有所讳。"⑤

君主为最高统治者，所谓"普天之下莫非王土，率土之
滨莫非王臣"，不只是人，即使是一草一木一鸟一兽不得其所，
皆为君德亏损所致，所以天下人就天下事皆可向君主进言。进

---

① 《后汉书》卷1下《光武帝纪下》，第52页。
② 《后汉书》卷2《显宗孝明帝纪》，第111页。
③ 《汉书》卷8《宣帝纪》，第245页。
④ 《汉书》卷8《宣帝纪》，第249页。
⑤ 《汉书》卷9《元帝纪》，第283页。

言主体及进言所涉事务非常广泛，涉及国家政治各个方面，甚至君主之私生活亦可言及，由于其依据为君主畏惧之灾异说，君主一般不会怪罪。从史料来看，君主生活骄奢，后宫争斗，或者大臣专权、小臣弄权，均可导致君德亏损。

汉武帝临终托孤于霍光，霍光以大将军、大司马执朝政大权，废昌邑王刘贺，立宣帝刘病已。宣帝即位后，霍光持权不放。霍光去世后，宣帝始亲理政事，"封光兄孙山、云皆为列侯，以光子禹为大司马"。张敞劝谏宣帝抑制霍氏之权，指出霍光专权期间频发灾异，如日食、地震等，说明霍光专权有损君德。"大将军二十岁，海内之命，断于掌握。方其隆时，感动天地，侵迫阴阳，月朓日蚀，昼冥宵光，地大震裂，火生地中，天文失度，祅祥变怪，不可胜记，皆阴类盛长，臣下颛制之所生也。朝臣宜有明言，曰陛下褒宠故大将军以报功德足矣。间者辅臣颛政，贵戚太盛，君臣之分不明，请罢霍氏三侯皆就第。"[1]

成帝时，赵飞燕姐妹专宠，一方面导致成帝生活奢靡无度，另一方面赵氏姐妹还残害后宫继嗣以固其宠。成帝母、诸舅皆不敢言，推谷永假借天变劝说成帝，指出地震、日食是因赵飞燕姐妹受宠并残害继嗣所致。"凡灾异之发，各象过失，以类告人。乃十二月朔戊申，日食婺女之分，地震萧墙之内，二者同日俱发，以丁宁陛下，厥咎不远，宜厚求诸身。意岂陛下志在闺门，未恤政事，不慎举错，娄失中与？内宠大盛，女不遵道，嫉妒

---

① 《汉书》卷76《张敞传》，第3217—3218页。

专上，妨继嗣与？"①

哀帝时，董贤以男色专宠，爱屋及乌，其亲族皆受重用，另有孙宠、息夫躬行为不端，以告讦东平王夫妇"诅咒事"而获升迁。大臣何武、师丹、彭宣、傅喜因持正而为哀帝所恶，被罢免在家。当时发生了地震和日食，名儒鲍宣引用灾异说，劝诫哀帝只有进贤才，如何武、师丹、彭宣、傅喜，退群小，如董贤、孙宠、息夫躬，方可兴太平。"陛下父事天，母事地，子养黎民，即位已来，父亏明，母震动，子讹言相惊恐。今日蚀于三始，诚可畏惧……侍中驸马都尉董贤本无葭莩之亲，但以令色谀言自进，赏赐亡度，竭尽府藏……诚欲哀贤，宜为谢过天地，解仇海内，免遣就国，收乘舆器物，还之县官。如此，可以父子终其性命；不者，海内之所仇，未有得久安者也。孙宠、息夫躬不宜居国，可皆免以视天下。复征何武、师丹、彭宣、傅喜，旷然使民易视，以应天心，建立大政，以兴太平之端。"②

桓帝时，"立掖庭民女亳氏为皇后，数月间，后家封者四人，赏赐巨万"。此时正好发生了数次地震及其他灾害，白马令李云心忧天下，向君主进言立后之非，且明指地震正是由立后不当导致的。"臣闻皇后天下母，德配坤灵，得其人则五氏来备，不得其人则地动摇宫。"③

---

① 《汉书》卷85《谷永传》，第3444页。

② 《汉书》卷72《鲍宣传》，第3091—3093页。

③ 《后汉书》卷57《李云传》，第1851—1852页。

四、灾异与民意

中国先秦思想家有丰富的民本思想，认为民为国家之本，只有人民安居乐业，国家才能稳定安康，在民与君的地位对比中，认为民贵君轻。《尚书》曰："民惟邦本，本固邦宁。"[①] 孟子曰："民为贵，社稷次之，君为轻。"[②] 荀子曰："君者，舟也；庶人者，水也。水则载舟，水则覆舟。"[③] 汉代，尤其汉武帝独尊儒术之后，董仲舒顺应武帝的尊君和大一统思想，构建了"君权神授"的思想体系，同时构建了"灾异谴告"的思想体系，对君主权力进行制约。"君权神授"与"灾异谴告"实为一体两面的思想体系，接受了君权神授的思想，就必须接受灾异谴告思想。灾异谴告即通过"灾异"间接将民意反馈给君主，即"屈民而申君，屈君而申天，春秋之大义也"。[④] 民受制于君，君又受制于天，而天又是民意的反映，这样三者达到平衡，制约了君主的行为，使其不敢恣意妄为。

《潜夫论》更是直接表明了这种思想："凡人君之治，莫大于和阴阳。阴阳者，以天为本。天心顺则阴阳和，天心逆则阴阳乖。天以民为心，民安乐则天心顺，民愁苦则天心逆。民以

---

① 《十三经注疏·尚书正义》，第 330 页。

② 郑训佐、靳永译注：《孟子译注》卷 14《尽心章句下》，济南：齐鲁书社，2009 年，第 244 页。

③ 《荀子集解》卷 5《王制篇》，第 152 页。

④ ［清］顾栋高辑，吴树平、李解民点校：《春秋大事表》，北京：中华书局，1993 年，第 12 页。

君为统，君政善则民和治，君政恶则民冤乱。"[①]阐述了君、民、天三者之间的关系，君虽凌驾于万民之上，为民之"统"，但并不意味着君主可以肆意妄为，因为在其上有一个掌控万物的天，而天的意志取决于民的愁苦，民愁苦则天心不顺，天心不顺则阴阳乱，阴阳乱则灾异生。若君主对灾异熟视无睹，则天将降罚。间接将君主之施政与民心联系起来，告诫君主施政要顺应民心所向，这样才能顺天而行，灾异才不会发生。

汉代君主对灾异谴告内怀恐惧，因灾异谴告是天意对民意的间接反映，从此基点出发，汉代百官吏民向君主进谏言时，把灾异的出现归因于君主施政不善而导致百姓愁怨疾苦所致，从而进一步劝导君主改变自己施政或德行上的缺失。两汉有很多这样的事例。

如汉武帝实行大力开边的国策，耗费大量民力。宗室淮南王刘安进言武帝不要讨伐南越，依据就是灾异说，他说："臣闻军旅之后必有凶年，言民之各以其愁苦之气薄阴阳之和，感天地之精，而灾气为之生也。"[②]成帝时，后宫妃嫔众多，大兴土木，宫廷生活骄奢淫逸。谷永以日食为由，劝诫成帝崇尚节俭并减轻百姓赋税徭役，他说："今年（永始二年）二月日食，赋敛不得度，民愁怨之所致也。所以使四方皆见，京师阴蔽者，若曰，人君好治宫室，大营坟墓，赋敛兹重，而百姓屈竭，祸

---

① ［汉］王符著，［清］汪继培笺，彭铎校正：《潜夫论笺校正》，北京：中华书局，1985年，第88页。

② 《汉书》卷64上《严助传》，第2780页。

在外也。"^①灵帝熹平六年十月，发生日食，谷永又谏灵帝曰："赋敛滋重，不顾黎民，百姓虚竭，则日蚀，将有溃叛之变。"^②

后汉和帝时洪水伤稼，和帝"策问阴阳不和，或水或旱"的缘由，布衣养奋引用灾异说进行对策："长吏多不奉行时令，为政举事干逆天气，上不恤下，下不忠上，百姓困乏而不恤哀，众怨郁积，故阴阳不和，风雨不时，灾害缘类。"^③桓帝初期，梁冀专政跋扈，而桓帝无子嗣。连续几年饥荒，灾异屡现，百姓生活困苦。太学生刘陶心忧天下，利用灾异说向桓帝进谏："陛下既不能增明烈考之轨，而忽高祖之勤，妄假利器，委授国柄，使群丑刑隶，芟刈小民，彫敝诸夏，虐流远近，故天降众异，以戒陛下。"^④以上都是以灾异劝说君主的实例。

五、灾异与外戚、宦官专权

灾异说认为君主之失导致灾异的发生。导致君主之失的原因归结起来，无外乎两个方面，一个是治理国家之过失，一个是私生活之过失。而在汉代，影响治乱的主要因素有外戚与宦官专权。前汉亡于王氏外戚专权，后汉亡于外戚与宦官交迭专权。事实上，外戚、宦官极少品质优良者，其专政往往是从个人利益出发，置国家和百姓于不顾，结党营私、迫害忠良、骄

---

① 《汉书》卷27下之下《五行志第七下之下》，第1505页。

② 《后汉书》志第18《五行六·日蚀》注引，第3370页。

③ 《后汉书》志第15《五行三·大水》注引《广州先贤传》，第3309页。

④ 《后汉书》卷57《刘陶传》，第1843页。

奢淫逸、贪残害政、盘剥百姓，甚至觊觎皇权。所以两汉言者对外戚、宦官专权多有论列，灾异说作为有力的思想武器亦经常被言者引用。当然，由于两汉君主宠信外戚、宦官，言者不能动其位，谏言多数石沉大海，杳无音信。有时，言者还会被外戚、宦官打击报复，给个人及家族带来祸端。

元帝体弱多病，处理政事需要旁人帮助，元帝认为宦官弘恭、石显孤弱无党，不与外臣交接，故重用宦官，导致弘恭、石显弄权。许、史外戚假借姻亲便利专权，在位放纵。萧望之、周堪、刘更生欲制约群小专权，群小进谗言将萧望之等罢免。后发生地震，刘更生使外亲言于元帝，以灾异说劝谏元帝罢免群小。"前弘恭奏望之等狱决，三月，地大震。恭移病出，后复视事，天阴雨雪。由是言之。地动殆为恭等。臣愚以为宜退恭、显以章蔽善之罚，进望之等以通贤者之路。如此，太平之门开，灾异之原塞矣。"[1]

成帝少时多倚靠外戚，即位后仍由众舅接连辅政。执政初期王凤辅政，但王凤为政专权，成帝颇有微词。因王凤强遣定陶王回封国之事，成帝对他十分不满。此时正好发生日食，正直的京兆尹王章在接受成帝问询时，直言日食之咎在于王凤专权，而不是定陶王留在京师，并进一步强调王凤不可任用。"天道聪明，佑善而灾恶，以瑞异为符效。今陛下以未有继嗣，引近定陶王，所以承宗庙，重社稷，上顺天心，下安百姓。此正义善事，当有祥瑞，何故致灾异？灾异之发，为大臣颛政者也。今闻大将军猥归日蚀之咎于定陶王，建遣之国，苟欲使天

---

[1] 《汉书》卷36《刘向传》，第1931—1932页。

子孤立于上，颛擅朝事以便其私，非忠臣也。且日蚀，阴侵阳、臣颛君之咎，今政事大小皆自凤出，天子曾不一举手，凤不内省责，反归咎善人，推远定陶王。"①

和帝时，窦太后临朝，窦宪兄弟辅政，窦氏独揽权纲，朝廷大臣、地方郡守依附者甚众，窦氏甚至欲阴谋篡位。司徒丁鸿忧心忡忡，因日食上书言窦宪专权事，认为外戚之党强盛，导致君主大权之柄下移，汉室有倾覆的危险。"臣闻日者阳精，守实不亏，君之象也；月者阴精，盈毁有常，臣之表也。故日食者，臣乘君，阴陵阳；月满不亏，下骄盈也。昔周室衰季，皇甫之属专权于外，党类强盛，侵夺主势，则日月薄食，故《诗》曰：'十月之交，朔月辛卯，日有食之，亦孔之丑。'《春秋》日食三十六，弑君三十二。变不空生，各以类应。夫威柄不以放下，利器不可假人。览观往古，近察汉兴，倾危之祸，靡不由之。"②

邓太后崩逝后，安帝始亲执政事，初期即宠幸宦官，导致宦官跋扈，尤其是中常侍樊丰及侍中周广、谢恽等人"更相扇动，倾摇朝廷"。杨震多次劝谏安帝无果，宦官们更加嚣张跋扈，甚至伪造诏书，调发国家物资为自己私修家舍、园池、庐观，耗费国家无数公费。杨震因地震再度上言安帝，指出地震之缘故在于宦官专权，直陈宦官诸多不法之事。"臣蒙恩备台辅，不能奉宣政化，调和阴阳，去年十二月四日，京师地动。臣闻师言：'地者阴精，当安静承阳。'而今动摇者，阴道盛也，

① 《汉书》卷98《元后传》，第4020页。
② 《后汉书》卷37《丁鸿传》，第1265页。

其日戊辰，三者皆土，位在中宫，此中臣近官盛于持权用事之象也。臣伏惟陛下以边境未宁，躬自菲薄，宫殿垣屋倾倚，枝柱而已，无所兴造，欲令远近咸知政化之清流，商邑之翼翼也。而亲近幸臣，未崇断金，骄溢逾法，多请徒士，盛修第舍，卖弄威福。道路喧哗，众所闻见。地动之变，近在城郭，殆为此发。"①

---

① 《后汉书》卷54《杨震传》，第1765页。

第四章
秦汉谏议的特点

"秦汉各级官僚都有上谏之权，甚至包括乡官、三老、亭吏。中央官僚因为贴近皇帝，谏争更多。秦汉宫廷有各种大夫，掌议论。"[①]本书认为，汉代，言责并非限于谏官，上至太后、皇后、太子，中至宗室、外戚及中央、地方官吏，下至乡官甚至百姓，皆可以向皇帝进谏，体现了上谏之权的广泛性。谏议总脱离不了当时的环境，与当时的国家和社会情况相关联，秦汉谏议也是在当时历史条件下发挥作用的。百官吏民之进言往往要采择当时的舆论，君主的施政亦要关注舆论的影响。

第一节　谏议成风

秦的暴兴暴亡，引发了汉代统治者的深刻反思。鉴于秦灭亡的重要原因之一为刚愎拒谏（秦始皇、二世为讳谏、拒谏的

---

① 《秦汉官僚制度》，第 149 页。

典型），汉代统治者十分重视谏言的作用，文帝时废除妖言罪、诽谤罪，消除进言者因言获罪的顾虑，其后各君主也基本都能不罪言者，且鼓励言者进言。汉代的选官制度也体现了对谏议的重视。察举制度是一种定期举行的选官制度，分四科，其中第一科即"能谏"，择人标准为"德行高妙，志节清白"。不定期选举中，专门设置"直言极谏"一科。故汉代进言风气浓厚，出现了"心卑卿相，志小万乘"，"辩讼公门之下，讻讻不可胜听"的现象。

汉代谏议之所以成风，主要有以下几个原因：原始民主遗风的继承与发展、圣君屡作、儒学熏陶、秦亡的历史教训、良善导谏之法。以下分而述之。

一、原始民主遗风的继承与发展

"'军事首长、议事会和人民大会构成了由氏族制度中发展起来的军事民主制的各个机关'，辅贰制、朝议制、国人参政制正是'军事民主制的各个机关'的蜕变。"[1] 可知，原始民主的遗存在汉代有所继承和发展。原始民主在汉代的遗存有三种：即臣僚对国君的辅贰制及约束君主的制度；君主与众卿共同商议大事的朝议制；国人参政，谋及庶人。以下分而述之。

（一）臣僚对国君的辅贰制及约束君主的制度

在秦及前汉初期，丞相权力非常大，"秦代以丞相、御史

---

[1] 徐鸿修：《周代贵族专制政体中的原始民主遗存》，《中国社会科学》1981 年第 2 期。

大夫为首的行政中枢上承皇帝，下领百官……特别是丞相的权力很大。"[①] "秦楚之际建立的西汉王朝……皇帝与行政中枢之间没有大的间隔，特别是丞相位尊而权重。"[②] 丞相的职责是："掌丞天子助理万机。"[③] 陈平释曰："宰相者，上佐天子理阴阳，顺四时，下育万物之宜，外镇抚四夷诸侯，内亲附百姓，使卿大夫各得任其职焉。"[④] 可见汉初丞相任兼内外，无所不统，甚至能够制定治国的基本方略。如"汉兴之初，反秦之敝，与民休息，凡事简易，禁罔疏阔，而相国萧、曹以宽厚清静为天下帅"，萧何制定了无为而治的国家治理方略，曹参守之不变，"萧何为法，讲若画一；曹参代之，守而勿失"，百姓得以休养生息。当时，国家最高统治者对治国基本不干涉，"孝惠垂拱，高后女主，不出房闼"[⑤]，这也是丞相能够充分发挥主动性和能动性的原因。

文帝宠信邓通，邓通恃宠而骄，申屠嘉不满。"是时，嘉入朝，而通居上旁，有怠慢之礼……罢朝坐府中，嘉为檄召通诣丞相府，不来，且斩通。"后经文帝求情，邓通方才被释放，"上度丞相已困通，使使持节召通，而谢丞相：'此吾弄臣，君释之。'"[⑥] 被放后，邓通心存忌惮，亦不敢在文帝面前进丞相谗言。可见丞相内外事兼管，甚至管到君主的私生活。

① 《秦汉官僚制度》，第 174 页。
② 《秦汉官僚制度》，第 175 页。
③ 《汉书》卷 19 上《百官公卿表》，第 724 页。
④ 《史记》卷 56《陈丞相世家》，第 2061—2062 页。
⑤ 《汉书》卷 89《循吏传》，第 3623 页。
⑥ 《汉书》卷 42《申屠嘉传》，第 2101 页。

丞相还可依祖制向君主提出异议，君主不能罔顾。如景帝王皇后之兄王信因帮助梁王开脱罪责有功劳，因此窦太后曰："皇后兄王信可侯也。"景帝与丞相议，丞相周亚夫拿出高祖所定规矩"非刘氏不得王，非有功不得侯。不如约，天下共击之"，景帝只能默默作罢。[①]

如果丞相对皇帝的诏旨有意见，还可以封还诏书。丞相王嘉不认可哀帝封幸臣董贤为侯，封还哀帝封董贤为侯的诏书。"上因托傅太后遗诏，令成帝母王太后下丞相、御史，益封贤二千户，及赐孔乡侯、汝昌侯、阳新侯国。嘉封还诏书。"[②]汉制尊相，皇帝也要礼敬丞相。《汉旧仪》云皇帝见丞相起，谒者赞称曰'皇帝为丞相起'。起立乃坐。皇帝在道，丞相迎谒，谒者赞称曰'皇帝为丞相下舆'。立乃升车。"[③]

霍光虽以大司马、大将军掌朝政大权，但其废昌邑王仍以丞相杨敞领衔奏请，亦可见前汉丞相地位。"丞相臣敞、大司马大将军臣光、车骑将军臣安世、度辽将军臣明友……昧死言皇太后陛下……臣敞等谨与博士臣霸、臣隽舍、臣德、臣虞舍、臣射、臣仓议，皆曰：'……陛下未见命高庙，不可以承天序，奉祖宗庙，子万姓，当废。'"[④]此时相权对君权尚能有效制约，一方面可以预先防范君主的过失，另一方面还可以及时纠正君主已经发生的明显过失。

---

① 《史记》卷57《绛侯周勃世家》，第2077页。

② 《汉书》卷86《王嘉传》，第3498页。

③ 《汉书》卷84《翟方进传》注引《汉旧仪》，第3414—3415页。

④ 《汉书》卷68《霍光传》，第2939、2940页。

（二）君主与众卿共同商议大事的朝议制

在汉代，凡遇到重大问题，君主都会下廷议，集思广益。"集议：又称'杂议''廷议''朝议'，是汉代帝王把需要决策的军政要事交给百官公卿讨论，让百官充分发表自己政治见解的政治参与活动。汉代依所议内容、范围、场所以及历史阶段的不同，可分为廷议、朝议、中外朝议、二府议、三府议、有司议和专题性会议等类型。汉代凡是立君、立储、宗庙、祭祀、典礼、分封、爵赏、法制、边事、大臣罪狱等一切军国大政几乎都是集议的内容，参议人员可以各抒己见，畅所欲言，充分表达自己的政治见解，集思广益，为皇帝决策提供依据。"①

汉代朝议的例子很多，吕后时匈奴单于在呈送汉廷的国书中出言不逊，吕后召集诸将议击匈奴。"单于尝为书嫚吕后，不逊，吕后大怒，召诸将议之。"②成帝时，京师传言要发大水，成帝召集公卿讨论。"建始三年秋，京师民无故相惊，言大水至，百姓奔走相蹂躏、老弱号呼，长安中大乱。天子亲御前殿，召公卿议。"③丞相王嘉因举荐人才被弹劾，哀帝召集廷议议其罪。"后岁余，丞相王嘉上书荐故廷尉梁相等，尚书劾奏嘉'言事恣意，迷国罔上，不道'。下将军中朝者议。"④光武帝

① 刘太祥：《论汉代政治参与机制》，《南都学坛》2008 年第 2 期。
② 《史记》卷 100《季布栾布列传》，第 2730 页。
③ 《汉书》卷 82《王商传》，第 3370 页。
④ 《汉书》卷 72《龚胜龚舍传》，第 3081 页。

曾召集公卿讨论北单于和亲之事。"北单于遂遣使诣武威求和亲，天子召公卿廷议。"①邓后称制时，曾召集公卿讨论高级官吏丧礼事宜。"旧制，公卿、二千石、刺史不得行三年丧，由是内外众职并废丧礼。元初中，邓太后诏长吏以下不为亲行服者，不得典城选举。时有上言牧守宜同此制，诏下公卿，议者以为不便。"②

（三）国人参政，谋及庶人

汉代皇室与民间未完全隔离，民间的声音往往能够直达天听。有时候，民间力量甚至能够影响国家决策，进而在一定程度上影响政局。

齐太仓令淳于公被逮捕，其女缇萦上书文帝，诉说肉刑之弊："妾伤夫死者不可复生，刑者不可复属，虽复欲改过自新，其道无由也。"引起了文帝的反思："今法有肉刑三，而奸不止，其咎安在？非乃朕德薄而教不明欤？吾甚自愧。"后文帝为之废除肉刑，"夫刑至断支体，刻肌肤，终身不息，何其楚痛而不德也，岂称为民父母之意哉！其除肉刑"。③这便是以民间力量推动朝廷进行刑罚改革，最终实现了废除肉刑的目的。

民间上书言事，可以让君主发现民间的人才，并加以提拔。如武帝因民间人士主父偃、徐乐、严安的上书，发现他们的才干，将此三人拜为郎中。"是时，徐乐、严安亦俱上书

---

① 《后汉书》卷89《南匈奴列传》，第2945页。
② 《后汉书》卷39《刘恺传》，第1307页。
③ 《史记》卷10《孝文本纪》，第427—428页。

言世务。书奏，上召见三人，谓曰：'公皆安在？何相见之晚也！'乃拜偃、乐、安皆为郎中。"民间的声音亦可影响国家的决策。主父偃"所言九事，其八事为律令，一事谏伐匈奴"，皆被武帝采纳。[①]

民间力量甚至能在一定程度上影响国家的政局。由于受江充挟持，戾太子事急走险，起兵造反。兵败后，戾太子奔走逃亡。"上（武帝）怒甚，群下忧惧，不知所出。"此时，壶关三老上书为戾太子鸣冤："……陛下不省察，深过太子，发盛怒，举大兵而求之，三公自将，智者不敢言，辩士不敢说，臣窃痛之……唯陛下宽心慰意，少察所亲，毋患太子之非，亟罢甲兵，无令太子久亡。"武帝闻奏醒悟，"书奏，天子感寤"。[②]

二、圣君屡作

谏议发挥作用的情况受君主个人素质及好恶等的影响很大。两汉历时四百多年，君主整体素质较高，相较而言，前汉君主素质整体比后汉高。前汉，除元、成、哀三帝较为昏庸外，其他都是明主[③]。后汉光武、明、章三帝为明君，和帝平庸，安、顺昏庸，桓、灵二帝尤乃亡国之主，然二君能保首领以没，原因之一在于他们并不绝对拒谏，间或还有纳谏之举，故局势不至于崩坏。

---

① 《汉书》卷64上《主父偃传》，第2798、2802页。
② 《汉书》卷63《戾太子刘据传》，第2744—2745页。
③ 按：平帝年幼，政出王莽，故不论。

　　秦末天下大乱，基层官吏出身的刘邦，经过浴血奋战，终于在群雄逐鹿中拔得头筹，打下江山，史书评价刘邦为人，称："高祖为人……宽仁爱人，意豁如也。常有大度。"[①]"高祖不修文学，而性明达，好谋，能听。"[②]王莽改制失败后，天下大乱，"盗贼"兴起，割据纵横，出身为皇室旁支的光武帝刘秀起兵，经过艰苦卓绝的努力，重新平定天下，并及时推行偃武修文、与民休息的政策。"帝在兵间久，厌武事，且知天下疲耗，思乐息肩……虽身济大业，兢兢如不及，故能明慎政体，总揽权纲，量时度力，举无过事。退功臣而进文吏，戢弓矢而散马牛，虽道未方古，斯亦止戈之武焉。"[③]

　　即使是继体守文之君，也多英主。孝惠帝为宽仁之主，"内修亲亲，外礼宰相，优宠齐悼、赵隐，恩敬笃矣。闻叔孙通之谏则惧然，纳曹相国之对而心说，可谓宽仁之主"。[④]孝文帝为仁德之主，"专务以德化民，是以海内殷富，兴于礼义，断狱数百，几致刑措。呜呼，仁哉！"[⑤]孝武帝为雄才大略之主，"孝武初立，卓然罢黜百家，表章六经。遂畴咨海内，举其俊茂，与之立功。兴太学，修郊祀，改正朔，定历数，协音律，作诗乐，建封禅，礼百神，绍周后，号令文章，焕焉可述。后嗣得遵洪业，而有三代之风"。[⑥]孝昭帝为聪慧之主，"孝昭委

---

① 《汉书》卷1上《高帝纪上》，第2页。
② 《汉书》卷1下《高帝纪下》，第80页。
③ 《后汉书》卷1下《光武帝纪下》，第85页。
④ 《汉书》卷2《惠帝纪》，第92页。
⑤ 《汉书》卷4《文帝纪》，第135页。
⑥ 《汉书》卷6《武帝纪》，第212页。

任霍光，各因其时以成名，大矣哉！承孝武奢侈余敝师旅之后，海内虚耗，户口减半，光知时务之要，轻徭薄赋，与民休息。至始元、元凤之间，匈奴和亲，百姓充实"。[1]孝宣帝为中兴之主，"孝宣之治，信赏必罚，综核名实，政事、文学、法理之士咸精其能……亦足以知吏称其职，民安其业也……功光祖宗，业垂后嗣，可谓中兴，侔德殷宗、周宣矣！"[2]

后汉明章二帝，亦为圣贤之主，明帝守法而治，章帝济之以宽仁。"明帝善刑理，法令分明。日晏坐朝，幽枉必达。内外无幸曲之私，在上无矜大之色。断狱得情，号居前代十二。故后之言事者，莫不先建武、永平之政。"[3]"章帝素知人厌明帝苛切，事从宽厚。感陈宠之义，除惨狱之科。深元元之爱，著胎养之令。奉承明德太后，尽心孝道。割裂名都，以崇建周亲。平徭简赋，而人赖其庆。又体之以忠恕，文之以礼乐。故乃蕃辅克谐，群后德让。"[4]

即使是平庸之主，也并不全然昏聩。元帝有其短，"牵制文义，优游不断，孝宣之业衰焉"，但亦有其长，"多材艺，善史书……少而好儒，及即位，征用儒生，委之以政，贡、薛、韦、匡迭为宰相……宽弘尽下，出于恭俭，号令温雅，有古之风烈"。[5]成帝宠幸赵氏姐妹，生活奢靡，重用王氏外戚，导致太阿倒持，"湛于酒色，赵氏乱内，外家擅朝，言之可为于邑。

---

① 《汉书》卷7《昭帝纪》，第233页。

② 《汉书》卷8《宣帝纪》，第275页。

③ 《后汉书》卷2《显宗孝明帝纪》，第124页。

④ 《后汉书》卷3《肃宗孝章帝纪》，第159页。

⑤ 《汉书》卷9《元帝纪》，第298—299页。

建始以来，王氏始执国命，哀、平短祚，莽遂篡位，盖其威福所由来者渐矣！"但也有英明的一面，"善修容仪，升车正立，不内顾，不疾言，不亲指，临朝渊嘿，尊严若神，可谓穆穆天子之容者矣！博览古今，容受直辞。公卿称职，奏议可述。遭世承平，上下和睦"。① 哀帝虽夺王氏外戚之权，但受制于祖母傅太后，不得行其道，沉湎董贤男色，为其断袖而起，导致董氏家族专权，但他也有奋起的一面："文辞博敏，幼有令闻。睹孝成世禄去王室，权柄外移，是故临朝屡诛大臣，欲强主威，以则武、宣。"②

后汉昏聩之主桓帝、灵帝，也有一线之明，间或亦能纳谏。侍中爰延曾就用人之事向桓帝进谏，桓帝接受了他的建议。"桓帝游上林苑，从容问延曰：'朕何如主也？'对曰：'陛下为汉中主……尚书令陈蕃任事则化，中常侍黄门豫政则乱，是以知陛下可与为善，可与为非。'帝曰：'昔朱云廷折栏槛，今侍中面称朕违，敬闻阙矣。'"③ 又如，"（灵帝）中平元年，黄巾贼起，中常侍吕强言于帝曰：'党锢久积，人情多怨。若久不赦宥，轻与张角合谋，为变滋大，悔之无救。'帝惧其言，乃大赦党人，诛徙之家皆归故郡"。④

故赵翼评价汉代皇帝："不能有高、武英气，然皆小心谨畏，故多蒙业而安。两汉之衰，但有庸主而无暴君，亦家风使

---

① 《汉书》卷10《成帝纪》，第330页。
② 《汉书》卷11《哀帝纪》，第345页。
③ 《后汉书》卷48《爰延传》，第1618页。
④ 《后汉书》卷67《党锢列传》，第2189页。

然也。"[①]

三、儒学熏陶

前汉初，儒、道、法、阴阳四家有较大影响，当时朝廷实行无为而治、与民休息的国策，黄老思想大行其道。武帝之时，儒家思想被奉为正统，这并不意味着武帝之前儒家思想没有发展，儒家思想在前汉初期也得到了一定程度的发展。如陆贾援道入儒，强调治理国家以道德仁义为本，以无为为用，两者结合，达到天下大治。而贾谊则是援法入儒，主张结合儒家的礼治和法家的法治，完善统治。武帝时，董仲舒对儒学进行了彻底的改造，把儒家与各家思想融合，博采众家之长；并且结合汉初的实际，提出了比较系统的国家和社会治理理论，成为汉初儒家思想的集大成者。汉代统治者之所以采用儒家思想治国理政，有其内在的因素。"儒学以上古三代文化为背景，特别是周文化……汉统治者也每以继周自诩，幻想尧舜盛世，儒学理论在这一层次上是与统治者相吻合的。儒学本身所包含的等级、贵贱、君臣、礼仪等内容也并不违背中央集权专制君主的意志。"另外，"自叔孙通、贾谊、陆贾、韩婴特别是董仲舒的改造后，儒学既重古又重今，既重理论又重实践"。[②]儒学与谏诤的关联在于两个方面，一方面儒学思想教导士人忠君，以积极进谏君主为己任；另一方面，儒家经典为进谏君主提供

---

① 《廿二史札记校证》卷2《汉诏多惧词》，第42页。
② 《秦汉官僚制度》，第227页。

了有力依据。

（一）儒学在汉代发展的主要表现

1. 儒家经典成为决策的依据

汉代以儒家经典作为定罪量刑的依据，即以经义断案。武帝时，董仲舒提倡以《春秋》决狱，并著《春秋决狱》一书："《春秋》之治狱，论心定罪。志善而违于法者免，志恶而合于法者诛。"[①] 所谓"以心定罪"，主要是通过考察犯罪分子的主观动机是否符合儒家"忠""孝"精神来定罪的。

2. 通儒家学说是选任官员的标准之一

"自武帝立五经博士，开弟子员，设科射策，劝以官禄。"[②] 武帝时确定通经入仕的选拔用人制度，士大夫只要通一经即可入仕，一时间通经成为社会风尚，很多因通经入仕的官员，一边做官，一边带弟子习经，弟子亦因此入仕。太学的老师及很多家庭都鼓励弟子努力学习经典，整个社会形成学儒家经典的风气，当时有谚语曰"遗子黄金满籯，不如教子一经"。前汉谏大夫的选任目标是"明儒硕德"，换句话说是"深通儒经"之人，盖宽饶、何武、孔光、楼护皆曾担任谏大夫，盖宽饶"明经"、何武"治《易》"、孔光"经学尤明"、楼护"学经传"，均为"明儒硕德"。故盖宽饶被举方正、太仆王音举何武贤良方正、光禄勋匡衡举孔光方正、平阿侯王谭举楼护方正，四人皆是通经入仕。

---

① 《春秋繁露义证》卷3《精华第五》注引《盐铁论》，第92页。
② 《汉书》卷88《儒林传》赞，第3620页。

3. 儒家经典是学校的主要教材

汉代官学以儒家经典为教材,《诗》《书》《礼》《易》《春秋》都是汉代官学的法定教材。除了官学,私学教材的基本内容亦为儒家经典,前汉武帝后,私学相当发达,容纳的学生人数远比太学多,一些明儒硕德不管是否从仕皆一直从事私学教育。即使国家处于衰败之际,亦在不断完善儒家经典教材。"(灵帝熹平)四年春三月,诏诸儒正五经文字,刻石立于太学门外。"[1]

4. 儒学在国家及民间层面均得到实际的应用

"皇帝诏书、群臣奏议,莫不援引经义以为据依。国有大疑,辄引《春秋》为断。"[2]从朝廷角度来讲,凡国之大政,如封禅、巡狩、郊祀、宗庙等大事,必须引经据典。官员间交往、吏民上书、接待外宾,甚至士大夫的日常交往、举措行止皆得符合经典。老百姓的日常生活,如冠婚吉凶、终始制度、民间规范,亦必须符合儒家经典。

(二)儒学与谏议

儒家重视教育,这是其他诸子百家所不及的一方面。太子为储君,为邦国之本,太子的教育,直接关系到将来国家的治乱和兴衰。儒家重视教育储君,重要目的在于造就储君勤攻己阙、开诚纳谏、察纳雅言的本领,助其将来成为圣君。"太子既

---

[1] 《后汉书》卷 8《孝灵帝纪》,第 336 页。
[2] 〔清〕皮锡瑞撰,吴仰湘编:《皮锡瑞全集·经学历史》,北京:中华书局,2015 年,第 36 页。

冠成人，免于保傅之严，则有记过之史，彻膳之宰，进善之旌，诽谤之木，敢谏之鼓。瞽史诵诗，工诵箴谏，大夫进谋，士传民语。习与智长，故切而不愧；化与心成，故中道若性。"[1]

儒学明确士人的责任和道义，要求士人忠君并敢于向君主进言。"天子置左辅、右弼、前疑、后承。左辅主修政，刺不法。右弼主纠害，言失倾。前疑主纠度，定德经。后承主匡正，常考变天。四弼兴道，率主行仁。"[2]

儒学重视大臣言得失以帮助君主纠错的职责。"自武帝'罢黜百家，独尊儒术'后，儒学获得正统地位，政治的儒学化过程开始了。西汉占统治地位的是今文经学，今文经学的核心是阴阳灾异和天人感应，如宣帝发布诏书无不以阴阳论刑德，其大臣'每有灾异，辄傅经术，言得失'。"[3]可见，汉代儒学重视发挥大臣"言得失"的作用。大臣向君主言得失亦需具备扎实的理论基础，"董仲舒的理论既为皇权所接受，也为官僚运用神学思想制约皇权提供了理论基础"。[4]

四、秦亡的历史教训

言路是政治的晴雨表，言路畅通，则国家治，言路堵塞，则国家衰甚至亡。秦之所以兴，原因种种，但早期秦始皇能够

---

[1] 《汉书》卷48《贾谊传》，第2249页。

[2] ［清］皮锡瑞撰，吴仰湘点校：《孝经郑注疏》，北京：中华书局，2016年，第112页。

[3] 《秦汉官僚制度》，第115页。

[4] 《秦汉官僚制度》，第149页。

礼贤下士、察纳雅言，从而及时纠正自己在治理国家和统一六国过程中的失误，这是秦兴的主要原因。秦之所以亡，原因亦种种，但始皇晚期讳谏、拒谏与二世拒谏应当是主要原因。故部分汉代人总结秦亡的历史教训在于刚愎拒谏。

如贾谊的《过秦论》指出："秦俗多忌讳之禁，忠言未卒于口，而身为戮没矣。故使天下之士，倾耳而听，重足而立，钳口而不言。是以三主失道，忠臣不敢谏，智士不敢谋，天下已乱，奸不上闻，岂不哀哉！"[①]贾山进谏文帝，要求广开言路，以秦为戒："亡进谏之士，纵恣行诛，退诽谤之人，杀直谏之士，是以道谀偷合苟容，比其德则贤于尧舜，课其功则贤于汤武，天下已溃而莫之告也。"[②]宣帝初即位，路温舒上书，言宜尚德缓刑，并以秦亡为鉴："正言者谓之诽谤，遏过者谓之妖言。故盛服先生不用于世，忠良切言，皆郁于胸，誉谀之声，日满于耳；虚美熏心，实祸蔽塞。此乃秦之所以亡天下也。"[③]后汉刘陶因言灾异而谏言桓帝应广开言路，并以秦作为反面事例："且秦之将亡，正谏者诛，谀进者赏，嘉言结于忠舌，国命出于谗口，擅阎乐于咸阳，授赵高以车府。权去己而不知，威离身而不顾。古今一揆，成败同势。"[④]前事不忘后事之师，汉代统治者深知秦亡的原因之一在于刚愎拒谏，所以重视谏议。

---

① 《史记》卷6《秦始皇本纪》，第278页。
② 《汉书》卷51《贾山传》，第2333页。
③ 《汉书》卷51《路温舒传》，第2369页。
④ 《后汉书》卷57《刘陶传》，第1843页。

五、良善导谏之法

为鼓励百官吏民大胆进言，导谏之法必不可少。在良善之法的导引下，汉代鼓励百官吏民进言，营造了一种宽松的言论环境，导致谏议成风[①]。

第二节　谏议主体广泛

秦代后期不重视谏议，谏议主体范围狭窄，且秦朝历时较短，相关记载较少，所以要研究谏议的主体，还须从汉代着手。汉代谏议主体范围广泛，除谏官外，其他官员亦可对君主进谏言。即使到桓、灵时期，政治黑暗，群小专权，仍有正直士大夫能不畏皇权，不惧群小谗言，敢于直言极谏，即使身家性命受到牵连亦在所不辞。整体上看，汉代谏议主体范围非常广泛，绝非后世所能比拟。宋代，朝廷禁止越职言事；清代，只有藩道以上的官员能够专折言事。宋以后就很难再看到民间向君主进言得失的情况了，即使是朝廷官员，能够直接向皇帝进谏的范围也在不断缩小。

---

① 具体详见第五章第一节导谏之法。

一、太后、皇后、太子、宗室、外戚进言

（一）太后进言

汉代太后有两类，一类为称制太后，如前汉吕后，后汉阎后、邓后、梁后、窦后，她们临朝听政，摄行君权，主导政治，为实际上的最高统治者，掌握最高权力，一般是被进谏的对象。一类为不称制太后，作为君主的嫡母或者生母，可针对皇家私务或者国家事务向君主进言。汉代以孝治天下，太后的进言，君主基本都会听取。

太后进言不常见，其进言或关涉宫廷大事，或关涉国家大事。宫廷大事如阴太后谏明帝立马贵人为皇后："永平三年春，有司奏立长秋宫，帝未有所言。皇太后曰：'马贵人德冠后宫，即其人也。'"[①] 国家大事如薄太后言绛侯周勃无谋反事及谏阻文帝亲征匈奴事。"文帝朝，太后以冒絮提文帝，曰：'绛侯绾皇帝玺，将兵于北军，不以此时反，今居一小县，顾欲反邪！'"[②] "帝欲自将击匈奴，群臣谏，皆不听。皇太后固要帝，帝乃止。"[③]

---

① 《后汉书》卷10上《明德马皇后纪》，第409页。
② 《史记》卷57《绛侯周勃世家》，第2072页。
③ 《史记》卷10《孝文本纪》，第428—429页。

（二）皇后进言

皇后作为天下之母，在帝王创业、守业时起到辅佐作用，"自古受命帝王及继体守文之君，非独内德茂也，盖亦有外戚之助焉。"吕后及其家族即辅佐高祖平定天下，"吕后为人刚毅，佐高帝定天下，兄二人皆为列将，从征伐。"[1]汉初分封的异姓诸侯王是一个破坏稳定的大隐患，铲除异性王，吕后功不可没。梁王彭越涉嫌谋反被汉廷逮捕，发往蜀地。吕后为了铲除后患，"白上曰：'彭王壮士，今徙之蜀，此自遗患，不如遂诛之。妾谨与俱来。'于是吕后乃令其舍人告彭越复谋反。廷尉王恬开奏请族之。上乃可，遂夷越宗族，国除"[2]。皇后除了天下之母的身份，还是君主的嫡妻，是众多皇室子女的母亲，有时会向君主进言子女之事。如明帝马皇后进言诸子封地事宜。"帝案地图，将封皇子，悉半诸国。后见而言曰：'诸子裁食数县，于制不已俭乎？'"[3]

（三）太子进言

太子作为储君，要扮演两个角色，一个是君主之子，一个是君主之臣，所以太子谏言也分为两部分。作为人子，从父子关系的角度对作为人父的君主劝谏；作为人臣，从臣下的角度对国家事务进言。光武帝勤政不息，时为太子的刘庄便劝导父亲注意

---

① 《汉书》卷97上《外戚传·高祖吕皇后》，第3937页。

② 《史记》卷90《彭越列传》第2594页。

③ 《后汉书》卷10上《明德马皇后纪》，第410页。

休息：“每旦视朝，日仄乃罢。数引公卿、郎、将讲论经理，夜分乃寐。皇太子见帝勤劳不怠，承间谏。”^①太子既为人臣，又为储君，在现实当中往往也参与政治。光武帝时就北匈奴和亲事宜进行廷议，明帝时为太子亦参与其中，其言为光武帝所取。“北单于遂遣使诣武威求和亲，天子召公卿廷议，不决。皇太子言曰……帝然之，告武威太守勿受其使。”^②元帝为太子时，就其父宣帝好任用执法严峻的大臣发表不同意见。“（元帝）见宣帝所用多文法吏，以刑名绳下，大臣杨恽、盖宽饶等坐刺讥辞语为罪而诛，尝侍燕从容言：‘陛下持刑太深，宜用儒生。’”^③

（四）宗室、外戚进言

宗室即皇室家族成员，外戚即君主姻亲，二者均为君主近属，由于与君主存在血缘关系或者婚姻关系，其言相对容易被君主听取。而且因关系亲近，其所言往往为一般人所不敢进言之事，所言内容既可为君主的私事，亦可为国之大事。

刘邦本“好酒及色”之徒，打进关中之后，欲留居秦朝宫殿，享受奢侈的宫廷生活，此时其妹夫樊哙进言。“沛公入秦，宫室帷帐狗马重宝妇女以千数，意欲留居之，樊哙谏。”^④成帝时，王氏外戚专权，早期尚有人敢言，后期由于王氏势力过大，言其事者皆遭到报复，导致天下结舌。刘向作为宗室遗老，怀着对皇室的忠

---

① 《后汉书》卷1下《光武帝纪下》，第85页。
② 《后汉书》卷89《南匈奴列传》，第2945—2946页。
③ 《汉书》卷9《元帝纪》，第277页。
④ 《汉书》卷40《张良传》，第2026页。

忧进谏:"'身为宗室遗老,历事三主。上以我先帝旧臣,每进见常加优礼,吾而不言,孰当言者?'向遂上封事极谏。"[1] 阴识为光武帝外戚,"拜为执金吾,位特进",时常"极言正议"。[2]

东平王刘苍作为明帝之弟、章帝之叔,曾经就其兄明帝将"校猎河内"事及其侄章帝"欲为原陵、显节陵起县邑"事进谏。"(永平)四年春,车驾近出,观览城第,寻闻当遂校猎河内,苍即上书谏。"[3] "后帝(章帝)欲为原陵、显节陵起县邑,苍闻之,遽上疏谏。"[4] 和帝邓后临朝多载,安帝虽已成年,但邓后仍持权不放,邓康作为邓后戚属,向邓后进谏。"康以皇太后戚属,独三分食二,以侍祠侯为越骑校尉。康以太后久临朝政,宗门盛满,数上书长乐宫谏争。"[5]

二、中央官员进言

包括三公九卿进言,以及其他官员进言。此种进言,可以是单独进言,也可以是联合进言。

(一)三公进言

"汉代官僚制度的一个重大变化就是西汉晚期三公制度的形成。史称秦汉三公九卿制……三公在西汉晚期由一种泛称转

① 《汉书》卷 36《刘向传》,第 1958 页。

② 《后汉书》卷 32《阴识传》,第 1130 页。

③ 《后汉书》卷 42《东平宪王苍传》,第 1434 页。

④ 《后汉书》卷 42《东平宪王苍传》,第 1437 页。

⑤ 《后汉书》卷 16《邓康传》,第 606 页。

化为一种正式的职官制度，并对东汉及后世的官僚制度产生着深远影响。"[①]"三公并不表示有三个公，也不表示是三个官职的合称、泛称……'三'，是中国古代哲学中的一个重要抽象概念……在'公'字前加上'三'字……是对古代公卿'辅贰'制度的一种抽象概括……关于三公的说法已成两派，一派认为指太师、太傅、太保，一派认为指司徒、司马、司空……如果以现实政制相比较，那就是丞相、太尉、御史大夫。"[②]"成哀之际虽然从形式上设立了三公制，但三公的职掌分化是在王莽时期完成的……东汉三公制度就形式而言承西汉晚期而来，而职掌却承王莽制度而来。"[③]从谏言主体范围角度看，汉代之丞相、太尉、御史大夫、司马、司徒、司空皆为汉代的三公。

一般事宜，三公可单独向君主进言。如丞相魏相进谏宣帝不宜攻打匈奴，"上与后将军赵充国等议，欲因匈奴衰弱，出兵击其右地，使不敢复扰西域。（魏）相（此时为丞相）上书谏"。[④]御史大夫薛广德时常直言进谏元帝，"广德为人温雅有蕴藉。及为三公，直言谏争"。[⑤]丞相王嘉性直，多次进谏哀帝，"王嘉复为丞相，数谏争忤指"。[⑥]如，他曾谏阻哀帝封董贤，并封还哀帝封董贤之诏书。"令成帝母王太后下丞相、御史，益封贤二千户，及赐孔乡侯、汝昌侯、阳新侯国。嘉封

---

① 《秦汉官僚制度》，第 104 页。

② 《秦汉官僚制度》，第 109—111 页。

③ 《秦汉官僚制度》，第 116—117 页。

④ 《汉书》卷 74《魏相传》，第 3136 页。

⑤ 《汉书》卷 71《薛广德传》，第 3047 页。

⑥ 《汉书》卷 81《孔光传》，第 3359 页。

还诏书，因奏封事谏上及太后。"① 太尉张禹谏和帝不能冒险游幸江陵，"闻车驾当进幸江陵，以为不宜冒险远，驿马上谏"。② 司空张晧谏不应诛杀直言的赵腾及其党辈："时清河赵腾上言灾变，讥刺朝政，章下有司，收腾系考，所引党辈八十余人，皆以诽谤当伏重法。晧上疏谏。"③ 司徒杨赐谏灵帝不应造毕圭灵琨苑："（杨赐）代刘郃为司徒，帝欲造毕圭灵琨苑，赐复上疏谏。"④

汉官制规定太尉、司徒、司空对于重大国家事务可共同谏争。太尉，"凡国有大造大疑，则与司徒、司空通而论之。国有过事，则与二公通谏争之"。司徒，"凡国有大疑大事，与太尉同"。司空，"凡国有大造大疑，谏争，与太尉同"。⑤

和帝崩，邓太后临朝称制，"新野君（太后之母）有疾，太后与上亲幸其第，宿止连日"。作为身系天下安危的太后多日住在娘家，万机停废，为国之大忧，因此"太尉张禹、司徒夏勤、司空张敏固谏"，太后方才听从了三公的谏言而回朝。⑥桓帝时宦官专权，宦官极少品质优良之辈，贪残害政之徒比比皆是。当时正直士大夫心忧天下，与宦官集团做坚决的斗争，"小黄门赵津、南阳大猾张汜等，奉事中官，乘势犯法，二郡太守刘瓆、成瑨考案其罪，虽经赦令，而并竟考杀之……又山

---

① 《汉书》卷86《王嘉传》，第3498页。
② 《后汉书》卷44《张禹传》，第1498页。
③ 《后汉书》卷56《张晧传》，第1816页。
④ 《后汉书》卷54《杨赐传》，第1782页。
⑤ 《后汉书》志第24《百官一》，第3557页。
⑥ 《后汉纪》卷16《孝安皇帝纪上》，第314页。

阳太守翟超，没入中常侍侯览财产，东海相黄浮，诛杀下邳令徐宣"。但宦官控制和影响君主，导致不少正直士大夫被谗下狱，"宦官怨恚，有司承旨，遂奏瓆、璜罪当弃市……超、浮并坐髡钳，输作左校"，此时三公太尉陈蕃、司徒刘矩、司空刘茂共同向桓帝进谏，请求桓帝原谅这些正直士大夫。"蕃与司徒刘矩、司空刘茂共谏请瓆、璜、超、浮等，帝不悦。"①

对极少数特别重大的事务，三公九卿则联名进谏，此种进谏，朝廷重臣皆联名，可形成重大影响。窦宪为章帝窦后之兄，章帝崩后，窦太后临朝，窦宪兄弟辅政。窦宪由于刺杀宗室刘畅被发觉，欲立功赎罪，同时为树立个人威信，故欲亲征匈奴，但北匈奴未犯塞，师出无名，更关键的是征伐匈奴要耗费大量的人力物力，于是朝廷中三公九卿共同进谏阻止，"（司徒袁）安与太尉宋由、司空任隗及九卿诣朝堂上书谏，以为匈奴不犯边塞，而无故劳师远涉，损费国用，徼功万里，非社稷之计"。②

（二）九卿进言

何为九卿？九卿并不是指有九个卿，"'九'在中国古代哲学中是具有特别意义的数字……'九'表示着通天道的意思，是中国古代哲学天地感应、化生万物朴素思想的反映"。③ "九卿的理论与实际官制相联系时，并没有限定仅指九个卿，而是

① 《后汉书》卷 66《陈蕃传》，第 2163—2164 页。
② 《后汉书》卷 45《袁安传》，第 1519 页。
③ 《秦汉官僚制度》，第 121—122 页。

一种泛称，对于泛称我们就不必拘泥人数的问题。"①"作为泛称的九卿在西汉后期也有向实际政制转化之趋势，当然其时间要晚于三公制，大体是在王莽时建立的……王莽不仅确定了九卿的具体人数，而且还确定了一公辖三卿的制度……东汉继承的正是王莽所确定的九卿九人的制度。"②综上可知，汉以太常（秦与汉初为奉常）、光禄勋（秦与汉初为郎中令）、卫尉、太仆、廷尉、大鸿胪（秦典客，汉景帝改大行令，武帝改定）、宗正、大司农（秦治粟内史，汉景帝改大农令，武帝改定）、少府、司隶校尉、执金吾、大长秋等为九卿，人数不拘于九位。

汉代九卿亦可向君主进谏言。司隶校尉盖宽饶性直，数次向宣帝进谏，"宽饶（时为司隶校尉）自以行清能高，有益于国，而为凡庸所越，愈失意不快，数上疏谏争"。③光禄勋孔光虽向成帝进谏，但不敢强谏。"为光禄勋……上有所问，据经法以心所安而对，不希指苟合；如或不从，不敢强谏争"。④光禄勋郭宪谏光武帝征隗嚣，"车驾西征隗嚣。宪（时为光禄勋）谏"。⑤光禄勋伏湛谏光武之失，"拜光禄勋。光武临朝，或有惰容，湛辄陈谏其失"。⑥执金吾朱浮谏光武帝毋对郡守用法过密，"为执金吾……帝以二千石长吏多不胜任，时有纤微之过者，必见斥罢，交易纷扰，百姓不宁。六年，有日食之异。

---

① 《秦汉官僚制度》，第 126 页。
② 《秦汉官僚制度》，第 127 页。
③ 《汉书》卷 77《盖宽饶传》，第 3246 页。
④ 《汉书》卷 81《孔光传》，第 3353—3354 页。
⑤ 《后汉书》卷 82 上《方术列传·郭宪》，第 2709 页。
⑥ 《后汉书》卷 27《张湛传》，第 929 页。

浮因上疏"。[①]

另外，还有大司农杜乔谏桓帝不当封爵，"时，梁冀子弟五人及中常侍等以无功并封，（大司农）乔上书谏"。[②]光禄勋陈蕃谏桓帝"封赏逾制，内宠猥盛"。[③]大鸿胪赵典谏灵帝"恩泽诸侯以无劳受封"。[④]

（三）其他中央官员进言

汉代百官可越职言事，君主不但不怪罪反而会鼓励。因三公九卿之外的其他官员人数、种类较多，无法一一列举，只选取史料中常见且进谏较多的官职说明问题。

后汉时，尚书台已然成为行政中心。"以尚书台作为行政中枢，是刘秀建制初期就形成的制度……光武以后，尚书台继续承担着国家行政中枢的职能。"[⑤]诸尚书及其长官尚书令、尚书仆射负责处理国家日常事务。作为君主的近臣，他们伴随君前，经常向君主进言，其所言之事，既可以是国家的行政事务，亦可以是君主的私生活，汉时并无严格限定。

后汉明帝施政严苛，群下闻风效仿，争相严切。但尚书钟离意却不随众阿附君意，"惟意独敢谏争，数封还诏书"。[⑥]后其担任尚书仆射，谏阻明帝修宫室和狩猎，"转为尚书仆射，车

---

① 《后汉书》卷33《朱浮传》，第 1141 页。
② 《后汉书》卷 63《杜乔传》，第 2092 页。
③ 《后汉书》卷 66《陈蕃传》，第 2161 页。
④ 《后汉书》卷 27《赵典传》，第 948 页。
⑤ 《秦汉官僚制度》，第 192—193 页。
⑥ 《后汉书》卷 41《钟离意传》，第 1409 页。

驾数幸广成苑，意以为从禽废政，常当车陈谏般乐游田之事，天子即时还宫"。① "（明帝）初起北宫，尚书仆射钟离意谏。"② 尚书左雄谏顺帝毋宠信乳母，"爵阿母宗娥为山阳君，尚书左雄谏"。③ 尚书仆射胡广与尚书郭虔、史敞谏顺帝毋以巫卜决定皇后人选，"顺帝欲立皇后，而贵人有宠者四人，莫知所建，议欲探筹，以神定选。（胡）广与尚书郭虔、史敞上疏谏"。④ 尚书栾巴谏梁太后顺帝陵工程过大，"顺帝崩，梁太后摄政，欲为顺帝作陵，制度奢广，多坏吏民家。尚书栾巴谏事"。⑤ 尚书杨秉以灾异谏桓帝微服私幸大臣家宅，"是日天大风，尚书杨秉谏"。⑥ 尚书卢植以灾异谏灵帝近色信谗，"迁尚书，光和元年，有日食之异，植上封事谏"。⑦

中常侍是君主身边的近臣，前汉为加官之一，亦为兼职谏官之一种，主要以士人充任。后汉中常侍职掌发生变化，成为君主的家奴，即宦官，亦时常向君主进言。桓帝窦后性嫉妒，桓帝崩后，"梓宫尚在前殿，遂杀田圣。又欲尽诛诸贵人，中常侍管霸、苏康苦谏，乃止"。⑧ 中常侍吕强谏灵帝毋宠信宦官及毋收导行费，"是时权邪怙宠，政以贿成，郡国贡献，皆先馈

① 《后汉书》卷41《钟离意传》，第1408页。

② 《后汉纪》卷9《孝明皇帝纪上》，第170页。

③ 《后汉纪》卷18《孝顺皇帝纪上》，第352页。

④ 《后汉书》卷44《胡广传》，第1505页。

⑤ 《后汉书》志第16《五行四·地震》，第3331页。

⑥ 《后汉纪》卷21《孝桓皇帝纪上》，第399页。

⑦ 《后汉书》卷64《卢植传》，第2117页。

⑧ 《后汉书》卷10下《桓思窦皇后纪》，第446页。

赂，然后得行，左右群臣，好上私礼，强谏"。[①]"时，帝多蓄私臧，收天下之珍，每郡国贡献，先输中署，名为'导行费'。强上疏谏。"[②]

御史作为监察官员，其职掌主要是监察百官，但汉时亦可向君主进言。如侍御史鲁恭谏阻窦宪征匈奴，"宪遂出师，侍御史鲁恭上疏谏"。[③]御史何敞谏尚书仆射郅寿因言下狱事，"是时谏者甚众，尚书仆射郅寿下狱，御史何敞上疏谏"。[④]之后何敞升任侍御史，谏窦后不应该为窦氏外戚大兴土木，"诏使者为宪弟笃、景并起邸第，兴造劳役，百姓愁苦，敞上疏谏"。[⑤]

另外还有其他官员进谏。如太子太傅叔孙通谏高祖毋废太子，"高帝欲以赵王如意易太子，通谏"。[⑥]给事中郑众谏明帝毋遣使报答匈奴，"朝议复欲遣使报之，众（给事中）上疏谏"。[⑦]侍中赵典谏灵帝毋广开鸿池，"再迁为侍中，时，帝欲广开鸿池，（赵）典谏"。[⑧]

三、地方官员进言

汉代虽实行中央集权，但因尚处封建社会初期，中央对地

---

① 《后汉纪》卷24《孝灵皇帝纪中》，第474页。

② 《后汉书》卷78《宦者列传·吕强》，第2532页。

③ 《后汉纪》卷12《孝章皇帝纪下》，第243页。

④ 《后汉纪》卷12《孝章皇帝纪下》，第243页。

⑤ 《后汉书》卷43《何敞传》，第1484页。

⑥ 《汉书》卷43《叔孙通传》，第2129页。

⑦ 《后汉书》卷36《郑众传》，第1224页。

⑧ 《后汉书》卷27《赵典传》，第947页。

方的控制不严，地方的权力很大①，有独立的立法权、行政权、司法权、人事权、军事权。汉代，除了巡视和上计外，中央对地方极少干涉，基本实现了地方自治，这在后世并不多见。汉时儒学兴盛，士大夫受儒学熏陶，多有家国情怀，轻于去官，敢于为民。综合以上两点原因，汉代地方吏治之美，为后世所称道。一方面，由于当时的地方制度，以及交通、信息传输不便的客观限制，地方（州）郡县长官基本上更专注地方事务，很少关注国家事务；另一方面，由于地方之事很难影响国家大局，不足以载入史册，所以，史料记载地方官员的谏言不多。

地方官员向君主进谏往往是因君主的行为影响了当地的行政或者百姓的生计。和帝时，临武长唐羌向和帝进谏南海献龙眼、荔枝之弊端。"旧南海献龙眼、荔枝，十里一置，五里一候，奔腾阻险，死者继路。（和帝）时临武长汝南唐羌，县接南海，乃上书陈状。"②也有地方官员心忧天下，对国家事务进言，如桓帝时，梁冀专权，白马令李云坐直谏而死。"白马令李云上书，移副三府曰：'……今官位错乱，小人日进，财货公行，政治日消，是帝欲不谛乎？'"下狱死。③永昌太守栾巴因讼陈蕃、窦武之冤而极谏灵帝。"巴以其（陈蕃、窦武）党，复谪为永昌太守。以功自劾，辞病不行，上书极谏，理陈、窦之冤。帝怒，下诏切责，收付廷尉。"④巨鹿太守司马直对灵帝诸多乱政不满，

---

① 详见下文所引严耕望先生所论地方之六大权力。
② 《后汉书》卷4《孝和帝纪》，第194页。
③ 《后汉纪》卷21《孝桓皇帝纪上》，第410页。
④ 《后汉书》卷57《栾巴传》，第1842页。

担忧时局，自杀以尸谏灵帝。"时，巨鹿太守河内司马直新除，以有清名，减责三百万。直被诏，怅然曰：'为民父母，而反割剥百姓，以称时求，吾不忍也。'辞疾，不听，行至孟津，上书极陈当世之失，古今祸败之戒，即吞药自杀。"①

四、民间进言

汉代皇室与民间尚未完全隔绝，保持着一定的沟通和联系，民间的声音往往能够传送至君主。"秦汉各级官僚都有上谏之权，甚至包括乡官、三老、亭吏。"②从史料看，主要是三老进言，除此外，布衣也可进言。

（一）三老进言

秦代已经有乡三老，《汉书·百官公卿表》说："大率十里一亭，亭有长；十亭一乡，乡有三老、有秩、啬夫、游徼。三老掌教化。"③到汉高祖时，设置县三老，县三老从乡三老中选出，职掌教化，"与县令、丞、尉以事相教"。《汉书·高帝纪》云："举民年五十以上，有修行，能帅众为善，置以为三老，乡一人。择乡三老一人为县三老，与县令、丞、尉以事相教，复勿徭戍。以十月赐酒肉。"④

---

① 《后汉书》卷78《张让传》，第2536页。

② 《秦汉官僚制度》，第149页。

③ 《汉书》卷19上《百官公卿表》，第742页。

④ 《汉书》卷1上《高帝纪上》，第33—34页。

汉高祖创业初期，只是地方武装，并未获得全国政权，新城三老进言称项羽杀害义帝无道，劝说刘邦为义帝发丧，收服人心，讨伐项羽。"新城三老董公遮说汉王曰：臣闻'顺德者昌，逆德者亡'，'兵出无名，事故不成'。"①

三老作为民间代表，对地方官员的政绩十分了解，可以以此作为进言内容，如湖三老、白马三老言王尊之治理情况。"湖三老公乘兴等上书讼尊治京兆功效日著。"②"吏民嘉壮尊之勇节，白马三老朱英等奏其状。"③

继体守文之君虽深居宫阙，但堂陛仍未森严，有些事情可能群臣不敢进言，但民间三老敢言朝臣之所不敢言，在某种程度上具有扭转乾坤的作用。武帝时巫蛊之祸，戾太子弄兵，兵败之后逃亡，朝臣不敢言太子冤情，壶关三老直言戾太子之冤，"上怒甚，群下忧惧，不知所出。壶关三老茂上书"，"书奏，天子感寤"。④

（二）布衣进言

两汉历时四百多年，国家的状况有盛有衰。在衰时乱世，国家政治黑暗，上有昏庸的君主，下有乱政的群小，中央、地方官员多明哲保身、随波逐流之辈，对朝政之非、群小之乱大都不敢直言。此时，民间布衣却能不惧皇权，仗义执言。顺帝

---

① 《汉书》卷 1 上《高帝纪上》，第 34 页。
② 《汉书》卷 76《王尊传》，第 3234 页。
③ 《汉书》卷 76《王尊传》，第 3237 页。
④ 《汉书》卷 63《戾太子刘据传》，第 2744—2755 页。

时朝政紊乱，外戚持权，布衣赵腾直言极谏。"时清河赵腾上言灾变，讥刺朝政，章下有司，收腾系考，所引党辈八十余人，皆以诽谤当伏重法。"[1]桓帝早期，大兴杀戮，宦官专权，后宫众多，却无子嗣，朝臣不敢言，而平原人襄楷诣阙上书直陈桓帝之失："自陛下即位已来，诛寇氏、孙氏、邓氏，其从坐者非一。李云之死，天下知其冤也。自汉兴已来，未有谏主被诛，用刑太深如今者也。昔文王能以一妻享十子之祚，今陛下宫女千人，不如文王之一妻者，明刑重而无德也。"[2]

汉代鼓励进言，如果布衣进言打动君主，就有机会"释褐"，成为政府官员，从而踏入仕途。主父偃、徐乐、严安作为布衣向君主言事而被武帝拜为郎中。"是时，徐乐、严安亦俱上书言世务。书奏，上召见三人，谓曰：'公皆安在？何相见之晚也！'乃拜偃、乐、安皆为郎中。"[3]民间布衣女子亦可上书直达天听，如缇萦上书言肉刑之弊，文帝先为之反思，后为之废除肉刑。缇萦以一女子之言，推动了国家的刑罚改革。汉代言路畅通，布衣囚徒亦可上书言事。如大盗安世入狱，居然能够从狱中上书言"一人之下万人之上"的丞相公孙贺的阴事，"安世遂从狱中上书，告敬声与阳石公主私通，及使人巫祭祠诅上，且上甘泉当驰道埋偶人，祝诅有恶言"，导致丞相"父子死狱中，家族"。[4]

---

[1] 《后汉书》卷 56《张晧传》，第 1816 页。
[2] 《后汉纪》卷 22《孝桓皇帝纪下》，第 427—428 页。
[3] 《汉书》卷 64 上《主父偃传》，第 2802 页。
[4] 《汉书》卷 66《公孙敬声传》，第 2878 页。

第三节　谏议兼采舆论

　　谏议与舆论有密切关联。某些情况下，进谏者为了达到良好的进谏效果，往往收集舆论作为自己进谏言的依据，或者就舆论中发现的问题向君主进言。君主作为最高统治者长期深居宫中，与外界隔离，为了让自己施政不脱离现实，亦要体察舆论，从舆情中发现自己的过失或者获得良策，从而改善自己的施政措施。

　　谏议与舆论的关系最早可以追溯到夏朝，夏朝曾经从能够反映民间意见的民俗、民谣、民谚、歌谣当中访求得失。"《尚书大传·虞夏传·择巡守》言：'见诸侯，问百年，命太师陈诗，以观民俗，命市纳贾，以观民好恶。'"①西周亦有此制，"《礼记·王制》载：'天子五年一巡守，岁二月东巡守……命太师陈诗以观民俗。'"②我国第一部诗歌总集《诗经》中的"风诗"，大部分为民间歌谣，"使之民间采诗，乡移于邑，邑移于国，国闻于天子。故王者不出牖户，尽知天下所苦"。③可见，先秦统治者对舆情已经有主动意识，派人向下采访，从舆论中

---

① ［清］皮锡瑞撰，吴仰湘编：《尚书大传疏证》卷1《唐传·尧典》，北京：中华书局，2015年，第36页。

② 王文锦译解：《礼记译解·王制第五》，北京：中华书局，2016年第2版，第176页。

③ ［清］钟文烝撰，骈宇骞、郝淑慧点校：《春秋穀梁经传补注·宣公第六》，北京：中华书局，2009年第2版，第460页。

寻求吏治得失、民间疾苦，从而改善自己的施政措施。所以，《汉书·艺文志》曰："古有采诗之官，王者所以观风俗，知得失，自考正也。"[1]

"谏诤的舆论含义是双重的。首先，它本身是特殊形态的舆论，谏诤中陈述的意见在一定程度上即民意的体现，进谏者从舆论中发现民意所向，从而进谏君主以求为民谋事。其次，谏诤的形式是舆论意见从民间流向君主的必经途径，君主深居内宫与民间隔离，不甚了解民情，重要手段是百官吏民之进言舆情。谏诤的作用方式明显带有舆论特征。谏诤以舆论意见影响君主决策，无任何政治制度的强制性，因而它本身不是政治形式，其作用之发挥完全与君主个人爱好关联。"[2]可见，谏议虽与舆论关联，但其作用的发挥与君主个人素质、爱好关联，很难对君主形成实质的制约。

一、事关谏议的舆论种类

秦代对舆情的管制前期松后期紧，汉代对舆情的管制大体较为宽松，只有桓、灵时期有所收紧。秦汉时期事关谏议的舆论形式有：流言、讹言、妖言、谶言、歌谣或谣言。以下具体述之。

（一）流言

此处流言"指公开散布、传播言论。'流言'有时确与虚

---

[1] 《汉书》卷30《艺文志》，第1708页。
[2] 邱江波：《论舆论与中国古代谏诤》，《社会科学战线》1991年第4期。

假、没有根据的言论有联系。但没有根据难于确认的言论，未必等同于污蔑、诽谤"。^①元帝时宦官石显与大臣周堪、张猛争权，石显等利用自己的权势，向君主进谏并在民间传播对周堪、张猛不利的言论。故刘向向君主上书曰："群小窥见间隙，缘饰文字，巧言丑诋，流言飞文，哗于民间。"^②成帝为太子时，其父元帝认为其放纵轻佻，不堪为嗣，屡有立定陶王为太子之意。外戚史丹有宠于元帝，元帝晚年多疾，史丹侍疾，向元帝进谏不应废太子，引用道路流言为依据。"皇太子以嫡长立，积十余年，名号系于百姓，天下莫不归心臣子。见定陶王雅素爱幸，今者道路流言，为国生意，以为太子有动摇之议。审若此，公卿以下必以死争，不奉诏。臣愿先赐死以示群臣！"^③哀帝宠幸董贤，屡欲封其为侯，但丞相王嘉屡次封还封董贤为侯的诏书，据舆论来解释原因。"窃见董贤等三人始赐爵，众庶匈匈，咸曰贤贵，其余并蒙恩，至今流言未解。"^④

（二）讹言

"根据现代汉语的解释为'诈伪的话，谣言'，'谣传'，'虚假、谣传的话'。在汉代，'讹言类言论'所包含的信息与'虚假、伪造、荒谬'并无必然联系，却常常带有怪诞妖异的色彩，因时因地变化流动，无根无源，难于证实，却在民众当中

① 吕宗力：《汉代的谣言》，杭州：浙江大学出版社，2011 年，第 8—9 页。
② 《汉书》卷 36《刘向传》，第 1945 页。
③ 《汉书》卷 82《史丹传》，第 3377 页。
④ 《汉书》卷 86《王嘉传》，第 3492 页。

广泛流传。"^① 由于汉代科学尚不发达，迷信思想比较严重，对于讹言，上至君主，中至官吏，下至布衣皆信之。前汉成帝时，社会矛盾积累甚多，民间扰扰不安。建始三年秋，关内大雨四十余天，讹言纷纷，说京师即将发大水。讹言影响甚大，流传甚广，传入成帝耳中，成帝甚至为之下诏，"乃者郡国被水灾，流杀人民，多至千数。京师无故讹言大水至，吏民惊恐，奔走乘城。"^② 哀帝时，前凉州刺史杜邺被举方正，直言上书民间讹言盛行。"窃见陛下行不偏之政，每事约俭，非礼不动，诚欲正身与天下更始也。然嘉瑞未应，而日食、地震，民讹言行筹，传相惊恐。"^③ 王莽新朝时，民间曾讹言黄龙堕死黄山宫中。天凤二年二月，"讹言黄龙堕死黄山宫中，百姓奔走往观者以万数"。^④

（三）妖言

"反常、怪异的言论，就叫做'妖言'。甚至，对上不敬、不利在上位的言论，都可能被标签为妖言。"^⑤ 妖言一般是对最高统治者不敬或者不利的言论，最高统治者认为此种言论危害统治秩序，往往会尽力扑灭。秦设有"妖言罪"，始皇曾将某些儒生的言论视为妖言，而坑杀儒生。"'诸生在咸阳者，吾使

---

① 《汉代的谣言》，第 23 页。

② 《汉书》卷 10《成帝纪》，第 306—307 页。

③ 《汉书》卷 85《杜邺传》，第 3476 页。

④ 《汉书》卷 99 中《王莽传中》，第 4139 页。

⑤ 《汉代的谣言》，第 41—42 页。

人廉问，或为妖言以乱黔首。'于是使御史悉案问诸生，诸生传相告引，乃自除犯禁者四百六十余人，皆坑之咸阳，使天下知之，以惩后。"①

始皇多年征伐，大兴土木，大修陵寝，对百姓横征暴敛，导致百姓多咒怨，甚至刻石骂之。"有坠星下东郡，至地为石，黔首或刻其石曰'始皇帝死而地分'。始皇闻之，遣御史逐问，莫服，尽取石旁居人诛之，因燔销其石。"至其统治晚期，妖言甚多，诛不胜诛，始皇亦无可奈何，只能采取游幸的方式来厌胜。"秋，使者从关东夜过华阴平舒道，有人持璧遮使者曰：'为吾遗滈池君。'因言曰：'今年祖龙死。'使者问其故，因忽不见，置其璧去。使者奉璧具以闻。始皇默然良久，曰：'山鬼固不过知一岁事也。'退言曰：'祖龙者，人之先也。'使御府视璧，乃二十八年行渡江所沉璧也。于是始皇卜之，卦得游徙吉。"②

汉孝昭时，有大石自立，"元凤三年正月，泰山莱芜山南匈匈有数千人声。民视之，有大石自立，高丈五尺，大四十八围，入地深八尺，三石为足。石立处，有白乌数千集其旁"。眭孟认为预示有布衣升为天子，坐妖言被诛。"眭孟以为，石阴类，下民象，泰山岱宗之岳，王者易姓告代之处，当有庶人为天子者。孟坐伏诛。"③

---

① 《史记》卷6《秦始皇本纪》，第258页。

② 《史记》卷6《秦始皇本纪》，第259页。

③ 《汉书》卷27中之上《五行志第七中之上》，第1400页。

（四）谶言

"指以口语或者文字表述的异常言论或者征兆，其中暗藏玄机，以隐喻、隐晦的方式启示天命所归，预言个人或者政权的命运。"[①]始皇虽统一天下，但国家并不稳定，尤其到其统治晚期，出现了很多谶言，如秦始皇常曰"东南有天子气"。[②]"燕人卢生使入海还，以鬼神事，因奏录图书，曰'亡秦者胡也'。"[③]光武未即位时，群臣劝进者皆被拒绝，后曾与其同住的儒生强华奏进《赤伏符》曰："刘秀发兵捕不道，四夷云集龙斗野，四七之际火为主。"此谶有光武受命之征，光武"于是命有司设坛场于鄗南千秋亭五成陌"，即皇帝位。[④]

（五）歌谣

"曲合乐曰歌，徒歌曰谣。民间歌谣即是民间即兴、自由创作的大众文学，也是珍贵的社会政治史料。"[⑤]歌谣与流言、讹言、妖言、谶言不一样，流言、讹言、妖言、谶言在一定情况下是统治阶级镇压打击的对象，而歌谣是民众参与及批评时政的一种特殊表达方式，扮演了社会舆论监督的角色，反映了当时社会的民间生态及吏治好坏。在汉代，统治阶级非常重视

---

① 《汉代的谣言》，第 120 页。
② 《史记》卷 8《高祖本纪》，第 348 页。
③ 《史记》卷 6《秦始皇本纪》，第 252 页。
④ 《后汉书》卷 1 上《光武帝纪上》，第 21 页。
⑤ 《汉代的谣言》，第 91 页。

歌谣，一方面他们用歌谣表达自己的情感，一方面他们通过各种途径收集民间的歌谣，从而体察民心所向，以及官吏政绩何如。即使是一般民众也习惯以歌咏抒发心声。正因为民间歌谣具有反映民意的功能，汉代政治思想家普遍认为君主施政必须认真聆听歌谣，尤其是要重视歌谣中的讽刺怨怒之声。

歌谣所述的对象，甚至可以是天子或者太后。此种歌谣反映民间对最高统治者某些行为的看法，由于种种原因，群臣不敢表达，而民间却敢于用歌谣表达甚至讽刺。秦亡之后，项羽主导分封，他和范增心中疑忌刘邦，负约将刘邦封于蜀地。刘邦的将卒多山东之人，歌思东归。"至南郑，诸将及士卒多道亡归，士卒皆歌思东归。"①汉七年，高祖亲征匈奴，被匈奴三十万精兵围困于白登七日，情况十分紧急。高祖采纳陈平的计谋，侥幸逃脱，但此事并不光彩，当时军中传唱："平城之下亦诚苦！七日不食，不能彀弩。"②这首歌谣影响非常广泛，反映了当时形势的危急。文帝弟淮南王刘长骄蹇不法，文帝时曾擅杀辟阳侯，又谋为"东帝"。文帝六年谋反事败，群臣建议按律当斩。文帝念同胞之情，不忍置其于法，废其王位，贬逐蜀地，所封之国入于汉。后来民间歌谣讥讽文帝兄弟不和，认为文帝因贪图淮南王地而将其废逐。"一尺布，尚可缝；一斗粟，尚可春。兄弟二人不相容！"文帝对舆论意见倍感压力，不禁叹息，最终追尊淮南王以平息舆情。"'尧舜放逐骨肉，周公杀管蔡，天下称圣。何者？不以私害公。天下岂以我为贪淮

---

① 《史记》卷8《高祖本纪》，第367页。
② 《汉书》卷94上《匈奴传上》，第3755页。

南王地邪？'乃徙城阳王王淮南故地，而追尊谥淮南王为厉王，置园复如诸侯仪。"[①]

后汉章帝时，其嫡母马太后崇尚节俭，自称："吾为天下母，而身服大练，食不求甘，左右但着帛布，无香熏之饰者，欲身率下也。"[②]但长安城还是传出歌谣："城中好高髻，四方高一尺；城中好广眉，四方且半额；城中好大袖，四方全匹帛。"[③]此歌谣实际上是在讽刺马太后的奢靡。马太后年轻时注重修饰："《东观记》曰：明帝马皇后美发，为四起大髻，但以发成，尚有余，绕髻三匝。眉不施黛，独左眉角小缺，补之如粟。"[④]马太后的服饰及其妆容引领当时社会的风潮，而马太后自己却标榜节俭，难免不引起时人的讥讽。

二、舆论影响谏议的形式

舆论影响谏议的主要形式有四种：举谣言、行风俗、刺史巡行择舆论、谏言者引舆论。以下分而述之。

（一）举谣言

"谣言"一词，在汉代，并非我们今天所理解和使用的"凭空捏造"之意，而是指民间流行的歌谣。在本书中，谣言

---

① 《汉书》卷 44《淮南厉王刘长传》，第 2144 页。
② 《后汉书》卷 10 上《明德马皇后传》，第 411 页。
③ 《后汉书》卷 24《马援传》，第 853 页。
④ 《东观汉记校注》卷 6《明德马皇后》，第 191 页。

与歌谣通用。舆论形式虽多种多样，但是在秦汉国家与社会发生作用的主要是谣言。汉代，各级官员甚至君主的政绩，往往会被百姓编成歌谣四处传唱。如琅琊太守陈俊，"抚贫弱、表有义，检制军吏，不得与郡县相干，百姓歌之"。①董宣为洛阳令，京师号为"卧虎"，民间歌之"枹鼓不鸣董少平"。②张堪为蜀郡太守，百姓歌之："桑无附枝，麦穗两歧，张君为政，乐不可支。"③

　　百姓将谣言或歌谣直接或者通过官方途径传至君主，或官方主动探访民间歌谣、谣言，从而使君主能够根据百姓的歌谣或谣言对选官用人或治国之策做出相应的决定。后汉光武帝将其制度化，称为"举谣言"。"初，光武长于民间，颇达情伪，见稼穑艰难，百姓病害……广求民瘼，观纳风谣。"④"后汉光武帝以其个人在基层成长的经验，建立了一个以民间歌谣为郡国长官考核凭据的舆论监督制度。"⑤

　　采谣言本属三公之责，三公采择后，向君主条奏。"三公听采长史臧否，人所疾苦，还条奏之，是为举谣言也。"⑥君主亦可下诏求谣言，桓帝时"诏三府掾属举谣言"⑦；灵帝熹平五年，"令三公谣言奏事"⑧；光和五年，"诏公卿以谣言举刺史、二千石为民

① 《后汉书》卷18《陈俊传》，第691页。

② 《后汉书》卷77《董宣传》，第2490页。

③ 《后汉书》卷31《张堪传》，第1100页。

④ 《后汉书》卷76《循吏列传》，第2457页。

⑤ 《汉代的谣言》，第112页。

⑥ 《后汉书》卷67《党锢列传·范滂》注引《汉官仪》，第2204页。

⑦ 《后汉书》卷67《党锢列传·范滂》，第2204页。

⑧ 《后汉书》卷60下《蔡邕传》，第1996页。

蠹害者"①。君主甚至可以派遣使者采择谣言,"和帝即位,分遣使者,皆微服单行,各至州县,观采风谣"。②官方通过多种手段获取谣言,最终汇报给君主,帮助君主做出决策。

举谣言的目的是为了了解地方吏治,解决民生疾苦。朝廷对于贪残无道、祸害百姓的官吏往往会进行处置。桓帝时,"诏三府掾属举谣言,(范)滂奏刺史、二千石权豪之党二十余人",指出这些人为害人民:"臣之所举,自非叨秽奸暴,深为民害,岂以污简札哉!"③处置结果如何,史无明载,无法确定。上有正直官员的弹劾,下有民众的强大舆论,因治理不善而被举谣言的官员很难安然无恙,即使做表面文章,亦要受到一定程度的处分。如灵帝时,"益州刺史郤俭在政烦扰,谣言远闻",朝廷另选刘焉担任益州牧。④黑暗之世,对于谣言所涉官吏尚且处置,更何况清明之世。

举谣言能否顺利进行与朝廷内部政治是否清明有关。后汉开国初,朝廷非常重视吏治,常根据谣言对地方郡县官进行处置,"建武、永平之间,吏事刻深,亟以谣言单辞,转易守长"。⑤建武、永平被称为后汉治世,可见此种制度在整顿吏治、监督官员上发挥了积极作用。到后汉灵帝时,宦官专权达到顶峰,此时亦举谣言,但却发挥不了舆论的监督作用了。"光和五年,诏公卿以谣言举刺史、二千石为民蠹害者",但主持

① 《后汉书》卷57《刘陶传》,第1851页。
② 《后汉书》卷82上《方士列传·李郃》,第2717页。
③ 《后汉书》卷67《党锢列传·范滂》,第2204页。
④ 《后汉书》卷75《刘焉传》,第2431页。
⑤ 《后汉书》卷76《循吏列传》,第2457页。

此项工作的官员太尉许馘、司空张济受宦官贿赂且畏其权势，暗地为宦官开脱："承望内官，受取货赂，其宦者子弟宾客，虽贪污秽浊，皆不敢问。"甚至为完成任务找替罪羊，"虚纠边远小郡清修有惠化者二十六人"。[①]这种做法根本达不到通过举谣言考察地方官员政绩好坏的目的，反而导致边远地区有政绩的官员被"虚纠"。

（二）行风俗

《史记·乐书·序》："以为州异国殊，情习不同，故博采风俗，协比声律，以补短移化，助流政教。"[②]"博采风俗，助流政教"就是行风俗。"何为行风俗，即由朝廷委派'明达政事能班化风俗'的使者巡行州县，观赏风俗之化，考察地方官员为政得失。"[③]行风俗，主要是风俗使采择有关地方官吏政绩好坏的民间舆论，报与君主，由君主决定如何处置所涉官员。一般情况下，风俗使不能直接处置官吏，但风俗使可向朝廷甚至君主进言汇报，君主根据风俗使的汇报，对相关官吏进行处置，这种处置包括对政绩好的予以提升，对政绩差的给予降级或者罢黜。如果有君主的诏令授权，风俗使也可以直接处置官员。

王尊与李固就是由于风俗使将其治化良状汇报给君主，才获得了升迁的机会。"博士郑宽中使行风俗，举奏尊治状，迁

① 《后汉书》卷 57《刘陶传》，第 1851 页。

② 《史记》卷 24《乐书》，第 1175 页。

③ 黄宛峰：《汉代考核地方官吏的重要环节》，《南都学坛》1988 年第 3 期。

为东平相。"①"时诏遣八使巡行风俗，皆选素有威名者"②，"（杜）乔守光禄大夫，使徇察兖州。表奏太山太守李固政为天下第一"③，李固得以升任将作大匠。风俗使亦可举劾地方官吏，如风俗使杜乔奏其行风俗过程中所获："陈留太守梁让、济阴太守氾宫、济北相崔瑗等臧罪千万以上。让即大将军梁冀季父，宫、瑗皆冀所善。"④风俗使雷义"使持节督郡国行风俗，太守令长坐者凡七十人"。⑤

汉安元年，遣八个风俗使巡行天下，"时诏遣八使巡行风俗，皆选素有威名者"，对刺史及其他秩比两千石的官员涉嫌贪污的，报君主处置，"刺史、二千石有臧罪显明者，驿马上之"。对于"墨绶以下"即县令以下的官员，则可行使专断之权，"墨绶以下，便辄收举"。⑥可见，风俗使出使前君主对其进行了授权。

风俗使者按照君主的诏旨巡行地方，体察风俗，采择歌谣，不能逾越权限，否则君主会给予重罚。如武帝元鼎年间，博士徐偃行风俗，突破权限，"使胶东、鲁国鼓铸盐铁"。回京之后，被御史大夫张汤弹劾，最终被依法处以死刑。⑦

风俗使除了采择有关地方官吏的舆论外，还须按照君主的

① 《汉书》卷76《王尊传》，第3229页。
② 《后汉书》卷61《周举传》，第2029页。
③ 《后汉书》卷63《杜乔传》，第2092页。
④ 《后汉书》卷63《杜乔传》，第2092页。
⑤ 《后汉书》卷81《独行列传·雷义》，第2688页。
⑥ 《后汉书》卷61《周举传》，第2029页。
⑦ 《汉书》卷64下《终军传》，第2817—2818页。

要求巡行地方，完成君主交代的其他任务。如成帝时，孔光行风俗，"振赡流民，奉使称旨，由是知名"。[1]风俗使（姓名不详）代表成帝存恤百姓，访查吏治，劝课耕桑。"立春，遣使者循行风俗，宣布圣德，存恤孤寡，问民所苦，劳二千石，敕劝耕桑，毋夺农时，以慰绥元元之心，防塞大奸之隙，诸夏之乱，庶几可息。"[2]

（三）刺史巡行择舆论

前汉武帝时为加强对地方的监察，设十三州刺史，按照六条诏书的授权对所巡视范围内的郡守进行监察，即"周行郡国，省察治状，黜陟能否，断治冤狱"。六条诏书中的第三条规定，"二千石不恤疑狱，风厉杀人，怒则任刑，喜则淫赏，烦扰刻暴，剥截黎元，为百姓所疾，山崩石裂，祅祥讹言"。[3]刺史找寻所巡视地方的"讹言"，换句话讲也就是收集当地的舆论。

召信臣政绩卓著，百姓歌颂，"其化大行，郡中莫不耕稼力田，百姓归之，户口增倍，盗贼狱讼衰止。吏民亲爱信臣，号之曰召父"。荆州刺史采择舆论，发现召信臣政绩卓著，上奏君主，君主给予其奖励。"荆州刺史奏信臣为百姓兴利，郡以殷富，赐黄金四十斤。"[4]

---

① 《汉书》卷81《孔光传》，第3353页。
② 《汉书》卷85《谷永传》，第3471页。
③ 《汉书》卷19上《百官公卿表》注引，第742页。
④ 《汉书》卷89《循吏传·召信臣》，第3642页。

（四）谏言者引舆论

谏言者进谏时，如果单纯就事论事，可能说服力不强。如果能够采择当时的舆论并结合自己的论点进谏，说服力必定可以大增。谏言者可通过多种形式采择舆论：首先，谏言者生活在当下，可以亲自赴民间采择舆论；其次，可派下属及亲朋赴民间采择；最后，可通过与朋友、同僚的交流了解舆情。

项羽负约，刘邦被封在蜀地，其将卒多山东之人，"至南郑，诸将及士卒多道亡归，士卒皆歌思东归"。萧何月下追回韩信后，韩信向刘邦进言："军吏士卒皆山东之人也，日夜跂而望归，及其锋而用之，可以有大功。"① 即谏言刘邦利用歌谣中所反映的思乡情绪，顺势而为，逐鹿中原。刘邦采纳其意见，最终夺得天下。汉高祖亲征匈奴，困于白登，当时军中传唱："平城之下亦诚苦！七日不食，不能彀弩。"这首歌谣，影响非常深远。之后，高祖与匈奴定和亲政策，不再征伐匈奴。到吕后时，匈奴单于遗书对吕后出言不逊，吕后大怒，召集诸将议击匈奴。樊哙支持用兵，但季布指出，"今歌吟之声未绝，伤痍者甫起，而（樊）哙欲摇动天下"。② 吕后接受了季布的意见，平城之歌起到了一定的作用。即使到武帝时，国富兵强，廷议讨论与匈奴的和与战，"主和"的御史大夫韩安国亦指出："平城之饥，七日不

---

① 《史记》卷 8《高祖本纪》，第 367 页。
② 《汉书》卷 94 上《匈奴传上》，第 3755 页。

食，天下歌之。"①用平城之歌作为自己主张和亲策略的依据。

桓帝永寿年间，梁冀专政，连岁荒饥，灾异屡现。"时有上书言人以货轻钱薄，故致贫困，宜改铸大钱。事下四府群僚及太学能言之士。"太学生刘陶上言："愿陛下宽锲薄之禁，后冶铸之议，听民庶之谣吟，问路叟之所忧。"②桓帝延熹八年，太尉杨秉举宗室刘瑜贤良方正，刘瑜至京师后，上言："臣在下土，听闻歌谣，骄臣虐政之事，远近呼嗟之音，窃为辛楚，泣血连如。幸得引录，备答圣问，泄写至情，不敢庸回。诚愿陛下且以须臾之虑，览今往之事，人何为咨嗟，天曷为动变。"③刘陶之"听民庶之谣吟"、刘瑜之"听闻歌谣"，皆是引舆论劝谏君主。

三、舆论在谏议中的作用

舆论在谏议中的作用主要体现在三个方面：反映吏治好坏，反映民间疾苦，反映民间对最高统治者的看法。因此，舆论对最高统治者及各级官吏形成一定的压力，从而在一定程度上有助于改善吏治及百姓的穷苦现状。

（一）反映吏治好坏

汉代地方郡守"拥有六个基本而极重要之权力，第一，对

---

① 《汉书》卷 52《韩安国传》，第 2400 页。
② 《后汉书》卷 57《刘陶传》，第 1845—1846 页。
③ 《后汉书》卷 57《刘瑜传》，第 1855 页。

于本府官吏有绝对控制权。第二，对于属县行政有绝对控制权。第三，对于郡境吏民有向中央察举之特权。第四，对于刑狱有近乎绝对之决断权。第五，对于地方财政有近乎绝对之支配权。第六，对于地方军队有相当之支配权。"[1] 权力虽大，监督却不到位。宣帝时，虽说中兴，但已发现郡国守相舞弊之风，"上计簿，具文而已，务为欺谩，以避其课"。[2] 元帝时，贡禹亦指出武帝以来，地方选人已有不正之风，"郡国恐伏其诛，则择便巧吏书习于计簿能欺上府者，以为右职"。[3] 即使中央派出相应的主管部门或监察机构进行巡察，但由于当时选人实行的是察举制，地方属吏与长官之间的关系如同君臣，属吏往往会为长官周旋，不太可能举报长官。另外，主管部门或者监察机构往往与地方利益勾结，官官相卫，更难发现地方吏治的真实情况。所以，通过舆论监督，可以在一定程度上克服权力制约的弊端，发现地方吏治的真相，弥补权力监督的不足。

冯野王、冯立兄弟先后担任上郡太守，为民兴利，境内政治清平，百姓安康。上郡之百姓讴歌："大冯君、小冯君，兄弟继踵相因循，聪明贤知惠吏民，政如鲁、卫德化钧，周公、康叔犹二君。"[4] 天子闻之，提拔冯立为东海太守。酷吏宁成对上对下严厉苛刻，"为人小吏，必陵其长吏；为人上，操下急如束湿薪"，吏民惧怕宁成之暴，乃至"宁见乳虎，无直宁成之

---

[1] 严耕望：《中国地方行政制度史——秦汉地方行政制度》，上海：上海古籍出版社，1990年，第76页。

[2] 《汉书》卷8《宣帝纪》，第273页。

[3] 《汉书》卷72《贡禹传》，第3077页。

[4] 《汉书》卷79《冯立传》，第3305页。

怒"。[①] 舆论上闻武帝，最后宁成获罪受刑。

（二）反映民间疾苦

汉代国土面积广阔，信息闭塞，交通不便。多数地方离京城遥远，民间的疾苦很难反映到君主面前。君主通过派遣特使巡视各地，采择舆论，可以了解百姓的疾苦。这样，君主在施政过程中，会根据舆论调整政策，在一定程度上改善民生。

"小麦青青大麦枯，谁当获者妇与姑。丈人何在西击胡，吏买马，君具车，请为诸君鼓咙胡。"[②] 这首歌谣是桓帝时期大规模汉羌战争的写照，反映了战争环境下百姓生活的困苦。

（三）反映民间对最高统治者的看法

秦汉时期，君主掌握最高权力，制度的神化和周围御用文人的美化，使得朝廷官员很难直接做出对君主不利的评价，但是在民间，无论当时社会对舆论的管控是宽是严，人们还是敢于直接表达对最高统治者的不满。

秦始皇虽有雄才大略，但为政十分残暴，当时天下刚结束统一战争，急需休养生息，而始皇不顾民力，大肆开边，大兴土木，大修陵寝，导致百姓怨气冲天，官员们不敢进谏，民间却敢于表达。始皇后期，有黔首刻石骂之，"始皇帝死而地分"；又有人对使者言"今年祖龙死"。始皇虽对传言大兴杀戮，大

---

① 《史记》卷122《酷吏列传·宁成》，第3134、3145页。
② 《后汉书》志第13《五行一·谣》，第3281页。

力镇压，如对黔首刻石一事，秦始皇"遣御史逐问，莫服，尽取石旁居人诛之"，但是层出不穷的民间舆论压不胜压，最后始皇也无可奈何，不得不默认其存在。如妖言"今年祖龙死"一语由使者上传至始皇耳中，始皇也不过是"默然良久，曰：'山鬼固不过知一岁事也。'退言曰：'祖龙，人之先也。'"[1]

后汉桓灵时，宦官、外戚专权，政治黑暗，百姓生活困苦。京都有童谣曰："城上乌，尾毕逋。公为吏，子为徒。一徒死，百乘车。车班班，入河间。河间姹女工数钱，以钱为室金为堂。"这是一首强烈批判社会现实的歌谣。"城上乌，尾毕逋"者，直指桓帝"处高利独食，不与下共"。人主好聚敛，群下自然逢迎，以盘剥百姓为升迁资本，故百姓直接咒骂桓帝当死。"'车班班，入河间'者，言上（桓帝）将崩，乘舆班班入河间迎灵帝也。""'河间姹女工数钱，以钱为室金为堂'者，灵帝既立，其母永乐太后好聚金以为堂也"，讽刺灵帝母董太后聚敛钱财的恶行。[2]

四、舆论的局限性

汉时堂陛尚未森严，统治者制定施政措施时往往会采择民间舆论。但有野心的政治家也会通过伪造民意，为自己造势。王莽"篡汉"所采取的是和平手段，其中重要手段之一即派遣风俗使去全国各地采风俗，证明自己施政良善，为取代

---

① 《史记》卷6《秦始皇本纪》，第259页。
② 《后汉书》志第13《五行一·谣》，第3282页。

汉朝奠定舆论基础。"莽秉政，方欲文致太平，使使者分行风俗，采颂声。"[1]平帝元年，王莽遣太仆王恽等八人行风俗，"宣明德化，万国齐同，皆封为列侯"[2]。风俗使的主要职责是，"宣明德化"，即将王莽治国的政绩向全国各地传达；"专行诛赏"，指对异己之人进行镇压，对支持自己之人做出奖赏；"采择歌谣"，即将天下歌颂王莽的歌谣采择回京。八使回京后，"言天下风俗齐同，诈为郡国造歌谣，颂功德，凡三万言"[3]。舆论没有显现民间疾苦、吏治好坏、民间对统治者的看法，而是成为王莽粉饰太平、篡夺权力的工具。

即使民意能够正常发挥作用，也往往很难掌控，对于励精图治的君主，民意可能会被过分利用；而对于昏庸的君主，民意往往会被打压。

光武帝生长于民间，创立"举谣言"制度，此制度对于发现民意、体察民情有重要意义。但是这项制度在实施过程中出现不少弊端。光武帝治下甚严，"吏事刻深，亟以谣言单辞，转易守长"[4]，"以二千石长吏多不胜任，时有纤微之过者，必见斥罢，交易纷扰，百姓不宁"[5]。光武帝过度相信舆论，单凭舆论而不进行深入的核实调查就改换守长，导致官员过分惧怕舆论，畏首畏尾，做了很多表面的工作，反而有害于治化。"二千石及长吏迫于举劾，惧于刺讥，故争饰诈伪，以希

① 《汉书》卷100上《叙传上》，第4204页。
② 《汉书》卷12《平帝纪》，第359页。
③ 《汉书》卷99上《王莽传上》，第4076页。
④ 《后汉书》卷76《循吏列传》，第2457页。
⑤ 《后汉书》卷33《朱浮传》，第1141页。

虚誉。"①

对于昏庸之主而言，舆论的作用根本无法发挥。如"（熹平）五年制书，议遣八使，又令三公谣言奏事。是时奉公者欣然得志，邪枉者忧悸失色。未详斯议，所因寝息。"②汉灵帝时，也曾下诏"举谣言"，但后来不知什么原因不了了之。可知，在昏主之朝，舆论监督很难进行，究其原因，很可能是"邪枉者"阻止。因为"邪枉者"往往是舆论的批评对象，为了不让舆论上传或者给自己造成不良影响，他们就要想办法阻止舆论监督。

即使有所谓的舆论监督制度，也因有群小在内，发挥不了应有作用。"光和五年，诏公卿以谣言举刺史、二千石为民蠹害者。"灵帝派当时的太尉许馘、司空张济来主持其事，但两人皆为胆小怕事之徒，对宦官子弟不纠举，"承望内官，受取货赂，其宦者子弟宾客，虽贪污秽浊，皆不敢问"。为了完成任务，找替罪羊，"虚纠边远小郡清修有惠化者二十六人"，导致当地的吏民诣阙陈诉。司徒陈耽与议郎曹操上言："公卿所举，率党其私，所谓放鸱鸮而囚鸾凤。"灵帝虽然责罚了许馘和张济，但引发宦官怨恨，"遂诬陷（陈）耽死狱中"。曹操"知不可匡正，遂不复献言"。③舆论监督不但没能发挥监督作用，反而导致正直官员受罚。

---

① 《后汉书》卷33《朱浮传》，第1142页。
② 《后汉书》卷60下《蔡邕传》，第1996页。
③ 《后汉书》卷57《刘陶传》，第1851页。

第四节　谏议制度独立于监察制度

　　很多学者将秦汉谏议制度放在监察制度中，作为监察制度的一个子制度进行研究。因谏议的对象为皇帝，而皇帝又是封建时代的最高统治者，掌握最高权力，身系天下安危，故学者在研究监察制度时将谏议制度列于"监察制度"之首。如王春瑜指出："秦代建立的监察制度，既能监察百官，又能监督皇帝……中国古代监察制度就是台谏制度，'台'就是御史台，'谏'就是谏官。"[1] 任树民认为："秦汉时期的监察制度，按照其所行施的职能范围，可分为三大系统：一是监督皇帝的谏官制；二是察举弹劾百僚的中央御史台（府）制；三是监督地方官员的州部刺史制。"[2] 曹金祥指出："秦汉时期的监察活动从职能上划分，主要有监察弹劾和谏驳两种……监察弹劾旨在打击官吏的不法行为……而谏驳制度是为了限制和约束君主的。"[3] 类似的观点不胜枚举，共同点在于将谏议制度纳入监察制度范围内进行研究。台谏合一在宋代，反证宋代之前台与谏是分离的，各行其道，故本书认为秦汉时期谏议制度与监察制度是不同的制度。

---

① 王春瑜：《中国历代监察制度得失》，《廉政瞭望》2006 年第 12 期。

② 任树民：《试论秦汉时期的监察制度》，《西藏民族学院学报（哲学社会科学版）》1991 年第 3 期。

③ 曹金祥：《试论秦汉时期的监察制度》，《聊城大学学报（社会科学版）》2003 年第 2 期。

一、谏议与监察的字源及古义考析

1.“谏”“议”。许慎《说文解字》：“谏，证也。”桂馥《说文解字义证》：“谏，犹正也，以道正人行也。”《白虎通》记曰：“谏者，间也，更也，是非相间，革更其行也。”[①]字面上看，“谏”指臣下以道匡正君主得失。何为“议”？《说文》曰：“议，语也，一曰谋也。”刘彦和曰：“周爱咨谋，是谓为议，议之言宜，审事宜也。”[②]字面上看，“议”指臣下为君主出谋划策。《文献通考》注引韦孟达言：“谏议之职，应用公直之士，通才謇正，有补益于朝者。”[③]可见“谏议”指百官吏民匡正君主缺失或为君主献策。

2.“监”“察”。《诗·大雅·皇矣》云：“皇矣上帝，临下有赫。监观四方，求民之莫。”郑玄笺云：“皇，大。莫，定也。临，视也。大矣！天之视天下，赫然甚明。以殷纣之暴乱，乃监察天下之众国，求民之定，谓所归就也。”此乃“监察”之由来。又孔颖达疏：“此在上之天，能照临于下，无幽不烛，有赫然而善恶分明也。见在下之事，知殷纣之虐，以民不得定，务欲安之，乃监视而观察天下四方之众国，欲择善而从，以求民之所安定也。”[④]从“乃监视而观察天下四方之众国”一语，可

---

① 《白虎通疏证》卷5《谏诤·论五谏》，第234页。
② 《历代文话续编》，第1367页。
③ 《文献通考》卷50《职官考四·谏议大夫》，第1436页。
④ 《十三经注疏·毛诗正义》，第1117页。

看出监察之含义在于"监视而观察"。从《诗经》及其注疏考证,"监察"最初之意为上帝(此为当时最高之神)监察人间的统治者,如统治者暴恶而导致民不安,上帝就会抛弃他,重新寻找新的有仁德的统治者,以求达到安民的效果。可见"监察"是上帝对人间统治者的监督,是一种上对下的监督。许慎《说文解字》中又说:"监,临下也。""察,覆也。"监指的是向下看,察指全面的覆盖,监察指的是对下进行全面查看。引申之后,指君上对臣下或者上级对下级的监督和约束。

可见,从文字的来源及古义看,谏议是百官吏民对君主的规劝或献策,而监察是君上对臣下或者上级对下级的监督和约束,两者是不一样。

二、监察制度略论

"完善的监察制度是伴随着统一的中央集权而在秦汉时期出现的。秦汉的监察已经具备了基本的制度内涵。"秦汉时期出现了完整的监察系统:"秦汉在中央设有御史大夫……主要职责是监察……在地方也形成了以刺史、督邮、廷掾为中心的州郡县监察体系。"监察制度和监察内容也更加完善。"汉初惠帝时,形成了《御史》九条和'监者二岁更,常以中月奏事也'的监察条例和监察管理方式。汉武帝时期,进一步形成了《六条问事》的监察法规。"[①]

---

① 卜宪群:《我国古代监察制度的起源及评析》,《中国纪检监察报》2015年9月8日第6版。

秦汉监察制度主要包括监察官制度和监察办事制度。监察官主要包括御史大夫及其属官、丞相司直、司隶校尉等中央监察官员，刺史、督邮、廷掾等地方监察官员。监察官地位有高有低，如御史大夫、丞相司直、司隶校尉位高权重，尤其是御史大夫，"位次丞相，典正法度，以职相参，总领百官，上下相监临"[1]，而司隶校尉为"三独坐"之一。御史则位卑权重，职位之设目的即在于达到以卑临尊、上下相制的效果；刺史前期地位卑微，后期位高权重。

监察官的主要职责在于监察中央及地方百官、吏民的违法失职行为，其主要依据为监察办事制度。监察官依据办事制度，针对百官吏民的违法行为，可以举奏、弹劾、风闻言事，可以按照皇帝的意旨查办"诏狱"，或者对中央及其地方进行巡视，可根据皇帝的授权"小事立断，大事奏裁"。监察制度是皇权监控和制约官僚队伍和民间的有效手段，是带有强制力、约束力、执行力的制度。

三、监察制度与谏议制度的区别

从秦汉官僚制的整体角度来看，谏议制度与监察制度有所不同，"在皇权官僚制政治构建中，皇权是至高无上的。皇权运用各种手段实施对官僚队伍的监控……皇权极为注重对官僚的监察。秦的监御史，汉初的御史，丞相史、丞相司直皆掌监察，汉代刺史的设置及各种风俗使的出行，反映皇权不仅监

---

[1] 《汉书》卷83《朱博传》，第3405页。

控中央大吏，而且也波及地方"。^①从中看出，监察制度是皇权监控官僚队伍的手段，在实际政治中，皇权不仅控制和监督官僚，甚至监控整个国家和人民。而谏议制度则为官僚制度反制皇权的手段之一，"官僚通过制度化的权力设置来约束皇权。秦汉各级官僚都有上谏之权……中央官僚因为贴近皇帝，谏争更多。秦汉宫廷有各种大夫，掌议论。武帝太初年间又设置谏大夫（后为谏议大夫），专掌谏议，在汉代议政中发挥了很大作用"。可见谏议制度与监察制度是皇权和官僚集团之间相互制约的手段，但两者的力度和强度是完全不一样的，监察制度的力度和强度要远高于谏议制度，监察制度体现的是皇权对百官吏民的强力约束。"皇权不仅控制着最高决策权，而且始终力图将官僚行政中枢控制在自己手中，即不断调整行政中枢结构，严防大臣专权，或以种种方式牵制、干扰行政中枢的活动。"而谏议制度对皇权的监督主要是一种软约束，力度和强度不大。"官僚制度对皇权也有一定的约束力，尽管这种约束力是有限的。"^②可见，谏议制度与监察制度不是一码事。

当然，以上是从整体角度来考察谏议制度与监察制度的不同，以下则从具体方面粗略地考察谏议制度与监察制度的种种不同。

1. **实施的主体、针对的对象不同。**谏议制度针对的是皇帝，当然也包括称制太后；监察制度针对的是官吏甚至百姓，谏议制度对象单一，而监察制度对象广泛。谏议制度的实施

---

① 《秦汉官僚制度》，第147页。
② 《秦汉官僚制度》，第149、147页。

主体以谏官为主，秦汉时期谏官范围比较广泛，主要分两大类：一类是大夫，有谏（议）大夫、光禄大夫、太中大夫、中散大夫；一类是君主近侍，有议郎、谒者、博士、侍中、给事中。其他官吏也可以向皇帝进言。而监察制度的实施主体主要是御史大夫及其属官、丞相司直、司隶校尉、刺史、督邮、廷掾，或者皇帝授权的部分官吏，不如谏议制度的实施主体广泛。

2. **制度的效力不同**。谏议制度对皇帝没有强制性，是否采纳，采纳到什么程度，主要与皇帝个人的素质、意愿、喜好等有关。皇帝不听言，进言者无可奈何，只能空抱愚忠。而监察制度针对的是官吏百姓，若他们有违法失职行为，监察官做出的裁决有强制性，即使皇帝也不能包庇。

3. **制度实施途径不同**。谏议只能采用劝说的方式，要顾及皇帝的面子和皇家的尊严，讲究方式方法，不能直言不讳。如不能显谏，"忠臣不显谏，大臣奏事不宜漏泄，令吏民传写流闻四方"。[①] 再如不能讪君，"为人臣下者，有谏而无讪"。[②] 而监察是监察官对涉嫌违法的百官吏民采取各种措施，可以是强制措施，亦可以是非强制措施，可以明察暗访、引诱开导、照章办事，甚至可以大肆株连、刑讯逼供、屈打成招。

4. **制度的依据不同**。谏议针对皇帝而发，为了让皇帝纳谏，谏议者通常会借助灾异说、圣贤说、祖宗先则、前朝兴亡教训等非法律手段对皇帝劝谏，动之以情，晓之以理，主要是

---

① 《汉书》卷86《师丹传》，第3507页。
② 《礼记集解》卷35《少仪》，第932页。

柔性因素起作用。而监察针对涉嫌违法的百官吏民而发，主要依靠皇帝的授权以及国家的各项监察法规、办事规程进行，监察官不能突破法令或办事规程，监察过程中刚性因素及强制性因素作用很大。

5. **其他的不同。**谏官级位很低，如谏大夫秩禄比八百石、谏议大夫秩禄六百石，目的是起到以卑临尊、以下制上的目的。谏官既有专职的谏官，也有兼职的谏官，亦可以有加官。而中央监察官的级别有高有低，如御史大夫，"位上卿，银印青绶，掌副丞相"①，司隶校尉为"三独坐"之一；但御史级别较低，刺史则汉代前期地位低，后期地位高。监察官多半为专职的官员，极少有兼职的监察官。谏官如谏大夫、谏议大夫选任的主要是儒生，为"名儒硕德"；而监察官主要选择的是法吏，更看重依法办事的能力。谏官的主要职责是向皇帝直接进言，或者上奏章；而监察官的主要职责是举奏、弹劾、巡视、明察暗访等等。

综上，谏议制度与监察制度在实施的主体和针对的对象及制度的效力、实施途径、依据等方面都有不同，可见，秦汉时期，谏议制度不是监察制度的子制度，两者是并行的制度。谏议制度是对君主的软约束，而监察制度是对百官吏民的硬约束，体现了君主专制的实质。两者结合起来，实现了维护封建君主专制国家秩序的目的。

---

① 《汉书》卷19上《百官公卿表》，第725页。

第五章
秦汉谏议的效果与后世发展

汉代统治者为了保障谏议者畅所欲言，制定了相关的导谏之法，如言者无罪、奖赏谏者、任用或升迁谏者，以谏取才。封建君主专制下的谏议是有局限性的，首先，君主专制的局限；其次，君主本身的局限；再次，谏议者本身的局限；最后，谏议本身的发展不正常，导致其作用有限。秦汉谏议制度在后世有变化，从秦汉到明清，总体趋势是先发展后倒退，到清代时，谏议制度基本被废弃。

第一节　导谏之法

谏议是一个百官吏民向高高在上的君主进言的行为，君主掌握着对百官吏民生杀予夺的权力，言者稍有不慎，轻则降级丢官，重则牵连家族，令谏者心怀畏惧。但谏议事关王朝治乱兴衰，"大臣重禄不极谏，小臣畏罪不敢言，下情不上通，此患之大者"[①]，打开言路非常重要。

鉴于秦亡的历史教训之一在于刚愎拒谏，汉代统治者汲汲求言，以求发现自己的过失。为了确保言者能够畅所欲言，汉代统治者制定了导谏之法。具体有：言者无罪、奖赏谏者、任用或升迁谏者、以谏取才。以上导谏之法层级逐步提高，言者无罪是最低层次，只有不罪言者，言者才能打消顾虑进言。但仅是不罪言者，言者也不一定会进言，因为多数人还是个人主义和利己主义者，更愿意明哲保身，要他们进言，不但不能罚，还要进行奖励，所谓"重赏之下必有勇夫"。这种奖励有两个层次，一是物质奖励和爵禄。皇帝给予进言者一定的物质奖赏，在汉代一般是给金、布帛、粮食、田地、房产，甚至奴婢等。赐爵则是给进言者一定的政治地位和特权，这种情况不多，主要还是经济利益。另一则是赐予进言者入仕或升迁的机会，从某种意义来讲，这算是做官的"终南捷径"。最高层次的导谏之法即将直言极谏作为选拔人才的标准之一，向天下公布，多次举行，这样既可以得到谏言，也可以选拔人才，甚至可以营造一种人人进言的宽松言论环境。以下分而论之。

一、言者无罪

汉代实行家天下，君主把天下作为自己的私产，所谓"普天之下，莫非王土，率土之滨，莫非王臣"[②]。天下之治乱与君

---

① 《后汉书》卷46《陈忠传》，第1556—1557页。
② 《十三经注疏·春秋左传正义》，第5950页。

主个人福祉攸关，天下大乱，君主不但有丧失家业，将祖宗江山社稷丢失之虞，还有可能因觊觎其位者甚众而惹来杀身之祸。纵观整个古代，末代皇帝能善终者没有几人。实际上，天下治乱与每个人都紧密相关，"天下大乱，无有安国；一国尽乱，无有安家；一家皆乱，无有安身"①，但具体落实到进言者个体身上则会使其陷入"囚徒的困境"，不知道是否应向君主进谏。一方面，对个人来讲，针对君主缺失进谏，可能惹来君主不快，给自己或者家族带来祸端，故不应进言。另一方面，不谏君主过失，明哲保身，甚至一味迎合君主，文过饰非，则可讨君主欢心，甚至升官发财。综上两方面，不言君主得失对每个人来讲都是上选。但每个人都不谏，君主得失无从纠正，长此以往，轻则国家之治化多有缺失，重则天下大乱，人人皆受其害。但即便明白这个道理，也只有少数心忧天下的正直士大夫会向君主进谏得失。如果再规定言者有罪，一番规谏君主的好意反而给自己和家族带来祸端，言者更会因惧祸而结舌不言，所以言者无罪是最低要求。

前汉初期基本继承秦律，在律令中尚有"妖言罪""诽谤罪"。虽汉初统治者极少使用这两条法令，但时人慑于秦朝律令的余威，不敢贸然进言。为了从制度上消除百官吏民对进言的顾虑，先有吕后废除妖言令，"（高后）元年春正月，诏曰：'前日孝惠皇帝言欲除三族罪、妖言令，议未决而崩。今

---

① ［清］马骕撰，王利器整理：《绎史》卷146《吕不韦相秦下》，北京：中华书局，2002年，第3557页。

除之。'"① 后有文帝下诏废黜诽谤、妖言令："古之治天下，朝有进善之旌，诽谤之木，所以通治道而来谏者。今法有诽谤妖言之罪，是使众臣不敢尽情，而上无由闻过失也。将何以来远方之贤良？其除之。民或祝诅上，以相约而后相谩，吏以为大逆，其有他言，吏又以为诽谤。此细民之愚，无知抵死，朕甚不取。自今以来，有犯此者勿听治。"②

另外，汉代无论是明主还是昏君，在实际治国过程中，多能不罪言者。

汉高祖刘邦性格宽厚，容纳直言，汉初大臣多布衣，不少粗鲁之辈，当时君臣之礼不严，进言方式方法生硬，经常对高祖有不敬，但高祖往往笑而置之。周昌性格刚直，刘邦在其奏事时"拥戚姬"，周昌怒比其为"桀纣之主"，他也只是一笑了之。③ 高祖卧病，"恶见人，卧禁中，诏户者无得入群臣。群臣绛、灌等莫敢入"。但樊哙率领大臣强行闯入皇宫，"哙乃排闼直入，大臣随之"，并借秦赵高事劝谏高祖，"且陛下病甚，大臣震恐，不见臣等计事，顾独与一宦者绝乎？且陛下独不见赵高之事乎？"最终，"高帝笑而起"。④

文帝为继体守文之明君，其崩逝后，群臣赞"德莫盛于孝文皇帝"，司马光也称其"专务以德化民……后世鲜能及之"。其盛德很重要的方面就是性格宽厚，容纳直言。如容纳贾山之

---

① 《汉书》卷3《高后纪》，第96页。
② 《汉书》卷4《文帝纪》，第118页。
③ 《史记》卷96《张丞相列传》，第2677页。
④ 《史记》卷95《樊哙列传》，第2659页。

直谏:"文帝除铸钱令,山复上书谏,以为变先帝法,非是。又讼淮南王无大罪,宜急令反国……其言多激切,善指事意,然终不加罚,所以广谏争之路也。"[1] 武帝时欲兴文治,"天子方招文学儒者,上曰吾欲云云",而汲黯对武帝这一旨意不满,直接进谏:"陛下内多欲而外施仁义,奈何欲效唐虞之治乎!"武帝"怒,变色而罢朝",但并未怪罪汲黯,只是"默然"。[2]

后汉明帝为政苛急,诋毁公卿大臣,体罚近臣、尚书,曾因事对近臣药崧发怒而欲杖之,"帝性褊察……尝以事怒郎药崧,以杖撞之。崧走入床下,帝怒甚,疾言曰:'郎出!郎出!'"药崧谏言,曰:"天子穆穆,诸侯煌煌。未闻人君,自起撞郎。"最终明帝原谅药崧,没有加罪。[3] 即使昏聩如成帝,亦能不罪言者。成帝尊重师傅张禹,但张禹却是明哲保身、委曲求全之辈。小臣朱云进言成帝要求斩佞臣以劝勉其他大臣,并直指张禹之佞。"云上书求见,公卿在前。云曰:'……臣愿赐尚方斩马剑,断佞臣一人以厉其余。'上问:'谁也?'对曰:'安昌侯张禹。'"成帝大怒,曰:"小臣居下讪上,廷辱师傅,罪死不赦。"在左将军辛庆忌劝说下,成帝原谅了朱云。"庆忌叩头流血。上意解,然后得已。及后当治槛,上曰:'勿易!因而辑之,以旌直臣。'"[4]

甚至灵帝,间或亦能不罪言者。灵帝问侍中杨奇"朕何如

---

[1] 《汉书》卷51《贾山传》,第2337页。

[2] 《史记》卷120《汲黯列传》,第3106页。

[3] 《后汉书》卷41《钟离意传》,第1409页。

[4] 《汉书》卷67《朱云传》,第2915页。

桓帝"，杨奇讽之，"陛下之于桓帝，亦犹虞舜比德唐尧"，即认为灵帝与桓帝相差无几，灵帝听后"不悦"，但也只是将其"出为汝南太守"。① 灵帝宠幸宦官，唯宦官之言是从。大臣傅燮上书直言宦官专权之非，惹怒宦官，向皇帝进谗言诋毁他，"书奏，宦者赵忠见而忿恶。及破张角，燮功多当封，忠诉谮之"。但灵帝并没有责罚傅燮，"灵帝犹识燮言，得不加罪"。②

二、奖赏谏者

为鼓励进言，皇帝经常给予进言者丰厚的物质奖赏，进言者在厚赏的刺激之下，纷纷进言。奖赏的形式有多种。

（一）直接奖给黄金

文帝时建露台，需要一百金，相当于十个中等人家的财产，据此推算，一个中等家庭家产大概为十金。主管皇室家事的官吏言高祖父子应遵循君臣之礼，"上归栎阳，五日一朝太公。太公家令说太公……后上朝，太公拥篲，迎门却行……于是上心善家令言，赐黄金五百斤"。③ 田肯谏高祖"非亲子弟，莫可使王齐者"，上曰："善。"赐金五百斤。④ 两次谏言高祖皆善之，均赐黄金五百斤。奖金非常丰厚，是五十个中等人家的

---

① 《后汉书》卷 54《杨震传》，第 1768 页。
② 《后汉书》卷 58《傅燮传》，第 1874 页。
③ 《汉书》卷 1 下《高帝纪下》，第 62 页。
④ 《汉书》卷 1 下《高帝纪下》，第 59 页。

家产。换句话说，给皇帝进一个好谏议，就得到了五十个中等人家的财富。

文帝时，皇后与慎夫人尊卑无序，"其在禁中，常同席坐"。一次，"上幸上林，皇后、慎夫人从"，"及坐，郎署长布席"，袁盎"引却慎夫人坐"，导致"慎夫人怒，不肯坐。上亦怒，起，入禁中"。袁盎谏言："臣闻尊卑有序则上下和……陛下独不见'人彘'乎？"最终"慎夫人赐盎金五十斤"。[①] 郅都敢直谏，景帝时，"尝从入上林，贾姬如厕，野彘卒入厕。上目都，都不行。上欲自持兵救贾姬"，郅都谏阻，曰："亡一姬复一姬进，天下所少宁贾姬等乎？陛下纵自轻，奈宗庙太后何！"[②] 景帝听从，没有莽撞行事，窦太后欣赏其言，奖励郅都黄金一百斤。

（二）封侯赐爵

汉代诸侯的封国与先秦分封不同，先秦之分封，实为独立王国，享有独立的行政权、立法权、司法权、军事权，且能世袭，有些事项连天子也不能干涉。而汉代的诸侯王主要是享受经济利益，根据封国内的土地数量或产量征收赋税，供其享用，这种征收年年都有，而且只要享有侯位之人不违法、不犯错，侯位可以一直继承下去，所附带的经济利益亦可一直继承下去。汉代，因进言获得封侯的情况偶有发生。如刘邦即皇帝位后，论功行赏，欲以萧何功高，但列侯皆曰曹参宜第一。关内侯鄂秋时为谒者，进言："萧何当第一，曹参次之。"把高祖

① 《史记》卷101《袁盎列传》，第2740页。
② 《史记》卷122《酷吏列传·郅都》，第3132页。

的想法表达了出来，"上已桡功臣多封何，至位次未有以复难之，然心欲何第一"。高祖嘉赏鄂秋，封其为安平侯。[①] 孔奋言儋耳降附事宜合明帝旨，明帝封其为侍祠侯。"儋耳降附，奋来朝上寿，引见宣平殿，应对合旨，显宗异其才，以为侍祠侯。"[②]

（三）笼统曰奖赏

文献中还有一种物质奖赏内容比较笼统，可能是因为物质种类较多，无法一一列举，比较经常出现的奖赏有黄金、粮食、布帛、田产、房屋，甚至还有奴婢，但史料没有明载，故笼统地说给予赏赐。疏广谏言宣帝以天下英才培养太子，宣帝数次赏赐疏广。"'太子国储副君，师友必于天下英俊，不宜独亲外家许氏……'上善其言……广由是见器重，数受赏赐。"[③] 和帝南巡欲去江陵游玩，张禹谏阻，得和帝赏赐。"（和帝）南巡祠园庙，禹以太尉兼卫尉留守。闻车驾当进幸江陵，以为不宜冒险远，驿马上谏。"和帝颁发诏书表示听从张禹的建议返程。"及行还，禹特蒙赏赐。"[④]

（四）综合奖励

指的是既赏赐实物，又封侯，并公开褒奖。武帝攻南越，国人不甚支持，既不自告奋勇积极奔赴前线作战，亦不踊跃捐

---

① 《汉书》卷39《萧何传》，第2009页。
② 《后汉书》卷35《张奋传》，第1198页。
③ 《汉书》卷71《疏广传》，第3039页。
④ 《后汉书》卷44《张禹传》，第1498页。

款资助。齐相卜式上书自谏，曰："臣闻主忧臣辱。南越反，臣愿父子与齐习船者往死之。"符合武帝意旨，武帝赐予其黄金、田产以及封侯的综合奖励，"赐爵关内侯，金六十斤，田十顷"，并且布告天下。[①]

三、任用或升迁谏者

秦汉时期君主掌握用人权，某些情况下君主会凭个人喜怒爱好用人。所以司马迁认为"善仕不如遇合"，即善于做官，不如有好机遇更容易升官。向君主进言时，进谏者极有可能因自己的谏言得到君主赏识而由布衣直接"释褐"；如果是现任官员，则可能因提出的谏言甚合君主之意而得到升迁。

（一）任用谏者

汉代用人主要实行察举和征辟制度，征辟包括公府征辟和皇帝征辟。皇帝征辟是指皇帝直接征召布衣、大儒、退职官员为政府官员。如果言者在进言过程中表现出令皇帝欣赏的才干，很可能受到皇帝的征召而由无官职之人释褐，进入仕途。

前汉武帝时，主父偃、徐乐、严安上书言世务，所言之事称旨，武帝任命三人皆为郎官，三人由此踏入仕途。"是时，徐乐、严安亦俱上书言世务。书奏，上召见三人，谓曰：'公皆安在？何相见之晚也！'乃拜偃、乐、安皆为郎中。"主父偃还因进言而获得升迁，"偃数上疏言事，迁谒事、中郎、中大夫。

① 《史记》卷30《平准书》，第1439页。

岁中四迁"。^①

成帝时，鲍武因对策而拜谏大夫，"太仆王音举（鲍）武贤良方正，征对策，拜为谏大夫"。^②王嘉因言政事得失而超迁太中大夫，"鸿嘉中，举敦朴能直言，召见宣室，对政事得失，超迁太中大夫"。^③后汉和帝时，李法对策称旨被任命为博士。"和帝永元九年，应贤良方正对策，除博士，迁侍中、光禄大夫。"^④

（二）升迁谏者

现任官员向君主进言时，如果应对合旨，君主可能会给予升官的奖励。情况主要有二：一、对所进之言满意，所以以升迁作为鼓励。二、通过所进之言，发现其才能，从而予以升迁，以尽其才。

1. 对进言本身满意而升迁进言者

言者所进之言令皇帝满意，从而获得升迁。如张释之因向文帝言"便宜事"而获升迁，"释之既朝毕，因前言便宜事……文帝称善，乃拜释之为谒者仆射"。^⑤明帝问曹充制礼乐事，曹充对曰："《河图括地象》曰：'有汉世礼乐文雅出。'《尚书璇机钤》曰：'有帝汉出，德洽作乐，名予。'"明帝非常认同，拜曹充为侍中。^⑥戴凭与诸儒辩经，光武帝很欣赏戴凭之说，将其

---

① 《汉书》卷64上《主父偃传》，第2802页。
② 《汉书》卷86《何武传》，第3482页。
③ 《汉书》卷86《王嘉传》，第3488页。
④ 《后汉书》卷48《李法传》，第1601页。
⑤ 《史记》卷102《张释之列传》，第2751页。
⑥ 《后汉书》卷35《曹褒传》，第1201页。

由博士升迁为侍中。"帝即召上殿，令与诸儒难说，（戴）凭多所解释。帝善之，拜为侍中。"[1]

2. 发现进言者别具才能而升迁进言者

进言者向君主言得失或者献策的过程往往可以展现进言者的个人才华，其所进之言从某种程度上反映了言者的才学与品德。若进言受到君主欣赏，即史籍所载的"贤之""异之"，很可能会获得升迁。武帝时，"黯为谒者，东越相攻，上使黯往视之。不至，至吴而还"。"河内失火，延烧千余家"，武帝派汲黯前往护视，汲黯觉得没有必要，河南灾害才更值得关注，并自作主张"持节发河南仓粟以振贫民"。汲黯虽不从武帝意旨，在答武帝质询时却应对得体，"越人相攻，固其俗然，不足以辱天子之使"。"家人失火，屋比延烧，不足忧也。臣过河南，河南贫人伤水旱万余家，或父子相食，臣谨以便宜，持节发河南仓粟以振贫民。请归节，伏矫制之罪。"最终"上贤而释之，迁为荥阳令"。[2]

景帝派田叔按察梁王刺杀吴相袁盎事，"梁孝王使人杀故吴相袁盎，景帝召田叔案梁，具得其事"。梁王所犯为死罪，但田叔谏言景帝不要处死梁王，"今梁王不伏诛，是汉法不行也；如其伏法，而太后食不甘味，卧不安席，此忧在陛下也"。应对得体，景帝很满意，"景帝大贤之，以为鲁相"。[3]高彪在灵帝时为郎中，校书东观，"数奏赋、颂、奇文，因事讽谏，灵

① 《后汉书》卷79上《儒林外传·戴凭》，第2553页。
② 《史记》卷120《汲黯列传》，第3105页。
③ 《史记》卷104《田叔列传》，第2777页。

帝异之"。灵帝欣赏他的才学，"迁外黄令，帝敕同僚临送，祖于上东门，诏东观画彪像以劝学者"。^①

四、以谏取才

汉代，"在秦代的基础上，建立和发展了一整套选拔统治人才的选官制度。这种制度包括察举、皇帝征召、公府与州郡辟除、大臣荐举、考试、任子、纳赀及其他多种方式"。^②"察举也就是选举，是一种由下向上推选人才为官的制度……严格说来，作为选用官吏的察举制度，应该从文帝开始。"^③文帝二年十一月因日食求言下诏："朕下不能治育群生，上以累三光之明，其不德大矣。令至，其悉思朕之过失，及知见之所不及，丐以启告朕，及举贤良方正能直言极谏者，以匡朕之不逮。"^④文帝十五年九月下诏令举贤良文学之士："朕既不德，又不敏，明弗能烛，而智不能治，此大夫之所著闻也，故诏有司、诸侯王、三公、九卿及主郡吏，各帅其志，以选贤良明于国家之大体，通于人事之终始，及能直言极谏者，各有人数，以匡朕之不逮。"^⑤

上述两道诏书被视为察举制度开始形成的标志。察举科目是举贤良方正及举能直言极谏者，然此时尚未有举孝廉的科目，可见汉代统治者对谏议的高度重视。察举成为一种比较完

---

① 《后汉书》卷80下《文苑列传·高彪》，第2652页。

② 《秦汉官制史稿》，第800页。

③ 《秦汉官制史稿》，第802页。

④ 《汉书》卷4《文帝纪》，第116页。

⑤ 《汉书》卷49《晁错传》，第2290页。

备的选官制度，应该在武帝时期。武帝初下诏："建元元年冬十月，诏丞相、御史、列侯、中二千石、二千石、诸侯相举贤良方正直言极谏之士。"[1]可见，此时亦是把极谏作为察举的重要科目，与文帝时并无不同。

演变到后来，察举的主要科目变为举孝廉，周期变为岁举，即郡国每年都要向中央举荐人才，而且还有人数的硬性规定，举孝廉成为制度化的举荐人才措施，成为所谓的"岁举""常科"。纵观两汉，举孝廉为最重要的人才选拔制度，所选人数亦最多。而直言极谏在武帝之后变成了"特举""特科"，举行时间也不固定，但并不意味直言极谏这种科目不重要。

汉代统治者重视灾异，凡有灾异，皇帝通常会下诏中央百官、地方郡国举直言极谏之士，从他们的对策、上奏中获知自己的缺失。在古代自然经济条件下，灾异发生很频繁很常见，故因灾异求直言极谏也很频繁。从这个角度来讲，直言极谏成为"特举中的常举""特科中的常科"。分析皇帝因灾异所发的诏令，可见出现日食、地震、孛星、瘟疫甚至笼统说阴阳不和等灾异时，最高统治者皆会下诏求直言极谏，且言辞多谦逊自责。求直言极谏，一方面是寻求直陈君失的谏言，从而改正君主和朝廷的缺失；另一方面是寻访正直的官吏，补充到汉帝国官僚系统中。此种实例，不胜枚举。

如宣帝地节三年十月地震诏："乃者九月壬申地震，朕甚惧焉，有能箴朕过失，及贤良方正直言极谏之士，以匡朕之

---

[1] 《汉书》卷6《武帝纪》，第155页。

不逮。"① 如元帝永光二年三月日食诏："日久夺光，乃壬戌，日有蚀之。天见大异，以戒朕躬，朕甚悼焉。其令内郡国举茂材异等、贤良、直言之士各一人。"② 如成帝元延元年七月孛星见求直言诏："今孛星见于东井，朕甚惧焉……与内郡国举方正能直言极谏者各一人。"③ 再如哀帝元寿元年正月日食诏："乃正月朔，日有蚀之……其与将军列侯中二千石举贤良方正能直言者各一人。"④ 又如章帝建初元年三月地震举贤良方正诏："灾异仍见……其令太傅、三公、中二千石、二千石、郡国守相举贤良方正、能直言极谏之士各一人。"⑤ 顺帝元年十二月举贤良诏："朕以不德，纂承洪绪，今阴阳不和，疾疫为害，思闻忠正以匡不逮，其令三公、卿士举贤良方正、能直言极谏之士各一人。"⑥ 以上都是发生灾异后，汉代统治者所下求言诏书，在汉代皇帝诏书中数量不在少数。

第二节　谏议的局限

　　任何制度和活动都是有局限的，秦汉谏议也不例外。封建社会早期，谏议尚能发挥一定的作用，但封建社会后期，谏议

---

① 《汉书》卷8《宣帝纪》，第249页。
② 《汉书》卷9《元帝纪》，第289页。
③ 《汉书》卷10《成帝纪》，第326页。
④ 《汉书》卷11《哀帝纪》，第343页。
⑤ 《后汉书》卷3《肃宗孝章帝纪》，第133页。
⑥ 《后汉纪》卷17《孝安皇帝纪下》，第337页。

的作用有限。而且谏议发挥作用必须有以下前提：一、君权尚未高涨，相权能够有效地制约君权；二、君主本人能够察纳雅言，不为群小所惑；三、谏言者本人正直勇敢，秉怀公心，能够不为身谋，犯颜强谏。谏议的局限性随着封建时代的推移而不断发展，影响着谏议作用的发挥，导致谏议在封建社会后期作用有限。造成局限的因素主要有以下几个方面：一、君主专制制度的桎梏，即君主专制制度设计本身，导致谏议先天不足。二、君主个人的局限，即谏议作用之发挥与君主个人爱好、喜怒、品格有关。三、谏言者自身的局限，即谏言者有可能谨小慎微，明哲保身，不敢进直言；或者假借公义谋私利。四、谏议本身的发展不正常，最终走入死胡同，无法发挥其正君作用。以下分而述之。

一、君主专制制度的桎梏

君主专制制度是君主专断的制度，君主掌握国家最高的权力，包括立法权、司法权、行政权、军事权，及对百官吏民生杀予夺的权力。从法理角度来讲，君主权力很少能够受到有效的制约。而谏议却是要在君主专断的统治局面下，在一定程度上实现统治阶级内部的民主，此本为良善之愿景。谏议要求通过言君主过失制约君主，一般人在别人讨论和指摘自己的过失时，情面和心理上尚且无法接受，更何况被神化且高高在上的君主。故谏议这种民主精神与个人专断政体实质上存在无法调和的矛盾，先不论君主贤明与否，就君主专制制度本身来讲，其内部存在多种排斥谏议的因素。

首先，谏议本身为软约束，对君主无强制力，君主纳谏与否，一般取决于君主个人意志和选择。一方面，君主在行事或决策前，没有制度硬性规定言者须在此时进言，即使有所谓的制度，君主亦可突破。秦汉时，对于重大事务往往进行廷议，但是这种廷议是根据君主个人意愿召开的，廷议所形成的决议仅供君主参考，对君主并无强制执行力。另一方面，进言者向君主进言，君主听纳与否也取决于君主的个人意愿。因为谏议本无强制力，进言者只能通过思想的感召，对君主动之以情，晓之以理，从君主的内心着手，才可能达到让君主纳谏的目的。

其次，君主制下君主的尊严很重要，谏议不能罔顾君主尊严。虽然史料中存在臣下以激烈的方式向君主进言的情况，如犯颜强谏或者尸谏，但此种实例实在是少之又少。更多的情况下还是要照顾君主的面子，这就注定谏议不能以公开方式进行，更何况是激烈的形式。所谓"忠臣不显谏"①，正是指出谏议最好私下进行，或以间接方式进行，如封事以呈，这样既照顾君主的面子，也削弱了臣下因言取祸的危险。但这容易产生两方面的问题，一方面，如果不显谏，君主过错不能显露，就无法形成外部舆论压力，进而无法对君主产生有效制约。另一方面，不显谏容易和告讦挂钩。"阳光底下无罪恶"，如果谏言是以间接的方式私下进行的，言者的目的很可能不是为了劝谏皇帝，而是为了告讦或者诽谤他人。因此，在照顾君主尊严的前提下，谏议作用的发挥受到很大制约，同时也会衍生出诸多问题。

① 《汉书》卷 86《师丹传》，第 3507 页。

二、君主个人的局限

以上论述制度设计的问题，本节则讨论君主个人对谏议作用发挥的影响。汉人王褒指出："故世必有圣知之君，而后有贤明之臣。故虎啸而风冽，龙兴而致云，蟋蟀俟秋吟，蜉蝣出以阴。"[①] 君主对谏议的态度，直接关系到谏议制度的发展和谏议活动的兴衰。秦朝灭亡的重要原因之一为秦二世拒谏，"所习者，非斩劓人，则夷人三族也。故今日即位，明日射人，忠谏者谓之诽谤，深为计者谓之妖诬，其视杀人若芟草菅然"。[②] "秦之将亡，正谏者诛，谀进者赏，嘉言结于忠舌，国命出于谗口，擅阎乐于咸阳，授赵高以车府。权去己而不知，威离身而不顾。古今一揆，成败同势。"[③] 而汉朝之兴，原因种种，但高祖宽仁的本性使其能够开诚纳谏为重要原因之一，"高祖为人……宽仁爱人，意豁如也。常有大度，不事家人生产作业"。[④] "高祖不修文学，而性明达，好谋，能听，自监门戍卒，见之如旧。"[⑤]

谏议发挥作用受到君主个人素质、好恶的影响。汉人仲长统曾经指出君主好恶，具体如专爱一人、宠幸佞谄、骄贵外戚

---

① 《汉书》卷 64 下《王褒传》，第 2826 页。

② ［前汉］贾谊撰，彭昊、赵勖点校：《贾谊集》，长沙：岳麓书社，2010 年，第 59 页。

③ 《后汉书》卷 57《刘陶传》，第 1843 页。

④ 《汉书》卷 1 上《高帝纪上》，第 2 页。

⑤ 《汉书》卷 1 下《高帝纪下》，第 80 页。

等，可能会导致进谏、纳谏难的情况，遇到这些情况，即使进言者舍身而谏，也无法阻止君主犯错。"人主有常不可谏者：专爱一人，宠幸佞谄，骄贵外戚。专爱一人，绝其继嗣者也；宠幸佞谄，壅蔽忠正者也；骄贵外戚，淆乱政治者也。此为疾痛在于膏肓，此为倾危比于累卵者也。然而人臣破首分形，所不能救止也。"[①]

（一）专爱一人

成帝独爱赵飞燕，赵飞燕恃宠跋扈，残害成帝后宫其他嫔妃，并多次残害继嗣，成帝唯其言是从，无人敢言，生怕惹祸上身。"成帝性宽而好文辞，又久无继嗣，数为微行，多近幸小臣，赵、李从微贱专宠，皆皇太后与诸舅夙夜所常忧。"与成帝关系亲密之人推选谷永等人借灾异进言，"故推永等使因天变而切谏，劝上纳用之。永自知有内应，展意无所依违，每言事辄见答礼"。谷永自认有内应，所以直言不讳，但"至上此对，上大怒……使侍御史收永"。[②]

（二）宠幸佞谄

元帝宠幸宦官石显，任用其担任中书令，其党五鹿充宗为尚书令，二人狼狈为奸，石显尤其专权。京房进言虽未明说，但暗指石显专权跋扈，"'上最所信任，与图事帷幄之中

---

① ［后汉］仲长统撰，孙启治校注：《昌言校注》，北京：中华书局，2012年，第380页。

② 《汉书》卷85《谷永传》，第3465页。

进退天下之士者是矣。'房指谓石显"。元帝知道京房的言外之意，"谓房曰：'已谕。'"①京房受到石显等人的报复，被征入狱，最终弃市，家人也被发配边疆。哀帝宠幸董贤，与其共卧，甚至为之断袖而起。董贤才二十三岁就担任大司马，四方进贡，上品归董贤，其次才进呈哀帝，哀帝还在自己的陵寝旁逾制为其修建大坟。群臣有言董贤之事者，必然会得罪哀帝。丞相王嘉封还哀帝益董贤户事诏书，被系下狱，最终死于狱中。"嘉封还益董贤户事，上乃发怒，召嘉诣尚书……嘉系狱二十余日，不食，欧血而死。"②尚书仆射郑崇言董贤过度受宠事，最终亦被下狱穷治，死于狱中。"（郑）崇又以董贤贵宠过度谏，由是重得罪……上怒，下崇狱，穷治，死狱中。"③

（三）骄贵外戚

惠帝去世后，吕后欲立诸吕为王，达到扶持外戚及维护自己专权之目的。王陵提出反对意见："高皇帝刑白马而盟曰：'非刘氏而王者，天下共击之。'今王吕氏，非约也。"惹来吕后不悦，"阳迁陵为帝太傅，实夺之相权"。④成帝委国政于王皇后之兄王凤，王凤专权，诸臣多有意见。但凡深言王氏专权者，都没有好下场。京兆尹王章直言王凤专权事，"帝舅大将军王凤辅政，章虽为凤所举，非凤专权，不亲附凤。会日有蚀

---

① 《汉书》卷 75《京房传》，第 3162 页。

② 《汉书》卷 86《王嘉传》，第 3502 页。

③ 《汉书》卷 77《郑崇传》，第 3256—3257 页。

④ 《汉书》卷 40《王陵传》，第 2047 页。

之，章奏封事，召见，言凤不可任用，宜更选忠贤"。被王凤构陷为大逆之罪，惹来杀身之祸。"上初纳受章言，后不忍退凤。章由是见疑，遂为凤所陷，罪至大逆。"①

前文论述谏议技巧时提到的"不触君主逆鳞"，实际上反映的也是谏议的局限性。君主之逆鳞，实际上是君主比较极端的好恶，如果进言触及君主逆鳞，基本不可能被听取，如果臣下不识逆鳞贸然进言，轻则受到贬抑甚至断送仕途，重则给自己或者家人带来祸端。如光武"沉湎图谶"，用图谶决定国家大策、重大人事，虽荒诞，但臣下皆不敢言。有言之者，轻则受到君主责难，个人仕途受阻，重则惹来杀身之祸。光武帝欲以图谶决断郊祀之事，郑兴答以"臣不为谶"，便惹怒了光武帝。虽然郑兴有政治才能，最终还是没有得到光武重用。桓谭因在光武帝面前极言图谶之非，光武帝异常生气，直欲将其斩杀。最后桓谭虽被救了下来，但却死在了发配途中。光武为中兴明主尚且如此，更何况其他平庸之主。

三、谏言者自身的局限

谏议能否发挥作用，起主要作用的因素是君主，其次是谏言者自身。谏言者自身的局限也会影响谏议作用的发挥。早在春秋战国时期，管仲就提出过选任谏官的标准："犯君颜色，进谏必忠，不辟死亡，不挠富贵。"②司马光亦指出择言官的三

---

① 《汉书》卷76《王章传》，第3238页。
② 《管子校注》卷8《小匡》注引，第428页。

个要求："第一不爱富贵，次则重惜名节，次则晓知治体。"^①在谏议发展过程中，具备忠正不二、不怕死、不望富贵、爱惜名节、晓知治体这些素质的进言者实在很少，多的反而是明哲保身之辈、贪生怕死之徒、贪图富贵之流。

封建社会，大臣们多顺旨之徒，敢直言极谏者少，即使发现君主过误，也更愿意留存在心里。高帝宠幸卢绾，想封卢绾为王，引发群臣不满。后来卢绾俘虏燕王臧荼有功，高帝欲封卢绾，群臣虽不满，但还是顺旨言卢绾可以王燕。"及虏臧荼，乃下诏诸将相列侯，择群臣有功者以为燕王。群臣知上欲王卢绾，皆言曰：'太尉长安侯卢绾常从平定天下，功最多，可王燕。'诏许之。"^②汉代有出于皇帝私恩而获封侯爵者，群臣不满而不敢谏，"恩泽诸侯以无劳受封，群臣不悦而莫敢谏"。^③哀帝的祖母傅太后本为元帝昭仪，哀帝即位后，尊为太皇太后，她要求自己与元帝的皇后享受同样的尊号，虽不合制但群臣多顺旨，"又傅太后欲与成帝母俱称尊号，群下多顺指，言母以子贵，宜立尊号以厚孝道"。^④

有的谏言者明哲保身。服务成、哀、平三朝的老臣孔光对君主的过错不敢直言极谏，因此得到君主的信任。"如或不从，不敢强谏争，以是久而安。时有所言，辄削草稿，以为章主之

① ［明］马峦、［清］顾栋高编著，冯惠民整理：《司马光年谱》，北京：中华书局，1990年，第348页。
② 《史记》卷93《卢绾列传》，第2637页。
③ 《后汉书》卷27《赵典传》，第948页。
④ 《汉书》卷81《孔光传》，第3357页。

过，以奸忠直，人臣大罪也。"① 孔光虽不党于王莽，但王莽看中孔光柔弱的品格和崇高的威望，利用孔光扫除政敌，孔光不敢不从。"莽以光为旧相名儒，天下所信，太后敬之，备礼事光。所欲搏击，辄为草，以太后指风光令上之，睚眦莫不诛伤。"② 王莽权势日盛，有取代刘氏的觊觎之心，孔光虽知，但明哲保身，不敢直言，仅能乞骸骨，不与其谋。

有的进言者有私心，假托公议，只为身谋。景帝听从晁错意见，采取强硬的削藩政策，吴楚等七国恐削地无已，以诛贼臣晁错为托词起兵造反。吴相袁盎与晁错有私怨，假托公议而报私仇，向景帝进言斩晁错并恢复七国旧地，则七国将自动罢兵，中央地方重归于好。"吴、楚相遗书，曰'贼臣朝（晁）错擅适诸侯，削夺之地'，以故反，名为'西共诛错，复故地而罢'。方今计独斩错，发使赦七国，复其故地，则兵可毋血刃而俱罢。"景帝听从了袁盎的建议，遂斩晁错。而七国并没有作罢，依旧与中央政府作对，顽抗到底，晁错枉死。③ 灵帝时，太常刘焉感受到政治腐败黑暗，虽深知其缘由，但却不敢直言谏灵帝进行政治改革及废黜宦官，而是怀私心，"阴求为交趾，以避时难"。后发现益州有天子气，乃更求益州。为掩盖私心，假托公议，"以为刺史威轻，既不能禁，且用非其人，辄增暴乱，乃建议改置牧伯，镇安方夏，清选重臣，以居其任"，

---

① 《汉书》卷81《孔光传》，第3353—3354页。
② 《汉书》卷81《孔光传》，第3362页。
③ 《汉书》卷35《吴王刘濞传》，第1912页。

导致州郡任重，中央权轻，地方尾大不掉之势形成。[①]

　　进言者亦有不法巧佞之徒，把进谏言当成升官发财的工具。成帝时张匡任太中大夫，利用丞相王商与帝舅大将军王凤的矛盾，借言日食灾异告讦王商，攀附王凤。"窃见丞相商作威作福，从外制中，取必于上，性残贼不仁，遣票轻吏微求人罪，欲以立威，天下患苦之。"[②]哀帝时，无盐出现危山大石自立的异象。息夫躬与孙宠谋划告讦东平王刘云、王后及王后的舅舅伍宏等人因异象日夜祭祀，咒诅哀帝之事，以此作为自己谋取封侯的手段。"告之必成，发国奸，诛主雠，取封侯之计也。"躬、宠乃与中郎右师谭共同通过中常侍宋弘进言，"东平王云、云后谒及伍宏等皆坐诛"，告讦者则得到升迁，"上擢宠为南阳太守，谭颍川都尉，弘、躬皆光禄大夫、左曹、给事中"。[③]

四、谏议本身发展的不正常

　　"从系统运行角度说，中国古代谏诤主要是功能性而非结构性发展。即适应形势变化需要，不断调整自己，以保证治国者有解决现实问题的能力；根据对国家治理的理念性认识，设计构建相应君臣、君民权力关系结构有不足，使这种功能性发展缺乏必要的内在基础……谏诤产生的条件是专制等级共同体内上下对问题有不同的看法，体现了上下之间认识和实践的矛

①　《后汉书》卷 75《刘焉传》，第 2431 页。
②　《汉书》卷 82《王商传》，第 3372 页。
③　《汉书》卷 45《息夫躬传》，第 2180 页。

盾，谏诤的目的是解决这些矛盾。矛盾一旦解决，旧的谏诤完成任务，退出历史舞台；新矛盾出现，会产生新的谏诤……谏诤发展的理想就是消除自己产生的条件，最终消灭自己，没有谏诤，导致谏诤没有永恒性。"①

谏议本为君主专制体系的一部分，受专制君主支配，但又反过来挑战君主专制权威，支配专制君主。谏议针对君主过失或潜在过失进行纠正，如果君主接受谏议，就表明臣下正确而君主错误，如果君主奖赏谏臣，等于变相承认和宣传自己的不足和臣下的英明。这实际上是对君主神圣权威的挑战和冒犯，一般君主很难做到。随着封建社会君主专制程度的不断加强，谏言者谏言的风险大增，进谏言愈来愈少，声音也越来越弱。谏议对君主权力不构成制约，只是一种劝说、一种督促、一种引导。谏议本身受制于君主，随时可能会被君权淹没而不能发挥作用。

谏议的作用与皇权强弱成反比，皇权加强，谏议作用减弱。在封建社会前期，皇权相对较弱，谏议作用较大。尤其汉代，皇权尚未高涨，谏议尚能发挥较好的积极作用。此时，谏议甚至在一定程度上被制度化。汉时比较重视灾异，凡是遇到灾异，君主都会下诏求直言。另外，朝廷把直言极谏作为当时选拔人才的重要标准，两汉诸帝发布举贤良方正诏令共三十三次之多，其中十九次把直言极谏作为举贤良方正的主要条件。随着皇权的加强，谏议的作用在不断减弱。到唐代，谏官尚敢进言，还能够"有阙必规，有违必谏"，尚敢积极有所作为。之后随着皇权的增强，谏议的发展越来越畸形，对皇帝的监督

① 张茂泽：《中国古代谏诤观》，《长安大学学报（社会科学版）》2015 年第 3 期。

和约束不断减弱，对臣下的监督和约束则不断加强。本来主要职责是劝谏君主的谏官，往往成为皇帝的耳目，对外"风闻言事"，帮助君主对付臣下。北宋时，设立独立的谏议机构谏院，置知谏院、左右司谏、左右正言等谏官。钱穆在《国史大纲》中对此做出评价："谏官既以言为职，不能无言，时又以言为尚，则日求所以言者，但可言即言之。而言谏之对象，则已转为宰相而非天子。宰相欲有作为，势必招谏官之指摘与攻击。于是谏垣与政府不相下，宰执与台谏为敌垒，廷臣水火，迄于徽、钦。"[①] 到明代，宰相制度被废除，唯有六科给事中尚有部分谏议职能，但也只能针对六部事务发言。清代更不准许台、府县"专折言事"，谏官隶属于都察院，均对君主无法监督，谏议制度到封建社会后期名存实亡。

第三节　秦汉之后谏议制度的发展轨迹

君主能否纳谏实际上是国家治乱的晴雨表，言路通否，影响国家治乱。谏议制度从秦汉到明清，总体趋势是先发展后倒退，到清代时，基本上名存实亡。

一、魏晋南北朝谏议制度的发展情况

魏晋南北朝时期，时局动荡，政权更迭频繁，但此时谏议

---

① 　钱穆:《国史大纲》，北京：商务印书馆，1991 年，第 555 页。

制度仍有很大发展，尤其是谏官逐渐系统化和专职化。

曹魏时，光禄寺之侍中，侍中寺之给事黄门侍郎、散骑常侍、给事中、谏议大夫等为谏官，均掌谏议。除此之外，侍中、黄门侍郎、散骑常侍还对尚书台行使监督权，对诸尚书的奏章进行审核，谏官的职掌制度化。

西晋时，门下省取代侍中寺掌谏议，此为古代谏议制度的重大发展，门下省之后演变为三省六部制中的重要部门。门下省的主要职掌为"切问近对，拾遗补阙"，进一步制度化。东晋时期，门下省职掌扩张，诏书必须经其审核方能下达。门下省通过"驳诏"行使谏议权，谏议已经不是简单地向君主言得失或进言献策，而是已经成为制度化的措施，君主的诏书必须经过谏官及谏议部门的审核通过方能颁行，若谏官及谏议部门不同意，行使封还权，诏书便不能颁行。

南朝时期，原属于门下省的散骑省分出，改称集书省，门下省则沿袭东晋旧制，由侍中负责，侍中由谏官演变为宰相。北朝孝文帝改官制，将谏官设于门下省和集书省，门下省设侍中、黄门侍郎各四人，负责言谏。门下省不仅负责出纳诏令，而且负责审核臣下奏疏，若有不当，则可扣留不上奏。

二、隋唐五代谏议制度的发展情况

隋朝炀帝刚愎拒谏，不重视言官，竟然废除了专职谏官散骑常侍、散骑侍郎、谏议大夫，导致过失不上闻，天下大乱，隋朝灭亡。

　　唐代封建法制成熟，谏议制度亦在此时趋于成熟，唐朝能成为封建社会顶峰，并享国祚近三百年，谏议制度能够有效发挥作用为重要原因。唐设三省，各有分工，其中门下省所掌的封驳权已经制度化，能够最大限度地发挥谏议制度的作用。唐太宗规定"每宰相入内平章大计，必使谏官随入，与闻政事"。[①]确定了谏官随宰相入阁议事的制度，此制一直延续到唐朝末年。

　　唐重谏官而轻御史，谏官为君主所倚重。唐代谏官分属中书、门下两省，门下谏官曰左，中书谏官曰右，有左右散骑常侍各二人，秩从三品，掌侍奉规讽，备顾问应对。左右谏议大夫四人，秩正五品上，掌侍从赞相、规谏讽喻。谏官主要是由宰相推荐，故唐代谏官实为宰相属官，以谏议纠绳天子，实现相权对君主的制约。为了避嫌，唐代规定宰相之子不得为谏官，因为"父为宰相，而子为谏官，若政有得失，不可使子论父"。[②]此为唐代立制之善。武则天时扩大谏官范围，增设左右补阙和左右拾遗之职，还将青、丹、白、黑四个颜色的铜匦，分别放置在朝堂东南西北四个方向，用来收集有关"养人劝农""时政得失""陈抑冤屈""天文秘谋"方面的谏议。综上，唐代谏议在正君方面发挥了积极作用。

　　五代时，专门设立谏院掌谏议，以给事中为主官。

---

① 《文献通考》卷50《职官考四·谏议大夫》，第1436页。

② ［后晋］刘昫等撰：《旧唐书》卷147《杜从郁传》，北京：中华书局，1975年，第3986页。

三、宋元谏议制度的发展情况

宋代，谏议制度开始走下坡路。宋初沿袭唐制，谏官组织隶属于中书、门下两省，亦设散骑常侍、谏议大夫、补缺、拾遗等职。但宋代的职官制度比较特别，有官、有职、有差遣，差遣官多为实任，谏官系统亦如此。实际上，无特旨赴谏院供职的谏官，不是真正的谏官，且散骑常侍之职为虚位，从不授人，常以他官差遣为知院事，行使言谏权，而专职的谏官有时还会被派遣到其他部门，造成"谏官无言责"的局面。

为了转变这一局面，宋代进行了多次改革。宋真宗天禧元年，设谏官六人，以左右谏议大夫、左右司谏、左右正言为谏官，专任谏职，不兼领其他职务，并设谏院为独立机构。宋仁宗庆历年间亦规定谏官的员额为六人，仁宗天圣年间谏院官印回到谏官本人手中，供职谏官得到落实。但神宗元丰改制时，又废除了谏院。南宋初期，谏院隶属于门下后省和中书后省，后建炎三年高宗规定谏院别置，不隶属于两省。此后谏院作为独立机构存在，直到南宋灭亡。

宋代谏议发展开始走下坡路，其根源在于宋代专制皇权有所加强。宋以前，台谏分离，分属两套系统，御史与谏官互不统属，各行其是。御史主纠弹参劾，肃正纲纪，对象为百官；而谏官主匡正得失，献替可否，对象为君主。宋代台谏趋于合一，谏官除掌谏议外，还行使部分监察权；监察官除掌监察外，还行使部分谏议权。这导致谏议的对象扩大，将宰相和各职能部门皆包括在内。谏官的职责本为劝谏和匡正君主,后来慢慢变成君主用来对付宰相和其他官员的爪牙。实际上,宋代谏官与宰相、谏院与政府的矛盾日趋尖锐。宋之前,谏官之选任在于宰相荐举,而宰相的任免在于君主,君权和相权能够相互制约、达到平衡。而宋代之后,随着专制主义和皇权的增强,谏官的任命皆由君主决定,慢慢丧失了谏官本应有的谏议功能,成为君主对付臣下的耳目。

元代重监察,轻言谏,御史台兼谏议职责,正式在机构设置上实现了台谏合一。监察御史李元礼曰:"今朝廷不设谏官,御史职当言路,即谏官也。"① 元朝不设门下省,原谏官给事中不掌封驳,归属起居院,兼修起居注,谏官的谏议权力实际被废除。所幸元代历时不长,对制度的破坏不大。

四、明清谏议制度的发展情况

明代是中国中央集权高度强化的时期,朱元璋曾于洪武十三年设置谏院,亦置谏议大夫,但同一年,因胡惟庸案废除了中书省和宰相制,谏院亦于洪武十六年废罢。清承明制,不再设置谏院,谏议大夫从此退出历史舞台。明朝洪武六年设置六科给事中,名为谏官且形式上仍有封驳言谏权,但其实际上主要是监察六部的监察官,六科给事中名为监、谏合职,实际以监为主,谏为辅,流俗称为"给谏",主要稽查六部百司之

---

① [明]宋濂等撰:《元史》卷 176《李元礼传》,北京:中华书局,1976 年,第 4102 页。

事，亦隶属于都察院，六部畏惧给事中，不敢越科参而行。但实际情况是，给事中稽查各部，掌握了很多国家和社会实情，其对君主建言多切中时弊，亦敢于向君主进谏。给事中位卑权重，存有汉唐任用谏官规谏君主的遗意，故言谏制度尚有部分留存。

清朝封建专制达到顶峰，谏议制度基本废除。清初承明制，设立都察院御史和六科给事中两套人马，亦规定给事中有封驳之权。康熙初年撤销巡按御史，雍正时又将给事中划归都察院，凡都御史、左副都御史给事中、监察御史，都许风闻言事，政治得失、民生疾苦、制度利弊、风俗善恶，皆能以耳目官的资格，尽量陈奏。雍正时设立军机处，军国大事、重要奏折尽归军机处办理，由军机处直接颁发诏书，给事中权任大为削弱。实际上，清代给事中地位等同于监察御史，言谏之官完全成为监察官，谏变成台，谏议制度名存实亡。

结　论

据史料记载，黄帝、尧、舜时期就存在谏议活动，此时的谏议形式有"明台""衢室""欲谏之鼓""诽谤之木"。商朝设有"司过之士"、周朝设立"保氏"一职，职掌谏诤。另外西周"太史"、"四辅"中的弼、"师、保、傅官"皆有谏诤职掌。春秋战国以降，谏议活动活跃，各国纷设谏官，如齐国"大谏"和"司过"、楚国"箴尹"、郑国"司直"；此时君主重视舆论并主动求谏，齐国设"啧室"、齐威王下令求谏、郑国设乡校，妇女、游士、布衣在谏议活动中也发挥了一定的作用。此时还形成了百家争鸣的谏议思想，主要体现在四个方面：谏诤事关国之治乱，谏诤事关国之存亡，能谏为忠臣事君之本分，纳谏与否体现君主之贤愚。

谏议制度作为官僚制度的组成部分，随着秦始皇时期大一统王朝的建立而初步确立。秦代有谏大夫，归九卿之一郎中令管辖，此时谏议制度主要是议事制度和上封事制度。汉代谏议制度主要是谏官制度，汉代有谏议职掌的官员很多，主要分两大类：一类是大夫，有谏（议）大夫、光禄大夫、太中大夫、中散大夫；一类是君主近侍，有议郎、谒者、博士、侍中、给事中。其职责主要包括：言得失或献策、举荐人才、上变事以及行诏令所使。谏（议）大夫的选任方式包括察举、君主征聘、大臣举荐、正常官吏升迁及君主直接除拜。前汉谏大夫至后汉谏议大夫的转变经历了一个复杂的过程，实为更始集团参照王莽制、前汉制将谏大夫改为谏议大夫，而非光武帝主导。

秦汉时期谏的种类有：谐隐讽谏、随事规谏、正色直谏、犯颜强谏、怀忠死谏。谏议活动的开展遵循三个程序，一是统治者求言，二是谏议者进言，最后是统治者应言。汉代统治者重视谏言，求言的方式主要有五种：下诏求言、廷议求言、使人求言、召见求言、赐书求言。进言的方式也有五种，面见进言、廷议进言、上疏进言、回书进言、群体组织进言。统治者虽然注重谏议，但进言者多而杂，而君主本身的性情、素质、好恶不同，对谏言的接纳程度不一样，所以应谏的方式也不一样，主要有纳谏、置谏、拒谏三种。有些谏议者为了让君主能够纳谏，往往要采用一定的技巧进言，如谏合于理、知心而谏、信而后谏、察爱憎谏、密成泄败、勿触逆鳞等。皇权制约官僚集团，官僚集团不是被动地接受制约，而是也反制皇权，重要手段之一在于借助神权制约皇权。灾异说为官僚集团运用神学思想制约皇权提供了重要依据。灾异说在谏诤中的运用主要体现在谏言重视民意、论列外戚与宦官专权等方面。

秦汉谏议成风，其原因有五，即原始民主遗风的继承与发展，儒学熏陶，圣君屡作，秦亡的历史教训、良善导谏之法。言责并非限于谏官，上至太后、皇后、太子，中至宗室外戚、中央地方官吏，下至乡官甚至百姓皆可进言，进谏主体广泛。谏议总脱离不了当时的语境，与当时的国家和社会情况相关联，秦汉谏议也是在当时历史条件下发挥作用的。百官吏民进言往往要采择当时的舆论，君主施政亦要关注舆论的影响。舆论在谏议中的作用主要有：反映吏治好坏、反映民间疾苦、反映民间对最高统治者的看法。舆论亦有局限性，如成为权力争斗之工具，舆论被人为操控，反映不了民意。谏议制度与监察制度有所不同，谏议是百官吏民对君主个人的规劝或献策，而监察是君上对臣下或者上级对下级的监督和约束。谏议制度与监察制度在实施的主体和针对的对象及制度的效力、实施途径、依据等方面都有区别，两者是并行的制度。

　　汉代统治者为了保障谏议者能够畅所欲言，制定了相关的引导谏言规则，主要有四个：言者无罪、奖赏谏者（包括物质奖赏、封爵奖赏）、任用或升迁谏者（布衣给其官职，现任官吏则予以升迁）、以谏取才。封建君主专制下的谏议是有局限性的，主要体现在以下几方面：首先，君主专制的桎梏。君主为最高权威，甚至被神话，进谏要照顾君主的颜面和尊严，这就注定谏议者之言多有为尊者讳的意味。其次，君主个人的局限。谏议作用的发挥与君主个人性情、素质、好恶有关。再次，谏议者自身的局限。如学识有限、谏议方式方法不当、谏言触逆鳞等。最后，谏议本身的发展不正常。谏议不仅不能谏阻君主过失，反而沦为君主监督百官吏民的工具。从秦汉到明清，谏议制度总体上是先发展后倒退，到清代时，谏议制度基本被废弃。

参考文献

古籍

钟肇鹏撰：《鹖冠子校理》，北京：中华书局，2010年。

[清]阮元校刻：《十三经注疏》，北京：中华书局，2009年。

徐元诰撰，王树民、沈长云点校：《国语集解》，北京：中华书局，2002年。

许维遹撰，梁运华整理：《吕氏春秋集释》，北京：中华书局，2009年。

[前汉]贾谊撰，彭昊、赵勖校点：《贾谊集》，长沙：岳麓书社，2010年。

[前汉]董仲舒著，[清]苏舆撰，钟哲点校：《春秋繁露义证》，北京：中华书局，1992年。

[前汉]韩婴撰，朱英华整理，朱维铮审阅：《韩诗外传》，上海：上海书店出版社，2012年。

王利器校注：《盐铁论校注》，北京：中华书局，1992年。

何建章注释：《战国策注释》，北京：中华书局，1990年。

[前汉]刘向撰，向宗鲁校证：《说苑校证》，北京：中华书局，1987年。

［前汉］司马迁撰,［南朝宋］裴骃集解,［唐］司马贞索隐,［唐］张守节正义:《史记》,北京:中华书局,1982 年第 2 版。

［后汉］班固撰,［唐］颜师古注:《汉书》,北京:中华书局,1962 年。

［后汉］许慎撰:《说文解字》,北京:中华书局,1963 年。

［清］陈立撰,吴则虞点校:《白虎通疏证》,北京:中华书局,1994 年。

［后汉］王符著,［清］汪继培笺,彭铎校正:《潜夫论笺校正》,北京:中华书局,1985 年。

［后汉］荀悦著,张烈点校:《汉纪》,北京:中华书局,2005 年。

［东晋］袁宏撰,张烈点校:《后汉纪》,北京:中华书局,2005 年。

［后汉］刘珍等撰,吴树平校注:《东观汉记校注》,北京:中华书局,2008 年。

［后汉］仲长统撰,孙启治校注:《昌言校注》,北京:中华书局,2012 年。

［后汉］宋衷注,［清］秦嘉谟等辑:《世本八种》,北京:中华书局,2008 年。

［西晋］陈寿撰,［南朝宋］裴松之注:《三国志》,北京:中华书局,1959 年。

［南朝宋］范晔撰,［唐］李贤等注:《后汉书》,北京:中华书局,1965 年。

［北魏］郦道元撰,陈桥驿点校:《水经注》,上海:上海

古籍出版社，1990年。

［唐］杜佑撰，王文锦、王永兴、刘俊文、徐庭云、谢方点校：《通典》，北京：中华书局，1988年。

［后晋］刘昫等撰：《旧唐书》，北京：中华书局，1975年。

［北宋］王钦若等编纂，周勋初等校订：《册府元龟》，南京：凤凰出版社，2006年。

［北宋］司马光编著，［元］胡三省音注：《资治通鉴》，北京：中华书局，1956年。

［北宋］沈括撰，金良年点校：《梦溪笔谈》，北京：中华书局，2015年。

［南宋］郑樵撰，王树民点校：《通志二十略》，北京：中华书局，1995年。

［元］马端临撰，上海师范大学古籍研究所、华东师范大学古籍研究所点校：《文献通考》，北京：中华书局，2011年。

［明］宋濂等撰：《元史》，北京：中华书局，1976年。

［明］马峦、［清］顾栋高撰，冯惠民点校：《司马光年谱》，北京：中华书局，1990年。

［清］孙星衍等辑，周天游点校：《汉官六种》，北京：中华书局，1990年。

［清］孙诒让撰，孙启治点校：《墨子间诂》，北京：中华书局，2001年。

［清］王先谦撰，沈啸寰、王星贤点校：《荀子集解》，北京：中华书局，1988年。

［清］王先慎撰，钟哲点校：《韩非子集解》，北京：中华

书局，1998 年。

［清］严可均辑，任雪芳审订：《全汉文》，北京：商务印书馆，1999 年。

［清］赵翼著，王树民校证：《廿二史札记校证》，北京：中华书局，1984 年。

［清］魏源：《魏源集》，北京：中华书局，1976 年。

［清］王聘珍撰，王文锦点校：《大戴礼记解诂》，北京：中华书局，1983 年。

［清］王先谦撰，何晋点校：《尚书孔传参正》，北京：中华书局，2011 年。

［清］孙诒让撰，王文锦、陈玉霞点校：《周礼正义》，北京：中华书局，1987 年。

［清］王照圆著，虞思征点校：《列女传补注》，上海：华东师范大学出版社，2012 年。

［清］洪亮吉撰，李解民点校：《春秋左传诂》，北京：中华书局，1987 年。

［清］孙希旦撰，沈啸寰、王星贤点校：《礼记集解》，北京：中华书局，1989 年。

［清］王闿运撰，黄巽斋点校：《春秋公羊传笺》，长沙：岳麓书社，2009 年。

［清］皮锡瑞撰，吴仰湘编：《皮锡瑞全集·经学历史》，北京：中华书局，2015 年。

［清］皮锡瑞撰，吴仰湘点校：《孝经郑注疏》，北京：中华书局，2016 年。

　　［清］皮锡瑞撰，吴仰湘编:《尚书大传疏证》，北京：中华书局，2015 年。

　　［清］康有为著，楼宇烈整理:《春秋董氏学》，北京：中华书局，1990 年。

　　［清］顾栋高辑，吴树平、李解民点校:《春秋大事表》，北京：中华书局，1993 年。

　　［清］钟文烝撰，骈宇骞、郝淑慧点校:《春秋穀梁经传补注》，北京：中华书局，2009 年。

　　［清］焦循著，陈居渊主编:《雕菰楼经学九种·春秋左传补疏》，南京：凤凰出版社，2015 年。

　　［清］马骕撰，王利器整理:《绎史》，北京：中华书局，2002 年。

　　杨伯峻译注:《论语译注》，北京：中华书局，1980 年。

　　姜涛:《管子新注》，济南：齐鲁书社，2009 年。

　　［清］黎翔凤撰，梁运华整理:《管子校注》，北京：中华书局，2004 年。

　　郑训佐、靳永译注:《孟子译注》，济南：齐鲁书社，2009 年。

　　张纯一撰，梁运华点校:《晏子春秋校注》，北京：中华书局，2014 年。

　　杨朝明、宋立林主编:《孔子家语通解》，济南：齐鲁书社，2013 年。

　　研究著作

　　卜宪群:《秦汉官僚制度》，北京：社会科学文献出版社，2002 年。

白钢:《中国政治制度通史·总论》，北京：人民出版社，1996年。

关文发、于波主编:《中国监察制度研究》，北京：中国社会科学出版社，1998年。

贾玉英等:《中国古代监察制度发展史》，北京：人民出版社，2004年。

彭勃、龚飞主编:《中国监察制度史》，北京：中国政法大学出版社，1989年。

韦庆远主编:《中国政治制度史》，北京：中国人民大学出版社，1989年。

邱永明:《中国监察制度史》，上海：华东师范大学出版社，1992年。

余祖坤编:《历代文话续编》，南京：凤凰出版社，2013年。

吕宗力:《汉代的谣言》，杭州：浙江大学出版社，2011年。

严耕望:《中国地方行政制度史——秦汉地方行政制度》，上海：上海古籍出版社，1990年。

马承源主编:《上海博物馆藏战国楚竹书（第二册）》，上海：上海古籍出版社，2003年。

马承源:《中国古代青铜器》，上海：上海人民出版社，1982年。

安作璋、熊铁基:《秦汉官制史稿》，济南：齐鲁书社，2007年。

学术论文

卜宪群:《我国古代监察制度的起源及评析》，《中国纪检监察报》2015 年 9 月 8 日第 6 版。

常金仓:《礼治时代的中国监察制度》,《政治学研究》1999
年第 4 期。

张序:《我国古代官员监察弹劾制度之演变》,《政治学研
究》1987 年第 5 期。

马作武:《秦汉时期监察制度形成及思想探源》,《政法论
坛》1999 年第 3 期。

刘太祥:《论汉代政治参与机制》,《南都学坛》2008 年第
2 期。

何沐、孙佳乐:《两汉时期的谏诤思想》,《黑龙江史志》
2010 年第 5 期。

徐鸿修:《周代贵族专制政体中的原始民主遗存》,《中国社
会科学》1981 年第 2 期。

邱江波:《论舆论与中国古代谏诤》,《社会科学战线》1991
年第 4 期。

黄宛峰:《汉代考核地方官吏的重要环节》,《南都学坛》
1988 年第 3 期。

王春瑜:《中国历代监察制度得失》,《廉政瞭望》2006 年
第 12 期。

任树民:《试论秦汉时期的监察制度》,《西藏民族学院学报
(哲学社会科学版)》1991 年第 3 期。

曹金祥:《试论秦汉时期的监察制度》,《聊城大学学报 (社
会科学版)》2003 年第 2 期。

张茂泽:《中国古代谏诤观》,《长安大学学报 (社会科学

版）》2015 年第 3 期。

　　袁礼华：《汉谏诤略论》，《江西社会科学》1994 年第 8 期。

　　孔繁敏：《论中国古代谏诤的几个问题》，《北京大学学报（哲学社会科学版）》1994 年第 5 期。

　　江兴国：《试论中国封建王朝的谏诤制度及对君权的制约机制》，《政法论坛》1996 年第 3 期。

　　田兆阳：《论言谏制度是君主专制的监控和纠错机制》，《北京行政学院学报》2000 年第 5 期。

　　李怡：《关于中国古代谏诤制度的几点思考》，《洛阳师专学报》2000 年第 1 期。

　　王谨：《中国上古谏政制度》，《山西大学学报（哲学社会科学版）》2008 年第 4 期。

学位论文

　　赵启迪：《春秋战国时期的谏诤制度》，吉林大学硕士学位论文，2008 年。

　　王媛媛：《西汉谏议制度研究》，陕西师范大学硕士学位论文，2017 年。

后　记

　　后记最好写却也最难写，最好写体现在后记不像正文部分那样对思维逻辑及行文规范有严格要求，可以随性随意地表达。最难写体现在后记往往要表露情感，分寸甚难拿捏。无论如何，后记还是要像后记的样子，"知我者从后记也"而非此论文也。

　　2016年，得知自己被社科院历史所录取为博士研究生的那一刻，我百感交集。之前我一直准备考北京大学岳庆平教授的博士生，因种种原因失之交臂。后岳教授退休，不再招生，我深感遗憾，岳先生也甚为伤心。后来岳先生介绍我备考社科院历史所，幸不辱使命，一举考上卜宪群先生的博士生。之后我与岳先生一直有师徒之谊，谢谢岳先生为我提供的帮助！

　　求学期间，卜先生给我提供了很多帮助和支持。卜先生不但是秦汉史研究的著名专家，还担任历史所所长及其他重要职务，平时工作特别忙。在这样的情况下，卜先生也未曾放松对我的指导，利用自己的年假为我和赵鉴鸿师弟开课，引得师兄们羡慕不已，纷纷来蹭课。对于学生，卜老师简直是"有求必应"。每次有事情找卜老师，虽在百忙之中，他也会很快回应。

无论是开题、还是答辩，卜老师始终把学生放在心上。尤其对我博士论文的修改，卜老师字斟句酌，用力甚勤，他每个周末都会准时将修改意见和建议反馈给我，在修改博论过程中，我多次受到指导，着实受益匪浅。另外，再附着一件事情，师兄儿子生病，找到卜老师，卜老师为其忙前忙后，多次赴医院看望病人，慰问师兄，让人十分感动。

我还要感谢历史所其他诸位老师！王震中老师和蔼可掬，为我发文尽心尽力！彭卫老师真诚可爱，和彭老师的交往让人觉得没有年龄差距！孙晓老师为人厚道真挚，喝酒甚是痛快！邬老师年轻有活力，关爱学生！刘乐贤老师豪爽热情，一顿酒而定交！张小锋老师平易近人，办事认真仔细！侯爱梅老师热心助人，对我帮助甚多！

除了诸师，"卜门"师兄弟给我的帮助、支持、关怀和乐趣也甚多！师兄刘杨热心真诚。师兄靳宝为人正直诚恳，喝酒时断时续！师兄符奎热情豪爽，每次进京必与我一见！师姐刘晓满为我发文尽心尽力，师姐张燕蕊不遗余力为我修改小文章！尤其是苏俊林师兄，为人真挚善良，才高八斗，为我修改论文提出了很多真知灼见！鉴鸿师弟与我朝夕相处，我二人相得甚欢！小老弟韩玄晔为我之"跟班"，我对他向来颐指气使，他从不生气，对我的事情一向尽心尽力！"卜门"人丁兴旺，限于篇幅，不可能一一提及！我以入"卜门"为幸，也珍爱"卜门"所有人。

在社科院研究生院，我在知识的海洋里孜孜以求，生活过得也很愉快！可晓锋、陈佳臻、李泊毅、古亮、姚志华等都是我的好哥们儿，我们经常一起喝酒、聊天、吵闹、胡唱乱舞！晓锋头天喝酒勇往直前，第二天就卧床不起！佳臻喝酒简直是"小小秧鸡下鹅蛋"，小肚子特别能装！泊毅酒量很大，但有时"山猪吃不了细糠"！古亮喝酒不醉不止，望其今后节制！志华喝酒容易起情绪，声压八方！我作为博一班班长，工作不甚认真，全赖全班同学的信任与支持。博一班班主任苏老师为人热情厚道，给了我不少"小特权"，让我在社科院研究生院非常自由！

另外还要感谢我的父母、夫人上官小翠，以及我家那不懂事又让人操心的小屁孩涂泽宇。他们远在老家，我只身在北京求学，正是因为有稳定的后方，我才能在前方认真学习，钻研学问。

想表达的感谢是永远也说不完的！唯愿我身边的诸君安好，善哉！善哉！